김건표가 만난 사람들

행복의 기술^{記述}

앞무의 기술

記
述

김건표

다산서림

序文

　'김건표가 만난 사람들, 행복 초대석'은 '김건표의 스타토크'를 마치고 TBC의 '통
(通) 인터뷰'를 진행한 후에 이 시대의 전문가와 장인, 소시민을 대상으로 한 인터뷰다.
'통 인터뷰'는 정치인과 장관, 고위 공무원들과 사회 각층의 인사들을 대상으로 진행한
것인데, 프로그램을 끝낸 후에 아쉬움이 밀려왔다. 좀 더 한국사회를 살아가는 일반
시민과 전문가들을 만나고 싶었고, 시작하게 된 인터뷰가 '행복 초대석'이다.

　여기에 등장하는 인터뷰이들은 한지 전문가, 다큐멘터리 사진작가, 한의사와 디자
이너, 연극을 업(業)으로 하는 배우, 칼국수집 주인과 인장(印章)을 고수하는 도장 전문
가 등이다.

　'행복 초대석'은 인터뷰 형식이 자유로운 게 특징이다. 인터뷰를 하기 전 방향과
핵심 질문만을 추려놓고 현장 상황에 맞게 인터뷰를 했다. 대체로 질문식 인터뷰는
딱딱하고 형식적이다. 인터뷰이들이 곤혹스러울 때도 있고, 그러면 진정성 있는 말을
듣기가 어려워진다. 인터뷰를 진행하기 전에는 마치 오래도록 만난 사람처럼, 그 사람
을 꿰뚫고 있는 것 같은 친근한 자세를 취한다. 마음을 여는 데는 시간이 필요하다.
대체적으로 '행복 초대석'은 3~5시간 정도가 소요됐다. 인터뷰 장소를 둘러보고 인터
뷰이의 마음을 여는 시간을 갖는다. 때로는 인터뷰어가 텐션을 끌어올려 분위기를 몰

고 가야 할 수도 있고, 때로는 진지한 태도를 보여주어야 할 수도 있다. 1시간 정도를 얘기하면 A4 1장 정도의 인터뷰 알맹이들이 나온다. '행복 초대석'은 대략 7~10장 정도 분량을 쓴다는 마음으로 단편소설 같은 구성을 취했는데, 글쓰기에 인터뷰만큼의 시간이 걸렸다. 현장에서 인터뷰를 하면서 사진도 촬영하고, 돌아와서는 노트로 옮긴 말들을 추리고 인터뷰 글로 구성하는 데는 꼬박 하루, 이틀이 소요됐다.

'행복 초대석'의 인터뷰 글은 형식이 자유롭다. 그러나 한 가지, '인터뷰 구조에 맞게 하지 말 것'이라는 원칙을 지켰다. 이유가 있다. 인터뷰이들은 직업도 스타일도 다르다. 또 그들이 인터뷰에 적응하는 방식도 다르다. 따라서 글로 옮기는 것이 다 다를 수밖에 없다. 즉 모양이 다르니 글로 옮기는 스타일로 달라야 했다. 어떤 사람은 그를 떠올릴 수 있는 스타일과 분위기를 첫 문장으로 옮길 때도 있고, 다른 사람은 지문만으로 표현하는 경우도 있다. 스타일이 다르고, 대화에서 핵심적인 것과 독자들이 가장 궁금해 하는 것만을 추려야 하는 상황에서 방법은 효율적이었다. 그렇게 해서 독자가 현장에 있는 듯한, 마치 영상처럼 느끼는 인터뷰 글로 탄생한 것이 '행복 초대석'이다.

결과는 꽤 성공적이었다. 칼국수집은 인터뷰가 나가고 그야말로 대박집이 되었고, 공중파 '아침마당'까지 출연하게 되면서 손님들로 넘쳐났다. 필리핀 사회의 코피노들의 삶을 다루던 다큐멘터리 작가 인터뷰를 보고는 이메일이 쇄도했고, 작가를 돕고자 하는 독지가들이 많아졌다. 방송인 김제동의 사부로 알려진 방우정 선생을 인터뷰할 때는, 김제동과 말투, 분위기와 톤, 받아치는 개그 스타일까지 똑같아 "웃음 기술자가 천직"이라며 생방송 토크 콘서트를 방불케 할 정도로 콧물, 눈물 쏟으며 진행한 기억도 있다.

전문가들은 대체로 원칙을 중요하게 생각하는 경우가 많다. 그 원칙이 고수의 경지를 이루게 된 듯하다. 평생 한 가지 일에만 집중한 결과로 고수라는 타이틀을 달게 되었을 것이다. 그들의 이야기를 글로 묶어보니, 원고지 뭉치 안에 많은 추억이 담기게 되었다. 돌아보니, 인터뷰라는 것이 쉬운 일이 아닌데도, 혈기로만 달렸던 것 같다는 생각이다. 하지만 개인적으로 공부가 많이 된 시간들이었다.

인터뷰 글은 유효기간이 없다. 인생철학이고 성공한 전문가들의 삶들이니 배울 점이 있다고 생각한다. '행복 초대석'은 자유로운 인터뷰 형식 덕분에 글을 웹툰처럼 속도감 있게 읽을 수 있다. 인터뷰를 준비하는 독자에게는 자신의 문체로 인터뷰를 어떻게 진행할 것인지 약간의 방향성을 제시할 수도 있다. 이 책은 그것이면 역할을 다한 것이라고 생각한다.

『인터뷰의 기술』에 이어 '김건표가 만난 사람들'『행복의 기술』까지 출판과 편집을 맡아준 다산서림에 감사의 마음을 전한다.

2025년 늦가을에
김건표

차 례

배우 **강태기**

배우 강태기 연극 인생, 연극은 종교와도 같아…
마음가짐이 진실해야 진정한 배우로 거듭날 수 있어…

배우 강태기. TV 브라운관을 통해 그의 연기를 맛본 시청자들은 연기 잘하는 배우로 기억한다. 고등학교 2학년 때 TBC(동양방송) 6기 탤런트로 방송 생활을 시작했으니, 그의 타고난 연기자로서 천부적인 재능에 대해 세상은 그를 가만 놔두질 않았다.

1975년에 극단 실험극장에서 올린 연극 피터 쉐퍼 작 〈에쿠우스〉에서 그가 맡은 배역은 '앨런'. 당시, 연기를 지켜본 관객들은 그의 대사 한마디와 움직임에 숨소리를 죽여야 했다고 말한다. 미친 듯이 무대를 향해 달리던 그의 연기자로서의 천재성. 그는 세상을 뚫고 연극판을 신명나게 움직이는 이 시대의 진정한 배우가 됐다.

그의 타고난 연기는 그를 좀처럼 쉽게 만들지 않는다. 극중 인물이 된다는 것 자체가 쉽지 않는 일이기 때문에 더욱 그렇다. 재능만으로는 넘어설 수 없는 게 배우다. 다른 사람이 되어야 하는 배우들에게는 필연적인 숙명이자 영원히 풀어야 할 수수께끼다.

연극은 연습으로도 쉽지만은 않다. 무대를 움직여 나갈 수 있도록 마술과 최면을 걸기 위해서는 타고난 재능을 쉴 틈 없이 살아 숨을 쉬게 만들어야 한다. 하지만 그는 40여 년이 넘는 세월 동안 수백 여 편의 방송, 연극, 영화를 통해 주어진 등장인물들을 제대로 표현했다고 평가를 받고 있으니 그는 배우로서 행복한 사람이다. 당시 그는 100년 만에 한 명 나올 수 있는 '천재배우'였다.

강태기만이 할 수 있는 등장인물을 만들기 위해 그 또한 쉴 틈 없는 변신을 해야 했다. 배우로서 다른 사람이 되어야 하는 변신의 과정은 수행이나 다름없다. 진정한 배우만을 고집하는 억척스러운 연기자.

진청색의 개량 한복을 입은 그는, 예전보다는 얼굴빛이 안 좋아 보이지만 건강에는 이상이 없다고 잘라 말한다. 안경을 쓰고 모자를 푸욱 눌러 쓴 그와 오랜만에 마주했다.

그는 생각하고 담아둔 말들을 거침없이 쏟아내는 솔직한 사람이다. 쓴 소리를 들으면 마음은 따가워진다. 하지만 그의 말 한마디는 오랫동안 마음속 공기와 머물러 있다가 빠져 나간다. 듣기 좋은 소리보다는 필요한 얘기라면 반드시 해야 하는 사람. 그게 40년 동안 연극무대를 지켜오게 만든 고집스러운 그의 연극정신이자 배우로서 울림이다.

말이 열렸다. "다 틀렸어. 전부다. 생년월일도 하나도 맞는 게 없어. 그것부터 제대로 잡고 넘어가죠." 한다. 그의 첫 마디는 포털 사이트를 통해 그의 정보를 검색하면 정작 본인이 살아온 얘기하고는 너무나 다른 정보가 올라 있다고 말한다. 그것부터 고치자고 한다. 그의 의견에 동의했다. 그의 본명은 강성호다. 실제 나이는 1950년 7월 7일이란다. 하지만 호적상에는 1951년생. 태어난 곳은 황해도 '연백'. 서울 곳곳에 이사 하면서 살았다.

정확하게 어떤 게 맞는지 물었다. 대뜸 소리통이 울린다. "우리 어머니가 말씀하신 50년생이 맞지. 그게 맞는 거야." 그의 배우 욕심은 초등학교 때부터 시작된다.

"난, 어려서부터 배우가 되고 싶었어. 초등학교 때 연극 학예반에 들어가서 위문 공연 다니면서 연극과 인연을 맺었어. 중학교 때 선배들 따라다니면서 배운 연극을 무대에 올리면서 아~ 연극이 이런 거구나. '변신'을 할 수 있는 배우에 대한 꿈을 꾸기 시작한 거야."

그가 마음으로 품기 시작한 배우의 꿈. 그는 당시 서라벌고등학교 연극반에 들어 가면서 본격적인 연기 수업을 받게 된다. 당시에 고등학교에서 연극을 배울 수 있는 학교로는 이 학교가 유일했다고 말문을 연다.

"당대 스타들이 이 학교에 다 다녔어. 서라벌고등학교를 아직도 예고로 알 정도로 유명했지. 배우는 되고 싶었는데 연극을 할 수 있는 학교는 유일했거든. 오로지 연극을 하고 싶어서 들어간 거니까 신났지 뭐. 연극을 하는데 그렇게 좋을 수가 없는 거야. 미치도록 연습하고 연극무대에 올리는데 가슴이 막 벅차오르더라고."

그가 무대에서 뱉어내는 소리는 열려 있다. 그만큼, 작은 체구에서 울려 나오는 그의 감정 표현과 말들은 허공을 강타하고 남는다. 40년 전 세월로 돌아간 듯 그의 눈은 반쯤 감겨 있다.

"뮤지컬을 이때 처음으로 하게 됐어. '쉴러'의 〈군도〉라는 작품을 올렸거든. 당대 최고의 연출가인 이진순 선생님이 연출을 맡았지. 그때가 제일 좋았던 것 같아. 선생님들이 참 엄격하게 가르쳐 주셨거든. 하얗게 된 강의실 천장이 누렇게 변할 때까지 발성 연습을 하고, 인간을 표현하는 배우들은 그 누구보다 더 엄격한 인간이 되어야 한다고 큰 가르침을 주셨는데 말야."

그의 천부적인 배우의 재능은 고등학교에 입학하자마자 타오르기 시작했다. 미친 듯이 연극만을 생각하고 배우의 꿈을 놓지 않던 고집스러운 마음은 그 누구도 그를 꺾지 못했다. 고2 때, KBS 라디오 성우로 2년 동안 활동하면서 충실하게 배우 수업을 쌓는다.

당시, 가장 최연소의 나이로 TBC(동양방송) 탤런트 6기로 선발되면서 그의 화려한 배우 인생이 시작된다. 당시 방영된 드라마에서 그는, 단골 주인공이었다. KBS TV 문학관에 출연하면서 그의 연기는 거침없이 타올랐다. 당대 최고의 인기 드라마인 〈아씨〉에서는 빛나는 연기를 보여주었고, 영화 〈사람의 아들〉에서 조동팔로 분한 그의 모습은 등장인물 그대로를 녹여냈다.

〈나비소녀〉, 〈남부군〉, 〈내 아들아〉, 〈1240부대〉, 〈인간시장 2〉, 〈달려라 풍선〉, 〈이 깊은 밤에 포옹〉, 〈이브의 건너방〉 등이 그의 출연한 영화 목록 한 쪽을 차지하고 있다. 1970년도에 〈에쿠우스〉로 본격적인 프로 연극무대와 인연을 맺는다.

〈뜨거운 바다〉, 〈천상시인의 노래〉, 〈삼류배우〉 등 100여 편에 가까운 출연 작품이 그가 연극과 어떻게 친해지고 살아왔는지를 말해주고 있다.

우리나라 소극장 연극문화를 열게 만든 그의 대표작 〈에쿠우스〉는 그의 분신과도 같은 얘기다.

"군대를 갔다 온 후였어. 하루에 3시간도 못 자면서 연습을 했지. 일어나고 잘 때까지 내가 맡은 역할인 앨런만 생각했어. 이 친구는 말을 좋아했고 정신분열 증세까지 있는 인물이잖아, 미치겠더라고. 등장인물이 살았던 삶을 느낀다는 것은 배우로서 참으로 고통스러운 일이야. 그런데 그것을 극복하지 않으면 배우는 존재하지 않지."

그가 연극을 버릴 수 없게 만들어준 선물인 연극 〈에쿠우스〉. 당대 최고의 흥행 작품으로 꼽히는 이 작품 하나가 연극계를 흔들어 놓았다. 당시에 연극을 보기 위해 만 명 이상이 극장을 찾았다는 것은 상상도 못했던 일이다. 소극장 운동이 이 연극을 계기로 일기 시작했다고 말한다.

"연극 하나가 세상을 흔들어놓은 거지. 극장 앞에는 관객들 끝이 안 보일 정도로 길게 줄을 서고 있었으니까. 116석의 소극장이었는데 관객들의 숨소리가 추운 겨울을 녹였으니까. 3개월 전에 이 작품을 예약을 하고 볼 정도였으니까. 상상을 해봐. 이 한 작품으로 난, 연극을 평생 버릴 수 없게 된 거야. 제대로, 열심히 배우 하라고 말이야."

이 작품으로 더 이상 올라갈 수 없을 정도로 인정을 받은 그에게 백상예술대상 신인상 수상은 또 하나의 가르침이 되었다고 얘기한다.

"상을 받고 나서는 사실 부담감이 많았어. 이제는 연극을 예술로 해야겠다 속으로 굳게 마음먹고서는 연극을 깊게 생각하게 됐어. 그런데 연극을 생각할수록 그놈을 더 좋아하게 돼. 좋아할수록 더 큰 가르침을 주는 거야. 연극은 서로 진실이 통해야 좋은 배우가 될 수 있고 만들어질 수 있는 것 같아."

목이 말랐는지 커피 한 잔을 타서 마시자고 한다. 그는 유독 커피를 좋아하고 담배는 손에서 떨어지질 않는다. "이제는 좀 줄이셔야죠 목소리는 배우한테 생명인데요"

한마디를 작은 소리로 던졌더니 듣고는 웃어 버린다. "담배 한 대 더 피우고 얘기하자." 갑자기 휴식을 요구해온다. 창문을 신경질적으로 확 열었더니 그 속도에도 담배 연기가 줄지 않는다.

역시 배우다. 긴 침묵도 감정으로 만들어놓는다. "〈에쿠우스〉 공연 중에 내가 쓰러져서 병원에서 링거 맞고 다시 무대 선거 너 알어?" 소리가 갑자기 커졌다. 늘 그와의 대화는 이런 식이다.

"온몸의 에너지가 다 빠져나간 것 같았어. 미치도록 무대에서 연기를 해댔으니까. 움직임도 많고 발끝에서 머리까지 집중해서 뱉어내는 대사들도 많잖아. 미쳤으니까 그 인물이. 1막 끝나고 쓰러진 거야. 병원으로 급히 실려갔지. 주사를 꽂고 연기를 한 거야. 관객들은 눈치를 못 챘으니까. 다행히 병원이 가까웠거든. 이 일 때문에 배우가 무대에서 쓰러진 게 최고의 영광이라는 말이 생겨난 거야."

연극 한 편이 사람의 인생까지 바꿔놓을 수 있다. 요즘 관객들은 뮤지컬 한 편에 감정을 시원하게 달군다. 화려하고, 신나고, 재밌는 뮤지컬 한 작품을 골라 보는 재미도 있지만, 일상생활에 묻어 있는 마음까지도 벗어낼 수 있는 힘도 있는 셈이다. 그의 초인적인 배우의 정신이 어디서 나오는지 궁금했다. "배우는 감정을 요구하잖아요 늘 감정이 몸 안에 붙어 있는 것도 아닌데… 어떻게 연습하세요."

"난 말야. 〈에쿠우스〉 한 작품으로 잘 나가던 방송 출연 횟수를 줄이고 오로지 연극에만 매진했어. 돈보다는 내가 꿈꾸던 배우를 포기하고 싶지 않았던 거야. 방송을 그렇게 많이 했는데도 많은 분들이 날 연극배우로 알잖아. 그게 내 인생이야. 대본을 받고 인물이 주어지는 그 시간부터 난 오로지 역할에만 집중해. 집중한다고 등장인물을 잘 표현하는 것은 아니지만 내 몸과 말이 인물이 되어질 때까지 끊임없이 등장인물과 대화하지. 그러면서 서서히 내가 아닌 다른 사람이 되어 간다고 할까."

"이 시대의 진정한 배우의 역할은 연기를 잘하면 되는 배우인가요?"

그의 소리가 더 커진다.

"정신 바짝 차려야 해. 진정한 배우는 모든 것을 보고 느낄 줄 알아야 해. 배우는 자신만을 위한 게 아니잖아. 다들 배우하면 스타가 되려고 해. 미친 거야. 시간 한쪽이 알아줄 수 있지만 그 텅 빈 공간은 그 누구도 메꾸어 놓을 수 없어. 배우는 등장인물이 되기 전까지는 날 위한 거고 등장인물이 되어서는 관객을 위한 거잖아. 배우로서 정직하고 솔직하다면 그 진실은 관객과 통하게 되지. 관객들이 인정해 주었을 때, 배우 한 사람을 보고 극장을 찾아와 준다면 그게 진정한 배우지."

그의 톤이 올라가서 얼굴 표정이 수십 번 바뀌면 어김없이 그의 말에 조용히 귀를 기울여야 한다. 머리를 일부러 그의 얼굴 앞에 깊게 가까이 대었다니 '톡' 소리를 내면서 꿀밤 한 대가 날아온다.

"스타는 떨어지면 끝이야. 영원한 예술가는 죽은 다음에 더 스타가 되어야 해. 연극과 배우는 한탕주의로 만들어지는 게 아니잖아. 연극은 종교와도 같아. 늘 다른 사람이 되어야 하는 배우에게 채우고 덜어낸다는 게 참으로 고된 일이야. 참된 인간으로서 다른 사람이 되기 위한 끊임없는 수행을 하는 거지."

7년 전 그의 일화 한 토막. 당시 모노드라마 〈돈 태기〉를 공연하고 있을 무렵, 그와 지방 공연을 함께 떠났다. 새벽 시간, 소리에 잠이 깼다. 대본을 보면서 연습을 하고 있었다. 당시 이 공연은 50여 회도 넘게 한 장기 공연이었고, 대사는 이미 평생 지워지지 않을 만큼 숙련이 되어 있었다. 그런데 그는, 다음날 있을 공연을 위해 풀리지 않는 등장인물을 새롭게 만들어가고 있었다. 이 노련한 배우도 잠을 자지 않고 반복의 연습을 하고 있다는 것은 적지 않은 충격이었다. 배우를 하는 것보다는 지켜나가는 게 더 어려운 셈이다.

"내 제자 애들이 강원도 정선에 가서 연극을 해. 아무도 없는 곳에서 말야. 자연과 대화하면서 배우의 마음도 열리게 되거든. 외롭고 힘들겠지만 그 과정이 필요해. 왜냐하면 배우는 진실함이 없이는 역할도 존재할 수 없는 거니까. 그런 감동들이 세상을 움직이잖아. 도(道)에서는 애들에게 분교를 무상으로 내주고 문화연극학교를 만들어주고… 지역에 명물이 됐지. 이제는 한 명이 찾아오더라도 신나게 연극하면서 사는 모습 보니까 나까지 흐뭇해져. 그들이 있으니까 우리나라 연극 희망도 밝아지는 거야."

이 말을 듣고 "대학로의 열기가 식지 않겠군요"라고 하자 그의 표정이 움직여질 않는다. "연극은 연극스러워야 제 맛이 나올 수 있고 세상도 바꾸어놓을 수 있는 게 연극이지. 감동과 예술은 없고 상업적으로 만들어지는 연극들 보면 이건 아니다 싶어. 진정한 연극은 관객이 만들어주는 건데 말야. 우리 관객들이 정말 따끔하게 일침을 가할 정도로 엄해지셨으면 좋겠어."

그가 건네준 명함에는 사단법인 연극협회 이사로 적혀 있으니 그의 공식적인 직함이 되는 셈이다. 배우협회에서 배우들을 위한 재교육 사업에도 그는 헌신적으로 노력하고 땀을 흘리고 있다. 대학로문화 발전위원회 부원장이기도 한 그에게 대학로 연극 문화에 대해서 물었다.

"연극을, 호객 행위들을 해가면서 관객들을 모으고 있어. 정말 괜찮은 연극들은 관객들이 알기도 전에 막이 내려지고 있는 거야. 뮤지컬이 붐이니까 너도나도 소극장에서 뮤지컬들을 해대기도 하고, 개그가 장사가 된다니까 뒷골목 소극장에는 전부 이런 공연들이야. 미칠 노릇이지. 다 나쁘다는 게 아냐. 관객들한테 선택권을 줘야지. 한 순간 관객 한 명은 늘어날지 모르지만 진정한 연극 팬은 될 수 없지. 대학로 말야. 정말 좋은 공연들 많이 하고 있거든. 진정으로 연극을 하는 사람들이 살아갈 수 있는 대학로가 돼야지. 그래야 연극이 숨을 쉴 수 있고 기분 좋아지는 대학로가 될 수 있지. 그러기 위해서는 다 같이 노력해줘야 해."

그는 마지막 말에서 배우의 '재교육'과 '전문 제작자'가 중요한 시기를 맞고 있다고 말한다.

"제작자가 정신 바짝 차리고 의식 있게 작품을 만들어야 돼. 출발이 흔들리면 모든 뿌리가 다 뽑힐 수 있어. 뮤지컬 시대잖아. 한 시대에 편승한 작품과 스타 시스템에 의존한 작품 만들기는 오래 못 버텨. 뮤지컬은 나이가 있어. 배우는 더 더욱 그렇고 말야. 그래서 배우한테는 재교육이 필요해. 충전의 시간을 줘야지. 6개월 동안 배우한 테 필요한 것 다 가르쳐주고 매달 60만 원씩 보조금도 줘. 배우한테는 정신이 최고야. 마음가짐을 진실로 살아야 연기도 제 맛나고 진실되게 할 수 있지. 그게 배우야."

개그맨 **최양락**

웃음이 있어 즐겁고 행복한 사람 최양락

70살이 넘어도 현역으로 뛸 겁니다. 체력은 괜찮아유~~

코미디언으로서 전통 연기는 필수…

개그맨 최양락. 핸드폰으로 어렵게 통화가 이루어졌다.

"어느 쪽에 계시죠?" "운동을 막 마치고 나오는 길이에요" "만나 뵙고 싶습니다." "아~그럼요… 제가 있는 위치를 알려드릴게요" 그가 자상하게 위치를 설명한다.

차로 이동했을 때 10분 정도 소요되는 간격을 두고 있어 다행스러웠다. 녹화장에 있을 거라는 생각은 보기 좋게 빗나갔다. 오래 전부터 그를 만나고 싶었다. 30여 년 동안 코미디만을 위해서 살아오고 있는 최양락. 강산이 세 바퀴를 돌아도 그의 녹슬지 않는 코미디 정신은 변함이 없다. 최양락의 코미디는 아직도 살아서 움직이고 있는 셈이다. 그가 진행하는 '최양락의 재미있는 라디오'는 훈훈함을 넘어 감동을 주는 입담을 담아낸다.

그를 좋아하는 수많은 팬들은 '네로25시', '고독한 사냥꾼', '괜찮아유~', '알까기 코너'에서 그가 창조해낸 캐릭터들을 가슴 속에서 지울 수 없다. 정확하게 표현을 한다면 요즘 빠른 개그들이 웃음 코드로 자리를 잡고 있다면 한 발짝 뒤로 툭 떨어져 있는 그의 코미디는 감동과 웃음을 함께한다. 그래서 그를 좋아한다. 흘러가는 유행어로 주는 웃음이 아니라 그가 만들어낸 캐릭터에 웃고 운다. 세월이 변해도 그의 코미디는 건강하다.

그가 모자를 푸욱 눌러쓰고 청바지 차림으로 도로에 나와 손을 흔든다. "여깁니다." 어느새 모자가 그의 손에 옮겨져 신호음을 보낸다. "뒤편 주창으로 차를 넣으시면 됩니다." 주차장까지 안내를 한다. 인터뷰를 끝내고 나갈 때를 생각해 주차 요원한테 단단하게 일러둔다. 당황스러웠다.

'친절한 양락 씨'와 커피숍으로 함께 걸었다. "운동 좋아하시나 보죠?" "뭐 운동을 해야 체력 관리가 되죠"

그가 걷고 말을 하면서 씨익 웃는다. 걸으면서도 주차 요원한테 차 얘기는 해뒀기 때문에 걱정하지 말라고 단단히 일러둔다. 커피 두 잔이 테이블 위로 나란히 놓여졌다.

주변 사람들이 그한테 시선이 고정된다.

"요즘 코미디 마음에 드세요?" 이 한마디 질문에 물 한 잔을 비우고 나서야 말을 꺼낸다.

"코미디도 변화되어야죠. 중요한 것은 빠른 웃음은 오래 머물지 못해요. 웃으면서 잊히는 겁니다. 코미디언들은 연기를 했어요. 재능으로만 승부를 던지는 개그가 아니라 재밌는 등장인물을 개발해 연기를 통해서 서민들한테 시원한 웃음을 드렸어요. 웃으면서 다 잊을 수 있었고요. 웃음의 감동은 긴 여운이 됐던 겁니다."

그의 음성은 그대로다. 톤의 높낮이 폭이 큰 간격을 두고 말한다. '안녕하십니까? 아~~ 최양락입니다'를 얘기할 때와 같다. 중요한 말을 할 때는 끝말을 강조하면서 길게 내린다. 특유의 그의 말투가 묻어난다.

신세대 개그란 10초 안에 웃음이 터질 수 있어야 하고 다양한 개인기를 요구한다. 웃음에도 속도가 변화된 만큼, 개그 코너가 없어지면 사람도 없어지는 무서운 개그 세대들이다. 웃음에도 치열하다. 하지만 그는 이러한 웃음 경쟁 시대와는 거리두기를 철저하게 한다. 빠른 것을 요구할수록 그의 웃음에는 긴 여운을 담아낸다.

"코미디가요 많이 변화되고 있는 것은 사실이에요. 코미디 연기와 희극적인 캐릭터 스타일보다는 재능과 아이디어를 더 돋보이게 만들고 아이디어를 짜서 코너화 되잖아요. 빠른 만큼 웃음도 빨리 전달되는 셈이죠. 하지만요, 생명력은 더 짧아지고 있다는 거죠."

중요한 말에서는 표정이 바뀌고 '네. 그렇잖습니까'를 반복해서 얘기한다. "후배 개그맨들이 재능은 더 많은 것 같아요. 하지만 갈수록 생명력이 짧아지고 있어서 안타깝죠. 재능은 웃음을 주기 위한 도구일 수 있지만 한정되어서는 안 되는 거죠. 방송에서 오래 버티기 위한 일회용 개그가 아니라 웃음에도 감동과 여운이 좀 많아졌으면 하는 바람은 있네요. 그렇죠? 그렇잖습니까."

예전에 '네로25시' 코너를 할 때 "이봐~~ 얼떨리우스 자네 말해봐"의 대사를 뱉어내며 그의 특유의 연기 스타일로 웃음을 던지던 네로 황제의 분위기나 목소리 톤이 아니다. 그와 마주한 지 한 시간가량이 흘렀다. 그는 직업의 특성을 나타내려고, 억지로 웃음을 주려고 하지 않는다. 간단한 질문에도 그냥 넘기는 법이 없다.

"프로그램 인기가 '반짝화' 됐어요. 당연히 오래 안 가고 없어지게 마련입니다. 선배로서 가슴이 아픈 현실이죠. 누가 웃기나 결승전 하는 느낌입니다."

앙리 베르그송의 웃음에 대한 철학 이야기를 풀어놓자 물었다. "코미디는 무거워야 한다는 말인가요?"

"균형이 있는 코미디를 얘기하는 겁니다. 어려울 수 있는 얘기죠. 그렇죠. 한쪽으로만 치우치면 웃음도 균형이 없어져요. 그냥 웃는 거죠. 웃음은 듣고 보면서 그냥 웃을 수 있지만요. 하하하 웃다가도 그 의미에 웃음을 감싸는 여운은 존재해야 합니다. 시사 코미디에 날카로움을 담아내듯이 말입니다. 웃지만 웃고 넘길 일은 아니잖아요. 무거움을 가벼움으로 만들고 가벼움을 무거움으로 만드는 게 코미디라고 생각한다는 거죠. 전 그렇게 생각해요."

이 말을 하면서 그의 표정이 단단해진다. 한마디의 질문에 시선을 늘 한 곳을 향해서 말을 담아낸다. 거침없이 솔직함으로 표현해내는 그의 모습에서 진정한 코미디언의 마음을 비춘다.

"코미디에 철학을 고민하면 무거워져요. 웃음의 근본에서는 철학이 존재한다는 얘기고요. 표현과 전달의 방식에서는 차이가 있는 거죠. 철학은 코미디언으로서의 역할 얘깁니다. 왜 웃음을 주려 하는지에 대해 아주 중요한 물음인 거죠. 웃음은 만만하거나 간단한 게 아니라는 얘기죠. 그렇죠. 그 마음을 유지하고 지켜가면서 코미디를 하고 아이디어를 짜내면서 표현하는 개그맨인 겁니다. 개그맨으로 타고난 재능도 중요할 수 있어요. 하지만 그것만을 의지한다면 오래 못 버팁니다. 끊임없이 웃음을 연구하고 개발시켜내는 힘과 정신이 중요하다고 생각해요."

30년을 한 직업으로 자리를 지키기란 쉽지 않은 일이다. 그것을 유지하기란 더 더욱 힘들다. 최양락, 그는 30년 세월 위에 서있는 코미디언으로서 예술가인 셈이다.

1980, 90년대 개그사에서 그를 빼놓고는 얘기할 수 없는 이유가 이 때문이다. 특유한 음성과 목소리 톤으로 다양한 캐릭터를 창조해낸 그는 늘 앞서가는 새로운 개그 버전을 만들어냈고 현재에도 유효하다.

최양락의 개그는 유행어만 남는 게 아니라 희극적 인물도 깊게 담아낸다. 10년 전에 그가 퍼뜨린 유행어를 지금에 와서 생각하더라도 장소 불문하고 웃게 만든다. 그래서 일까. 그의 팬들은 한정된 층이 아니라 넓고 다양하면서 영원한 최양락을 외쳐댄다.

"좋은 코미디는 어떤 겁니까?"

"제가 코미디를 할 때만 해도 웃음은 전체를 위한 거였습니다. 코미디 프로만큼은 다 보게 하셨어요. 할아버지, 아버지 할 것 없이 온 가족이 모여서 코미디를 즐겼습니다. 건전하게 건강한 웃음을 드렸다는 겁니다. 식구 전체가 빙 둘러 앉아서 코미디 프로를 봐도 웃을 때는 다 같이 웃었어요. 웃음만큼은 세대에 경계가 없었던 거죠. 특정 층만을 위한 웃음은 글쎄요! 많이 생각을 해봐야겠죠. 빨라서 문제가 있고 느려서 웃음이 나오지 않는다면 새로운 개그 버전이 또 나오겠죠. 필요합니다. 제 생각에는 웃음의 효과는 다양해야 한다고 생각해요."

30대 중반만 넘어도 요즘 코미디에 적응하기란 쉬운 일이 아니다. 그를 좋아하는 이유도, 특유의 신세대 감각을 플러스한 기발한 유머가 그만의 탁월한 개그 감각을 만들어내기 때문이다.

"공감대를 형성할 수 있는 웃음이야말로 신정한 웃음이라고 생각합니다. 우리가 신세대의 감각을 못 쫓아가고 있는 게 아닙니다."

그는 물 한 잔을 주문한다. 물 한 잔을 다시 마시고는 테이블 위로 쓰고 있던 모자를 올려놓는다. 코미디언의 역할론을 말한다. 귀를 기울일 수밖에 없는 분위기다.

"개그 아이템이 일회용으로 단순화되고 도구화되어 가고 있어서 아쉽네요. 우리 세대에요. 시사, 정치 코미디를 하면 서민들이 웃고 울었습니다. 공감대가 있었건 겁니다. 생각해 보세요. 경제도 힘들고 사는 게 힘들지만 웃음 한 방으로 모든 것을 다 잊었어요. 웃는 그날만큼은 편안하게 주무실 수 있었던 겁니다. 요즘은 힘들어서 웃는 것보다는 즐기는 웃음이 더 큰 거죠. 진정한 웃음은요. 대한민국 국민 전체가 한 가지로 웃을 수 있는 코미디입니다. 그 웃음이 가치 있는 진정한 웃음입니다."

갑자기 그가 선배 코미디언들의 웃음정신을 강조하면서 코미디 이야기사가 시작됐다. 만담으로 웃음을 주던 장소팔, 고춘자 선생 이름이 툭 나오더니 악극 시절의 서영춘 선생의 일화를 얘기한다. 한참을 얘기하다가 악극의 세월을 넘고 프로그램 제목만 들어도 웃음이 절로 나오는 '웃으면 복이 와요', '유머 일 번지', '청춘만세', '토요일 전원 출발' 얘기를 꺼낸다. 참 재밌고 구수하게 얘기를 해온다. 그 시절 그 장소에 있는 기분이다. 실감나서 웃고 서로 마주하면서 한참을 웃는다.

"요즘 개그는 그렇잖아요. 10초 안에 웃음이 안 나오면 채널이 바뀌잖아요. 채널 돌아가는 게 보입니까?" 그의 특유의 말투에 어미가 길어지고 툭하니 떨어진다.

"전 그렇게 생각해요. 후배 개그맨들이 코너를 이끌면서 심리적인 압박이 커지니까 빨라지고 강해진 개그를 만드는 겁니다. 코너가 길면 5분이에요. 웃음의 템포도 여러 번 바뀌어져야 하니까 웃음을 유도하기 위해서는 그럴 수밖에 없는 겁니다. 그렇죠"

서영춘 선생의 이야기를 꺼내면서 코미디언의 웃음 정신을 강조한다. "서영춘 선생님은 살아계실 때요 관객들이 웃지 않으면 무대에서 안 내려오셨어요. 웃을 때까지 관객 앞에서 코미디를 하신 겁니다. 그게 정신이에요. 웃을 때까지 코미디를 한다는 것도 중요하지만요 더 중요한 것은 진정한 웃음의 의미를 알고 웃음을 주는가입니다. 전 그렇게 생각해요."

한마디를 꺼냈다. "코미디와 개그는 웃음을 주기 위한 정석이 있다고들 얘기합니다. 어떻게 생각하세요?"

"웃음을 준다는 것으로 같습니다. 개그는 황당한 게 아닙니다. 황당하도록 보여질 뿐입니다. 전 그렇게 생각해요 개그나 코미디를 하는 후배들이 재주만 믿고 황당한 말로 웃음을 드리는 게 아니라고 생각해요. 그건 기능인인거죠. 희극인은 예술인입니다. 깊이 있게 캐릭터를 연구해서 철저한 연기가 뒷받침된 표현과 연기력이 중요합니다. 개그의 정석에는 웃음을 유도하는 일정한 순서는 있을 수 있겠지만요 단순하지만은 않은 깊이 있는 코미디나 개그를 만들어가는 모든 과정이 정석 아닐까요. 힘들지만 해야 하는 일입니다. 코미디 연기는 그 장면 안에서 캐릭터가 살아서 움직여야 합니다. 그런데 요즘에는 캐릭터 코미디 연기를 하는 개그맨들 떠올리기가 쉽지 않잖아요. 유행어와 연상되는 장면에서 순간 웃을 뿐이죠."

희극적 연기 스타일로 연기력이 뒷받침될 수 있는 개그맨 후배들이 많이 쏟아져 나와 주길 바란다고 말한다.

"캐릭터의 변화는 계속되어야 합니다. 코미디언으로서의 전통 연기는 필수인 겁니다. 10년 후에도 개그콘서트에 나와서 웃길 수 있어야죠. 코미디언은 그런 겁니다. 세월에 묻혀서 웃음도 묻힐 수는 없는 거죠. 유능하고 천재적인 코미디언들은 마지막 순간에도 웃음을 걱정하십니다. 웃음, 간단한 게 아니죠."

그는 꺼내놓고 싶은 이야기가 많았는지 그의 특유한 캐릭터가 살아난다.

"선배님들은 특정 장르를 불문하고 다 출연하셨어요. 그게 코미디언인 거죠. 이제는 웃음 철학이 많이 달라졌지만 진정한 코미디가 없어지면 우울한 일입니다. 안 그렇겠습니까?"

"30년 동안 웃음을 지키고 유지하기 힘들지 않나요. 앞으로 30년 어떤 변화가 있을까요?"

"코미디만 생각합니다. 아이디어를 얻기 위해서 책, 뮤지컬, 연극, 닥치는 대로 섭렵해요. 그 안에서 새로운 코미디 버전을 발견합니다. 대사에서 힌트도 많이 얻어요."

그는 연극을 많이 관람하는 개그맨으로 유명하다. 대학에서 전공이 연극이기 때문이 아니라 코미디언이 아닌, 배우로서 연극을 바라보고 생각하기 때문이다.

"연극무대에 선다는 건 뭐가 되려고 하는 게 아닙니다. 무대에 선다는 것부터가 다른 거죠."

연극 얘기를 꺼내면서 전통 연기를 해보고 싶다고 말한다.

"쇼가 아니라 진정한 연극을 하고 싶어요. 데뷔 30주년 기념공연으로요."

그는 코미디언으로 태어나길 잘 했다고 생각한다고 말했다. 말투, 이미지, 모든 생각들이 코미디에 맞추어져 있다. 그러나 그의 일상의 이미지와 방송에서의 분위기는 참 많은 차이를 느끼게 한다. 그래서 더 좋아진다.

"24년 후에는 70살이 돼요. 그때까지 현역으로 뛸 겁니다."

코미디언으로서의 자신한테는 혹독하고 철저하지만 자녀들은 이 직업을 안 갖길 바란다고 털어놓는다.

"코미디언…" 한참을 생각하고 꺼내놓는다. "고통스러운 직업이죠. 늘 변화하고 새로움을 만들어내야 하니까요. 우리 애들은 솔직히 이 직업을 안 갖기를 바라요."

이 말을 하면서 코미디 아이템이 떠올랐는지 갑자기 뉴스 얘기를 꺼낸다.

"요즘 뉴스가 사건사고나 정치, 사회 문제로 무겁게 꽉 차 있잖아요. 답답하잖아요. 일기예보만큼은 최양락 버전으로 하면 웃지 않겠어요? 일기예보만 정확하게 맞는다면요. 시청자분들도 처음엔 어색하겠지만 신뢰와 웃음이 함께하는 뉴스 프로그램이 되지 않겠어요?"

그만큼 그는 절박한 심정이다. 넓은 의미에서 웃음을 만들고 함께하고 싶어 하는 그만의 웃음 철학이 깊게 배어 나온다.

"후배 양성도 해야죠?" 했더니 손사래를 치면서 현역 활동을 하고 있는데 무슨 후배 양성이냐고 얘기한다. '몇 초 안에 웃음을 내야 진정한 개그맨일까?' 이 퀴즈에 그는 진지하게 답을 한다.

"5, 10초 안에는 깊은 맛이 나올 수 없어요. 웃겨주는 기계인 거죠. 10분 이상의 시간이 필요해요. 이야기를 하면서 터지는 웃음의 맛, 그게 진정한 웃음입니다."

천재성 넘치는 코미디언 최양락. 그의 웃음 발견은 언제나 새롭다. 내용을 정리하고 오전에 다시 전화를 걸었다. "제 말이 잘 정리될 수 있을지 모르겠습니다. 독자 여러분에게 늘 새로운 웃음을 드리도록 할게요" 그의 겸손함은 익숙함이 아니라 코미디언으로 바른 정도가 담겨 있는 30년 세월의 향기다.

김건표가 만난 사람들 / **03**

레스토랑 사장 **김현자**

음식이 좋아 세계를 누비는 사람 김훤자
좋은 음식은 오감을 느끼는 것…
음식은 고객이 원하는 이상을 갖추어야 감동을 줄 수 있어…

세계 최고의 금형 설계 디자이너에서 프랑스 요리 전문 레스토랑 사장이 된 김훤자. 이력 사항을 들으면 그가 궁금해진다.

그가 개발해낸 금형 부품 설계는 수를 헤아릴 수 없을 정도다. 세계 특허를 받은 그의 작품들이 세계를 누비고 있다. 남 부러울 것 없는 이 사람. 어느 날, 좋은 음식을 나눠 먹자며 사재를 털어 프랑스 요리를 전문으로 하는 고급 레스토랑을 대구에 만들었다. 이유는 단 하나. 음식도 문화고 이 좋은 문화를 아름답게 만들고 싶어서였다.

자신도 꺾을 수 없을 만큼 고집스러웠다. 세계 곳곳을 누비면서 수많은 인테리어 소품들을 직접 비행기에 실어 날랐다. 일찌감치 이곳의 이름도 '세페우스'라는 별자리로 작명했다.

돈을 벌고 싶은 게 아니라 고객의 마음을 얻고 싶어 하는 이 사람을 만났다. 금형 설계 디자이너. 이 단어만 듣고서는 직업이 분명하게 연상되는 게 없다. 금형 기술의 핵심은 부품 설계 디자인에 있다고 말한다. 오토바이 외관 디자인이 끝나면 다양한 부품들이 채워져야 움직인다. 자동차의 부품 하나도 중요한 것처럼 성능의 차이를 만들어내는 것은 부품이고 수천 가지의 부품들이 조합돼야만 오토바이도 소리를 내고 도로를 달릴 수 있다. 그가 이 중심에 있는 사람이다.

그가 개발해낸 금형 설계 디자인은 한 가지에만 한정되지 않는다. 오토바이를 즐기는 마니아들은 매력적인 할리데이비슨 소유에 은근한 마음을 담는다. 오토바이를 타고 도로 위에서 경쾌함을 느끼기 위해서는 고글 착용도 멋진 액세서리가 된다.

할리데이비슨 오토바이에 그의 손을 거쳐서 세계 특허까지 얻어낸 걸작이 하나 있다. 성애 방지용 스포츠클라스가 바로 그것. 그의 꼼꼼한 손길로 세상에 내놓은 이 특허 하나가 세계시장을 누비고 있다.

그는 20년이 넘은 세월 동안 잘 나가던 금형 설계 디자인 직업을 한쪽으로 밀어버리고 세계적인 수준의 고급 레스토랑을 대구에 세우겠다는 야심찬 계획을 세웠다.

고급 음식 문화를 이끌어 가겠다는 생각에서였다. 그래서 번 돈을 전부 털었다. 이러한 외곬적인 과감한 용기가 가능했던 것은 오랫동안 그의 마음에 담아둔 음식 사랑이 있었기 때문이다.

금형 설계 디자이너로 자리를 지키더라도 세계는 이미 그를 인정했다. 모두가 그의 탁월한 능력을 기다리고 있었지만, 그는 꿈을 놓을 수가 없었다고 한다. 전 재산을 털어서라도 음식 문화를 한번 이끌어가겠다는 계획에 대해서는 어떤 것도 그의 마음을 움직일 수 없었다. 인테리어 설계 디자인도 그가 직접 맡았다. 본능적인 직업은 속일 수 없나 보다.

2·28중앙공원 옆쪽으로 마주하는 곳에 고급스러운 건물 하나가 서 있다. 마치, 이 거리의 랜드마크처럼 주위 경관과 절묘한 조화를 이룬다. 누구의 발상인지가 궁금했다. 공원과 이어지는 자연경관을 옆에 꼼짝 없이 같이하면서 길을 걷다가 동성로 시내 안쪽 방향으로 들어서면 건물 풍경이 더 정겹게 마음을 움직인다.

5층으로 들어서면 고급스러운 실내 분위기에 걸음이 멈춰진다. 음식 하나가 좋아서 전 재산을 털어 만들어놓은 세페우스. 고급 레스토랑 하나가 무슨 작품이 될까 싶지만 말뜻처럼 이 공간은 작품에 가깝다. 보는 것도 즐거움으로 채워져 있고, 음식을 선택하는 과정도 마음을 들뜨게 한다. 무엇보다 이곳에서 내놓는 음식이 마음을 움직이게 만들고 있다는 점이 사람을 요동치게 한다. 건물도 살아 움직이고 있고 실내도 숨을 내쉬고 있다. 실내에서 바라본 중앙공원 자연경치가 한눈에 들어온다. 여기서 창밖을 내려다보는 즐거움도 색다르다.

아치형으로 실내 창문을 마감해서인지 이국적인 분위기가 실내 분위기를 고조시킨다. 공간에서 바라본 외부 경관이 한눈에 들어온다. 마치 세페우스의 별자리를 연상케 하는 내·외부는 자연과 조화를 이뤄내고 있다. 유럽의 고급 레스토랑에 들어선 것처럼 분위기에 압도당하고 취한다. 바닥은 스페인에서 공수해 온 대리석이 깔려 있고, 공사를 위한 자재들과 모든 소품들이 그가 세계 곳곳을 다니면서 공수해 온 것들로 가득 채워져 있다. 애정을 담지 않고서는 도저히 할 수 없는 일이다.

음식 장사는 남기기 위해 하는 것인데 투자를 해놓고도 그는 가져가는 것이 없다. 이 세페우스에는 사장도 없고 종업원도 따로 없다. 홀 서빙에서부터 음식에 이르기까지 그가 직접 손님들을 안내한다. 높고 낮음 없이 한 마음이 돼 세페우스 분위기를 달궈놓는 것도 안심이 된다. 머리는 약간 곱슬머리에 정장으로 말끔하게 차려입고서는 손님을 일일이 찾아다니면서 음식 얘기를 들려준다.

음식 이야기는 그에게 '생활의 노랫소리'가 된 지 오래다. 음식 이야기 하나로 마음의 온기를 채워 넣는다. 이쯤 되면 음식에 대한 애정이 상상을 초월한다. 이야기를 듣는 게 디저트인 셈이다. 그의 첫마디가 인상 깊게 들린다.

"외식업을 마음으로 시작했어요. 좋은 음식을 먹으면 기분이 좋잖아요. 제 마음도 그런데 고객들도 당연히 그런 생각들을 하시겠죠. 좋은 음식을 같이 나눠서 함께하고 싶어서 이 세페우스를 만든 겁니다. 한 가지 중요하게 생각하는 게 있다면요. 음식도 고객이 원하는 그 이상의 것을 갖춰야 한다고 생각해요. 그 마음뿐입니다."

마음만 갖고 작품이 뚝딱 만들어지지 않는다. 그의 꼼꼼한 마음과 애정이 담기지 않으면 해낼 수 없는 일이다.

"대충 만들어서 손님을 받는다는 것은 있을 수 없는 일이잖아요. 제가 만족을 못한다면 결국에는 이곳을 찾는 소비자들도 만족을 못하실 수밖에 없어요."

건축 공사는 기간을 다투는 싸움이다. 공사 기간이 오래 될수록 막대한 손해를 입을 수도 있기 때문이다. 계획된 대로 일정에 차질이 생기면 손실금으로 이어질 수 있기 때문이다. 그러나 그는 이런 것에 개의치 않았다.

돈이 중요한 게 아니라 음식문화의 가치를 올려놓기 위해서는 그 어떤 것도 그의 고집을 꺾을 수 없었다. 대리석으로 마감한 바닥을 완성하는 데 만 1년이 걸리고, 실내 환경을 마무리하는 데 1년의 세월이 소요됐다고 한다.

"뜯고, 바르고, 만들고를 수십 번을 넘게 했어요. 바닥도 잘못됐다 싶으면 다음날 뜯어내고 다시 했습니다. 공사를 맡은 사람들이 그래요. 다음날 또 뜯어내고 다시 할 건데 서두를 필요가 있냐구요. 공사를 다시 하면 인건비야 쌓여 가겠지만 제 양심은 없어지고 마는 겁니다. 돈을 벌 생각이었다면 할 수 없는 일이죠. 제가 좋아서 시작한 일이기 때문에 고객의 마음이 제 마음과 같다는 생각으로 시작한 일입니다. 제 마음을 움직이지 못하는 공사라면 고객의 마음도 당연히 움직일 수 없는 거죠."

그의 고집스러운 음식 사랑은 여기서 끝나지 않았다. 고객의 마음을 움직일 수 있는 것은 음식이었다. 국내에서 유명한 호텔 주방을 찾아다닌 것도 수십 차례. 슬쩍 보고 조리법을 배운다고 세계 최고의 맛을 낼 수 있는 일이 아니었다. 감동을 주는 음식을 만들지 않으면 안 된다는 생각 외에는 그를 움직일 수 있는 것은 없었다. 음식은 품격이 있어야 한다는 게 그의 지론이다.

고객이 원하는 게 있다면 망설임 없이 귀를 기울이고 낮은 자세로 소비자를 바라봐야 한단다. 전국을 누비면서 유명하다는 고급 레스토랑 음식은 다 먹어 보면서 음식 문화를 체득하기 시작했다.

"전국을 누비면서 좋은 음식은 다 먹어봤어요. 스테이크 값으로만 수천 만 원을 들였어요. 돈은 아깝지 않았어요. 제가 먹어보고 느낀 것을 손님에게 고스란히 전달될 수 있다면 아까운 게 아니고 오히려 제가 배운 거니까요."

남들이 들으면 돈이 있으니까 할 수 있는 일이라고 쉽게 뱉을 수 있을 수 있지만 그의 인생에서 그가 오랫동안 마음속 꿈으로 간직해 온 일을 손쉽게 대충할 수 있는 일은 아니었다. 인생을 바치고 싶은 고급 레스토랑은 그의 양심이기 때문에 사재를 다 털어서라도 그의 꿈을 펼쳐놓고 싶다는 생각뿐이었다.

최고급 스테이크 하나를 만들어내기 위한 그의 고집스런 집념은 여기서 끝나지 않았다. 세페우스 음식을 책임지기로 한 주방장을, 거액의 음식 레슨비를 지불해 주면서 프랑스 요리의 진수를 배우도록 최고 권위자들한테 오랜 시간 동안 파견 보내 배우게 했다.

"레스토랑 공사 기간 중에는 우리 주방장을 프랑스 요리의 최고 권위자에게 보냈어요. 물론 수업료는 제가 다 지불했죠. 음식의 맛은 주방장의 감각으로 태어나는 것이잖아요. 다 만들어낼 수 있지만 그것으로는 만족을 하지 못했던 겁니다. 다시 배우고 그들 곁에서 바라보면서 품격이 다른 정신을 배우게 하고 싶었습니다."

세계적인 금형 설계 디자이너가 고급 레스토랑 사장으로 변신했다는 사실만으로도 쉽게 납득이 가지 않는 대목이지만 그의 삶 속에서 묻어나는 인생철학을 듣고 보면 그럴 수 있다는 생각을 하게 된다. 손님이 들지 않으면 하루아침에 투자한 모든 것을 잃을 수 있지만 그 어떤 누구도 그의 음식 사랑을 꺾지 못했다.

"이 정도의 시설 투자와 환경이라면 서울에 있는 유명 고급 레스토랑 이상이라고 생각합니다. 또 사실이 그렇고요. 좀 더 입지 조건이 좋은 지역으로도 생각을 해봤습니다. 하지만 돈을 벌 생각이었다면 이 자리에서 문을 열지 못했을 겁니다. 대구 지역에 이런 고급 레스토랑 하나쯤 반드시 있어야 한다고 생각했어요. 마음의 투자인 셈이죠. 세페우스에서 좋은 음식 드시고 가시는 것 보면 정말 기준이 좋습니다. 이것뿐입니다. 왜 비싼 돈 주면서 멀리 가서 음식을 먹습니까. 그걸 내가 하고 싶었던 겁니다."

그의 고향은 대구가 아니다. 그렇지만 그가 대구를 생각하는 마음은 깊고 크다. 결혼을 하면서 부인 고향을 따라 대구에 정착한 그가 일궈낸 성공 신화는 고집스러운 집념이 있기에 가능했다. 26세 나이에 우연히 시작한 금형 설계 디자이너로서의 그의 삶의 목표는 철저하게 완벽한 작품을 만드는 것이었다. 그는 전역을 한 뒤 300만 원을 들고 대구에 정착했지만 결국 그의 꼼꼼한 손재주는 세계가 인정했다.

"고객이 원하는 것 이상의 능력을 갖추지 않으며 살아남질 못합니다. 그러한 마음으로 살아온 셈입니다. 설계 의뢰를 받아서 부품을 만들어놓으면 가격을 확실하게 쳐주는 겁니다. 같은 부품이라도 제가 만들어놓은 것을 쓰는 겁니다. 겉으로 봐서는 비슷할지 모르지만 다르다는 것을 그 사람들은 더 잘 아는 겁니다. 비싼 돈을 들이더라도 그게 낫다는 얘기잖아요. 그 사람들도 고객의 감동을 위해서는 양심이 중요한 것입니다. 그게 금형 설계 디자이너로서 제가 배운 철학입니다."

그가 금형 설계 디자이너로 기업에 감동을 준 것도 여러 번이지만, 배짱도 두둑했다. 그는 금형 설계 디자인만큼은 자신이 있었다. 설계 의뢰를 받으면 그는 '만들어놓을 테니까 돈은 주고 싶은 만큼 줘라'고 말할 정도다. 당연히 완성된 부품들은 그들의 시선을 사로잡았다.

"제가 만들어놓은 제품을 보고는 예쁘다고 하는 거예요. 그 자리에서 다섯 개 이상씩 주문을 하는 겁니다. 하나당 가격은 매우 높습니다. 상품에 혼을 불어넣는다면 소비자들은 감동을 받습니다. 그 마음으로 20년 이상 직업을 지켰던 셈입니다. 그들이 제품을 보는 눈은 지나칠 정도로 까다롭습니다. 만들어서 오고가는 데 두 달이 걸립니다. 그래도 비닐에 넣어서 제품을 본국으로 보내달라고 합니다. 그들은 기다립니다. 결국 제품에 대해 신뢰를 보내고 믿음을 가지게 됩니다. 고객이 원하는 그 이상을 하게 되면 가격은 제가 결정하는 게 아니라고 생각해요."

한 가지에 미칠 수 있는 그의 고집스러운 집념은 감동이 돼 돌아왔고, 영원한 단골 고객들이 돼 주었다고 말한다. 금형 설계 디자이너로 그는 확고한 성공을 거둔 사람이고, 외식업을 시작하면서는 또 한 번의 신화 창조를 위해 노력하고 있는 셈이다. 그가 왜 외식 문화에 이토록 애착을 갖게 되었는지 궁금했다.

"이렇게 투자를 하고 외식업을 한다는 게 장난이 아닙니다. 그냥 좋은 음식 만들어서 손님들한테 내놓겠다는 마음뿐입니다. 뭐든지 한 가지에 미치면 돈은 벌 수 있다고 생각합니다. 돈을 쫓아서 생각하면 좋은 음식도 태어나질 못한다고 생각해요. 세페우스도 돈을 생각했더라면 이런 작품이 안 나왔을 겁니다."

그는 세페우스를 그가 만든 작품이라고 평가했다.

"음식이 좋고 여기에 미치지 않고서는 할 수 없는 일입니다. 그러니까 시설 환경이 작품이 됐다고 생각합니다. 대구에서 프랑스 요리의 진수를 맛볼 수 있는 곳은 세페우스뿐이라고 생각해요. 그 자존심 하나로 여길 만든 겁니다. 음식은 예술입니다. 예술의 감동은 고객의 마음을 움직이지 않고서는 박수를 받을 수 없어요. 음식 하나도 작품으로 생각하고 대할 뿐입니다."

그가 세페우스라는 공간을 작품으로 탄생시키는 데도 그의 철학이 고스란히 녹아 있다.

"중앙공원의 녹지와 조화를 맞추기 위해 상당히 노력했어요. 자연과 실내공간이 잘 조화돼야 최고의 실내 분위기를 만들 수 있는 거죠. 공간은 크지만 작게 보이는 공간으로 건축되는 게 굉장히 중요합니다. 제 생각에는 실내공간에서 봤을 때 자연공간의 70% 이상이 보여야 한다고 생각해요. 그래야 자연을 보고 사람이 숨을 쉬면서 즐겁게 식사를 할 수 있는 겁니다. 음식은 자연과 연관돼 있어야 살아있게 됩니다."

음식 하나가 사람의 오감을 뒤흔들어 놓아야 감동을 받는다는 말이 있다. 눈으로 보이는 빛깔, 마음을 잡아당기는 후각, 입안을 녹이는 미각, 음식 한 점을 만지고 싶다는 촉각, 맛있는 음식이 사근사근거리며 입 안에서 사라지는 청각이 어우러져야 진정한 맛을 담아낼 수 있다. 그래야 음식 하나가 감동을 주고 그 감동은 고스란히 가슴에 담겨진다.

"음식의 맛은 건물 환경과 실내 분위기와 절묘하게 조화를 이루어야 합니다. 편안하게 좋은 음식들로 식사를 할 수 있는 곳을 만들고 싶었어요. 이유는 그래요. 음식도 사람과 함께 어우러지는 문화가 되죠. 새로운 외식 문화를 창출해보고 싶었어요. 음식은 미묘한 차이 하나로 달라집니다. 음식을 차리는 마음이 어떤가에 따라서 맛도 달라집니다."

B코스 메뉴 하나를 시켰다. 십여 가지가 넘는 음식들이 차례로 놓인다. 메인 음식은 안심스테이크다. 김치에 밥 한 술 떠서 된장국에 속을 달래던 체질이지만, 고기 한 점이 마음을 움직인다.

더 놀라운 것은 고기의 신선도다. 30분가량을 얘기하고 나서 고기 한 점을 입안에 넣었는데도 그 육질에 변함이 없다. 음식점을 직접 운영하는 사람이라면 으레 신선하고 좋은 재료를 쓴다고들 얘기하지만 그것과는 다르다.

그는 더 좋은 재료를 쓰고 손님의 마음을 움직일 수 있는 음식 메뉴로 만들기 위해 더 연구해야 한다고 겸손해했다. 스테이크와 훈제 연어 한 점으로 속을 다 채워 넣는다. 듣고 고개를 끄덕이는 정도의 내성적이고 겸손해하는 품성이라서 "좋은 점은 뭡니까?"라고 억지로 말을 꺼내 물었다.

"음식은 배운다고 다 끝나는 게 아닙니다. 그 만들어내는 과정도 매우 중요하죠. 이 연어 훈제만 하더라도 특유의 비린내 때문에 잘 안 먹게 될 수 있어요. 훈제 연어는 뒷맛이 중요합니다. 주메뉴는 아니지만 자신있게 내드리는 메뉴예요. 이 맛을 내기 위해 수천만 원이 넘는 기계를 설치했어요."

장사는 이익을 먼저 생각한다. 하지만 그 이윤보다 더 중요한 것은 상도의 정신이다. 사람의 마음을 움직이는 판매의 기술은 사람도 얻고 이익도 남긴다. 그것은 바꿀 수 없는 큰 이윤이다. 투자한 것을 생각한다면 매일 이 실내공간이 북적거리고 들썩이고 오랜 시간이 흘러야 가능한 일이다.

그가 이윤을 먼저 생각했더라면 최고급 재료를 쓰지 않는다. 그는 그가 정성을 다해 내놓는 음식을 많은 사람들이 함께한다면 그것으로 만족한단다.

"손님들이 저보다 더 먼저 느낍니다. 이익을 먼저 생각했다면 원가를 대폭 낮추고 이윤을 먼저 생각했겠지요. 그렇게 되면 음식에 감동을 느끼지 못합니다. 그러면 안 된다고 생각합니다. 많이들 찾아오시면 덤으로라도 합쳐지는 이윤이 있겠지만 아직은 그럴 생각은 없어요."

그는 공사를 끝내놓고 맛과 정성 그리고 그 분위기가 압도될 수 있다면 많은 분들이 찾아오실 거라고 생각했다. 그러나 그의 마음을 알리기 위해서는 시간이 필요했고 그는 우뚝하니 세페우스를 지켰다. 돈을 생각했다면 벌써 정리했겠지만 그는 달랐다. 음식 하나 만큼은 감동스럽다는 얘길 들을 수 있다는 확신과 자신감이 있었다. 그것으로 지키는 외로움을 달랬다.

그가 잠자기 자리에서 일어나 주방으로 달려 들어간다. 꼼꼼한 손놀림이 여과 없이 발휘된다. 주방장이 내놓은 음식이 담긴 접시를 닦고 또 닦으면서 더 없이 정성스럽게 다루라고 얘기한다.

듣는 사람도 고개를 끄떡인다. 테이블을 옮겨 다니면서 음식을 내리고 올려놓는다. 그 시간 동안 꼼짝없이 한 시간을 앉아 있었다. "손님들이 많아지고 있어서 다행입니다."라고 말을 건넸다.

"좋은 일이지요. 언젠가는 제 마음을 알아주실 줄 알았습니다. 앞으로도 더 그런 마음으로 세페우스를 지켜야죠. 음식은 또 다른 예술입니다. 예술작품을 만드는 과정도 외롭고 오랜 시간이 걸리지만 진정한 작품성 있는 예술은 고객의 발걸음을 멈추게 만들잖아요. 그래야 감동이 오래간다고 생각해요. 좋은 음식 잘 만들어서 여러분들께 나눠 드리고 싶은 마음에는 변함이 없네요. 배가 불러도 맛있는 음식이 최고죠"

직원들한테 먼저 시키는 법이 없다. 먼저 실천하고 체득한 다음 그 마음을 닮기를 바라는 것 같다. 어려운 점이 없는지 물었다.

"음식을 만드는 것도 중요하지만 서비스업은 정말 최선을 다해야 한다고 생각해요. 이윤을 먼저 생각하는 음식 만들기가 아니라는 거죠. 모든 것이 손님들한테 감동을 주었을 때 그 움직여진 마음은 세월과 같이 흘러가는 거라고 생각합니다. 전, 제가 내놓은 음식 모든 걸 식구들이 먹는다고 생각합니다. 그 마음 오랫동안 지켜가야죠. 세페우스에 오시면 세 번 놀랍니다. 들어서면 분위기에 놀라고, 의자에 앉아 계시면 인테리어에 놀라시고요 음식을 드시면 맛에 놀라십니다. 그 세 가지는 꼭 변함없도록 지켜야지 하는 마음뿐입니다."

밤 11시가 넘고 있었다. 다섯 시간이 넘는 그와의 대화. 그의 꼼꼼함에 놀라고 음식

을 생각하는 마음에 놀란다. 나가는데도 흐뭇하고 그의 마음 씀씀이가 또 한 번 감동이
돼 돌아온다.

김건표가 만난 사람들 / **04**

배우 **정웅인**

가장 자연스러운 연기가 더 어려운 연기, 배우의 변신은 연기력으로 녹여내야…
마지막까지 결승점에 남아 웃는 배우가 되고 싶어…

두 달 여 동안 영화 〈산타마리아〉 로케 촬영 때문에 대게의 고장 영덕에서 꼼짝없이 지냈던 배우 정웅인. 얼마 전 촬영을 끝내고 휴식을 취하고 있는 그와 긴 대화를 나눌 수 있었다. 그와 대화를 하기 전 무엇을 물어보고 끄집어낼 것인가에 대해 상당한 고민을 했다. 새하얀 빈종이 하나를 꺼내놓고 생각나는 대로 써 내려갔다.

한 시간쯤 흘렀을까? 적어놓은 메모를 천천히 봤다. 내용들이 그의 가슴에 와닿지 않을 것 같다는 생각이 들었다. 손에 움켜쥔 종이가 휴지통에 들어가는 시간이 너무 빠른 것 같아 섭섭했다.

아는 만큼 물어보는 진실한 대화의 접근은 또 다른 색다름과 유쾌함, 그리고 감동을 준다. 들으면서 맞춰가는 대화는 늘 긴장하고 들을 수 있어서 좋다. 대화 속에서 발견되는 잔잔한 감동은 그를 더욱 신뢰하게 만든다. 낯익은 목소리가 들리자 배우가 된 것처럼 상대방에게 온몸이 집중된다.

그는 〈산타마리아〉에서 맡은 극중 인물에서 빠져나와 있었다. 단잠을 깨고 나온 사람처럼 소리는 나른하게 들렸지만 힘이 단단하게 실려 있다. 드라마와 영화를 넘나들면서 정신없이 지낸 그에게 "바쁘시죠?"라고 물었다. 묻고서 아차 싶었다. "촬영을 끝내니까 크게 바쁜 게 없어요." 그의 말은 배우로서 그가 원하는 만큼 속도감이 오지 않아서 말하는 것 같았다.

"〈산타마리아〉 끝내놓고 가족들과 집에 있는 시간이 많아요. 예쁜 딸도 실컷 보면서 집에서 좀 쉬면서 지냅니다."

배우가 한 가지 역할에 집중하고 나서 그 역할에서 빠져 나올 때면 긴 여운을 남기게 된다. 그 여운은 배우로서와 자신으로 돌아가는 회복 기간이다. 등장인물에게 요구되는 감정을 다 쏟아내기 위해 마음과 정서에 가득 채워 넣는 일에서부터 그것을 감정으로 골고루 전달해 가는 시간은 배우만이 가질 수 있는 느낌이다.

드라마가 끝이 되고 등장인물이 몸속에서 빠져 나갈 때면 허탈함과 공허함을 느낄 때도 있다. 배우에게는 이 또한 원점으로 돌려놓아야 또 다른 등장인물을 채워 넣을 수 있다. 내가 아닌 다른 사람이 된다는 것은 쉽지 않은 일이고 또 다시 내가 되는 것도 쉽지 않다.

그의 이름만 떠올리면 유쾌해진다. 그와의 대화도 즐겁고 경쾌하다. 그러나 유쾌함으로 끝나는 게 아니라 다시 진지함으로 돌려놓는 배우 정웅인. 그는 주어진 배역을 철저하게 자신의 색으로 옷을 갈아입는다. 그의 얼굴을 천천히 올려다보면 그는 타고난 배우의 얼굴을 하고 있다는 것을 느껴질 정도로 짜릿한 기운이 든다.

배우의 얼굴이 따로 있겠냐 싶지만 수백 가지의 감정을 쏟아내는 배우의 얼굴 표정은 매우 중요하다. 감정을 담고, 숨기고, 드러내야 하는 표정. 대사를 읽고 마음에 담아 얼굴로 그것을 표현하기란 쉽지 않다. 배우의 감정이란 인간의 희노애락을 표현해 내야하는 숙명적인 역할자다. 배우 정웅인은 그것을 다 담아내고 있다.

그가 아무리 배를 움켜잡고 뒹굴 정도로 웃음을 날려도 진지하게 그를 바라보는 이유도 그런 이유다. 그는 코믹한 배우가 아니라 즐거움을 아는 배우고, 즐거움을 주는 배우다. 또한 그것을 읽어낼 줄 아는 게 배우 정웅인이다.

"배우로서 다시 몸만들기를 하고 있어요."

배우마다 특유한 소리의 음색이 묻어난다. 그는 말도 맺고 끝남이 분명하지만 굵고 가느다란 소리가 잘 공명돼 전달된다. 그의 특유한 소리는 향이 진하게 느껴지게 만든다.

"영덕에서 촬영이 어땠어요?"

"오히려 연기를 할 때가 한없이 편한 것 같아요. 배우는 촬영을 위해 최상의 컨디션을 유지하려고 마음과 기분의 조절을 많이 해요. 그것을 유지하기 위해 영덕에서 촬영이 없는 날이면 회도 실컷 먹고 자전거를 타고 다녔어요."

그와의 대화가 점점 열리기 시작했다.

이번 영화 〈산타마리아〉에서는 〈세 친구〉, 〈두사부일체〉, 〈투사부일체〉, 〈조용한 가족〉에서 그가 보여준 등장인물의 흔적은 없다. 오로지 배우 정웅인만 있을 뿐이다. 그에게서 표현돼 나올 수 있는 코믹한 이미지와 탁월한 표현에 대해 그는 말을 꺼낸다.

"배우의 캐릭터는 출연 작품이 성공했는지의 여부가 중요한 것 같아요. 수많은 인물들을 창조해내고 표현했지만 많은 분들은 가장 기억에 남는 역할만 기억을 하세요.

제가 출연한 기존의 시트콤이나 영화들이 잘 됐잖아요. 그래서 그런 거죠. 제가 추구하는 배우로서의 방향과 변화는 코믹적 요소가 아닙니다."

무거움을 단전 밑으로 꾹 숨긴 채 즐거움으로 바꾸어놓는 것이 더 무섭고 날카롭다. 배우 정웅인은 코믹과 즐거움의 연기적 표현의 경계를 자유자재로 표현해내는 배우지 코믹한 배우는 아니다. 그한테 주어진 역할을 최상으로 표현해낸 것이다.

즐거움을 줄 수밖에 없는 등장인물과 그것을 아주 자연스럽게 표현해내고 있다면 배우에게 그것은 철저하게 계획된 감정 표현들이다. 또한, 그것을 자유자재로 움직일 수 있다는 것은 배우로서도 쉽지 않은 일이다. 배우가 표현해내는 등장인물은 삶 속에 투영되고 있는 인물들이다.

드라마에 등장하는 인물들이 '허구적 인물이다, 실존 인물이다'의 경계를 놓고 이야기를 생각해보기 전에 드라마에서 살아가는 등장인물들은 우리가 직간접적으로 한 번쯤 보고 마주치고 살아가는 사람들이다. 가까운 사람들 중에 그런 사람들이 있지 않을까. 늘 웃음을 놓지 않고 살아가는 사람을 보면 간혹 이런 말을 던진다. '야, 즐겁게 사는구나', '매일 그렇게 좋은 일이 있어. 뭐가 그렇게 좋아서 웃어' 한다. 매일 웃을 수밖에 없이 즐겁게 사는 사람이 얼마나 될까. 마음이 저려오고 가슴 아픈 일을 숨기고 웃는다는 것은 쉽지 않은 일이다. 감정을 조절하고 긍정적인 사고를 갖지 않으면 표현도 굳어지기 마련이다.

배우에게 그 두 가지 감정을 조절하기 위해 역할에 대한 몰입과 집중이 요구된다. 그렇지만 그는 마음이 아프고 저려도 그것을 숨기고 즐거움으로 표현되게 만드는 사람이다. 그것을 탁월하게 표현해내고 소화해내면서 새로운 인물창조를 해내는 게 그다.

"이번 〈산타마리아〉에서 고정된 이미지를 다 벗어낸 건가요?"

그가 한 호흡을 쉬고 나서 말을 천천히 꺼낸다.

"이번 〈산타마리아〉에서도 코믹적 요소를 살리려다 정영배 감독이 저에게 다른 모습을 봤나 봐요. 이번 작품에서 색다른 연기의 맛을 느껴봤으면 하는 바람이었죠. 공감이 가는 부분이었고요. 그동안 저의 캐릭터를 뒤집어놓은 거죠. 그러면서도 균형감을 잃지 않도록 했어요. 오히려 더 진지하면서도 무겁지 않은 '일도'(영화 〈산타마리아〉의 주인공)의 역할을 표현해내려고 했어요."

배우가 등장인물을 표현해내는 과정은 발견의 시간이다. 배우 스스로 꺼내놓아야 하는 부분이 많겠지만 그것을 정확하게 발견해주는 감독의 역할도 중요하다. 배우는 그 어떤 것이든 꺼내놓을 줄 알아야 한다. 배우라는 직업은 쉽게 얻어지는 법이 없다. 수천 번 등장인물의 마음을 담고서 다른 인물이 돼 가는 과정은 결코 쉽지 않거니와 쉽게 내놓아주질 않는다. 배우는 철저한 자신과의 싸움에서 끊임없는 수행을 거듭해야 만 내가 아닌 다른 사람이 될 수 있다.

영화 〈산티마리아〉의 스토리는 이렇다. 성지루는 직업이 택시기사인 호철 역을 맡 았고 그는 일도 역으로 분한다. 카메라는 이 두 사람의 관계를 따라간다. 학창시절 첫 사랑을 빼앗긴 호철. 한 여자를 두고서 시작된 라이벌적 운명이 팽팽한 심적 긴장감을 만든다. 서로 잊지 못할 이 사건으로 결국에는 앙숙이 된 두 주인공. 짝사랑을 빼앗은 일도는 교통경찰관이 된다.

15년 만에 극적으로 만나는 두 사람. 우연히 만나게 되면서 벌어지는 상상초월 휴 먼 코미디의 극적 전개는 이야기를 듣는 동안에도 머릿속으로 장면이 수십 번 움직여 진다. 극단 목화에서 단련된 탄탄한 연기로 맡은 극중 인물을 초월해내는 배우 성지루.

대학 선후배인 이 두 배우의 영화 속 열연은 한 영화에 같이 하는 출연하는 것만으 로도 기대가 된다. 정웅인은 자신의 상대역인 성지루에 대한 얘기를 꺼낸다. 으레 인터 뷰를 하면 자기 말에 의존할 수밖에 없는데 그는 달랐다. 그를 형이라고 표현한다.

"지루 형하고 이번 작품을 함께 해서 너무 좋습니다. 형이 연극무대에서 오랫동안 좋은 연기를 보여 왔잖아요. 배우로서 연극에 임하는 것과 영화를 생각하는 게 같아요. 분석에서부터 출발합니다. 작품의 선택 동기에서부터 역할에 임하는 모든 과정을 늘 세심하게 생각하고 분석해서 집중합니다. 악보를 보고 대하듯 늘 배우의 존재와 역할 에 대해 끊임없이 고민합니다. 이번 작품에서 그렇고요."

배우에게 극중 이야기는 삶이다. 그 안에 살아가는 이유가 담겨 있고, 맡은 역할이 왜 존재하는지 명확하게 담겨 있다. 배우에게는 스토리를 철저하게 꿰뚫고 있어도 채 워 넣고 또 채워 넣어야 극중에서 살아가는 이유를 찾아낼 수 있다. 그래서 배우는 극중 인물이 되기 위해 시나리오를 받는 순간 치열해진다.

연극 이야기로 넘어갔다. 방송에서 본격적으로 그의 얼굴이 알져지기 전에 배우

정웅인은 늘 무대와 함께 있었다. 그도 늘 연극무대를 기다리고 있다고 말한다.

"연극 몇 작품을 할 수 있는 기회가 있었는데 성사가 잘 안 됐어요. 방송, 영화 활동을 하는 연기자들이 연극무대에 서면 다른 시선으로 바라볼 때가 있어요. 쉬면서 재충전한다고들 생각합니다. 단순하게 쉬고 싶어서 무대를 밟고 싶지는 않아요. 바쁜 시간을 쪼개가면서 연극을 한다면 그것은 연극을 대하는 게 아니라고 생각합니다. 시간을 내서 산에 천천히 올라가는 것처럼 연극을 대하고 하고 싶을 마음이죠"

연극은 긴 시간을 요구한다. 급하게 연극을 대할수록 연극을 통해서 받을 수 있는 기쁨은 작을 수밖에 없다는 게 그의 얘기다. 그런 만큼 천천히 준비해 오랫동안 배우로서 가슴에 담고 싶다고 말한다.

배우로서 묻어나오는 코믹적 이미지를 벗어내고 싶지 않은지 물었다.

"가장 평범한 연기가 가장 어려운 연기입니다. 극단적인 감정을 쏟아내는 역할을 배우에게 오히려 쉬울 수 있어요. 배우로서 이미지 변화의 문제는 다른 것 같아요. 배우는 얼마든지 캐릭터를 변화시킬 수 있습니다. 그게 배우의 역할이니까요. 중요한 것은요. 시청자의 평가가 그대로 배우의 캐릭터로 인식된다는 거예요. 제가 출연한 드라마, 영화가 잘 됐어요. 그러면 그 속에서 비쳐진 캐릭터를 저의 고정 캐릭터로 생각합니다. 그의 이미지와 상반된 역할을 맡고서 연기를 잘 소화해냈지만 시청률이라든가 흥행에 저조했다면 그건 그냥 묻혀버려요. 변신한 게 아니라는 거죠. 배우는 철저하게 변신을 했다는 데도 그런 인식을 갖고 있는 겁니다. 배우의 캐릭터도 작품의 성공과 연관됩니다."

그는 배우의 변화는 외형적 요소가 아니라고 말한다.

"배우가 일시적인 변화를 위해 흉내 내기에 급급하다면 그것은 진정한 변화가 아니라고 생각합니다."

그는 자신이 좋아하는 세계적인 배우 말론 블란도 얘기를 꺼낸다.

"말론 블란도를 생각하면 그의 캐릭터가 강렬하게 한 가지에 집중될 수 있어요. 하지만 그 배우가 캐릭터에 변신을 해야 한다는 얘기들은 안 하잖아요. 한 역할을 훌륭하게 소화해내고 감동을 주는 배우라면 아무 문제가 없어요. 배우에게 외부적인 변화는 중요하지 않다고 생각해요. 색과 의상이 달라지고 갑자기 안경을 착용했다고 해서 그 배우가 변화될 수는 없는 일입니다. 철저한 분석을 바탕으로 연기력으로 역할을 소화하는 변화가 더 중요할 거라고 생각해요. 어느 작품이든 주어진 캐릭터를 녹여낼 수 있는 배우가 더 중요한 겁니다."

흥행 성공 속에만 보여지는 배우의 고정된 캐릭터는 고정되어 있는 게 아니라고 말하면서 강수연과 그가 주연을 맡은 영화 〈써클〉 얘기를 꺼낸다.

"배우의 마음으로 배우를 바라보는 시각이 필요해요. 영화 〈써클〉은 개인적으로 애착이 많이 가는 영화예요. 나름대로 기존 캐릭터 이미지를 벗어던지고 새로운 인물 창조를 했습니다. 흥행이 저조해지면서 달라진 변화도 묻혀버리는 거죠. 그래서 더 아쉽죠."

그의 말을 들으면서 저절로 고개가 끄덕여졌다. 많은 작품에서 탄탄한 연기를 보여준 그였지만 그는 영화로서 첫 데뷔작인 〈조용한 가족〉, 〈써클〉, 〈산타마리아〉에 애착이 간다고 말한다.

"〈조용한 가족〉은 연극을 하면서 영화를 한다는 설렘이 있었던 영화죠. 감독님을 비롯해 좋은 배우들과 함께할 수 있어 참 좋았어요. 첫 영화라서 그런지 저만의 긴장을 갖고서 임해서 그런지 애착이 많이 가는 것 같아요."

한국영화 얘기로 넘어갔다. 많은 배우들이 한국영화 활성화를 위해 몸값을 낮추고 그 여분의 출연료가 제작비에 재투자돼 완성도 높은 영화가 만들어져야 한다고 주장하고 있다. 그의 의견을 들어봤다.

"몸값을 낮춘다고 영화가 다 잘 되는 것은 아니라고 생각합니다. 고정된 영화 관객 수에 비해 한국영화가 많이 제작됐어요. 출연료를 낮추고 영화에 출연하는 것도 바람직한 일이지만요. 배우가 영화에 기여할 수 있는 일은 많다고 생각해요. 러닝 개런티 제도도 배우한테 영화에 대한 애착을 더 줄 수 있잖아요. 배우들이 영화 흥행을 위해 최선의 노력을 하잖아요. 한국영화를 살리기 위해 무턱대고 출연료를 낮춘다는 것보다는 배우한테도 출연 영화에 대한 애착을 갖게 만드는 다양한 명분과 제도가 있으면 더 낫지 않을까 생각합니다."

그가 한국영화를 생각하는 것은 매우 넓고 크다. 영화가 끝나면 배우로서 책임감도 사라지는 게 아니라 더 애착을 갖고 영화를 홍보할 수 있도록 해야 한다고 한다.

출연 배우들의 그러한 영화 사랑이 결국에는 영화팬들의 관심을 끌 수 있는 일이고 역할이라고 그는 생각한다.

배우로서 연기에 대한 열정을 갖게 만든 곳이 서울예대 재학시절에 활동을 한 '풀하나'라는 동아리였다고 얘기를 꺼낸다.

"배우의 언어보다는 신체언어로 연극을 생각하는 곳이었어요. 오히려 저는 동아리를 통해 많은 것을 배웠어요. 동아리 회장을 맡아서인지 더 애착이 갑니다. 햄릿이나 가스펠을 배우의 말을 줄이고 몸으로 표현했습니다. 선후배들하고 이 시간에 만나면서 많은 것을 느꼈어요. 그때 한 작품들이 기억에 남죠. 배우로서 한 길을 갈 수 있도록 만들어준 셈입니다."

대학 시절, 그가 배우로서 치열하게 생각하고 자극을 받은 것은 환경적인 요인이 크다고 설명한다.

"연극과 학생들이 한 학년에 120명이었어요. 배우가 돼야 한다는 목표들이 다들 같잖아요. 늘 선의의 경쟁을 했습니다. 비슷한 재능을 다들 가졌지만 결과적으로는 누가 웃을 수 있나 생각하고 기회가 왔을 때 살아남기 위해서 치열하게 노력했던 일들이 배우 정웅인에 대해서 더 가깝게 만들어준 것 같아요. 지금도 자신과의 경쟁도 하고 다른 것들과 경쟁하면서 살잖아요. 40~50대에 마찬가지로 제 자신이 만족하고 웃을 수 있도록 끊임없이 노력하고 있는 겁니다."

마지막으로 배우로서 인생관이 무엇인지 물었다.

"인생관이 마음처럼 되는 것은 아니지만요. 가족들이 있다면 저의 인생관은 정해져 있는 거죠. 가장 빨리 달려가면 누구보다도 먼저 볼 수 있겠지만요. 돌아가고 멈추면서 숨을 고르고 달려가는 게 더 중요하다고 생각해요. 마지막까지 웃기 위해서는 저한테 더없이 중요한 겁니다. 천천히 가지만 언제든지 속도를 낼 수 있는 준비가 필요하겠죠."

배우 정웅인. 인간적인 마음을 넘어 솔직한 표현이 더없는 신뢰를 갖게 만든다. 그의 타고난 배우로서의 재능은 철저한 준비와 치열함으로 만들어져 있어, 그는 누구도 깰 수 없는 견고한 배우다.

마루네 연극공장장 **김종석**

연극과 살아온 서른아홉의 공장장, 마루네 연극공장장 김종석
10년 동안 학생들과 연극 40여 편 만들어…

공장은 전문 배우들이 아닌 청소년들과 연극 만들기를 이어오면서 그들을 전문 배우로 만들어놓았다. 작품성은 놀라울 정도다. 무대 안에 연극이라는 집을 지으면서 40여 편의 수작들을 쏟아냈지만 이제는 그들이 무대를 움직이고 있다.

이 중심에는 청소년 전문 연극 연출가인 김종석이 있다. 수줍은 인상과 옷차림새가 인심 좋게 생겼다. 무성하게 자란 털들은 그의 얼굴을 가득 채웠다. 털보 아저씨란 별명이 딱 그를 두고 하는 말 같다. 이 공장을 지키고 있는 주인은 청소년들이고 이들을 10년 넘게 날카로운 연출적 시각으로 날렵하게 무대를 지키고 있는 그가 공장장인 셈이다.

공장의 열기는 화끈하게 돌아간다. 마루네 연극공장 식구들과 만들어놓은 연극 작품에 관객들의 비장한 관심이 쏟아지고 전문가들은 그의 작품에 술렁인다. 도저히 학생들이 만든 작품이라고 믿기지 않기 때문이다.

마루네 가족들은 초·중·고등학생들로 구성된다. 그러나 그들이 올리는 연극무대는 범상치 않다. 네 작품 이상 공연에 참여한 이들도 적지 않고 연기력도 수준급이다. 이 연극공장에서 생산하고 있는 주요 품목은 실험성이 강한 연극, 뮤지컬들. 모든 작품들은 청소년들이 재구성하고 창작해서 새로운 형태의 연극으로 만들어내고 있다. 전문 배우들도 아닌데 가능할 수 있을까 싶지만, 결론부터 말하자면 참여를 중요시하는 연극공장 분위기로 이를 가능케 한다.

연극을 단순하게 찍어내듯이 만드는 곳이라고 생각할 수 있다. 하지만 이 연극공장을 통해서 쏟아져 나오는 작품들은 수준급이다. 훌륭한 연극 상품들을 만들어놓고 있지만 판매를 목적으로는 하지 않는다. 배짱으로 연극을 만들까 싶지만 마루네 연극공장만큼은 연극을 위한 연극을 하고 싶다고 말한다. 만들어 놓은 연극 한 편이 다른 작품을 준비할 수 있도록 좋은 평가를 받는다면 그것으로 행복하고 만족한다. 그들이 공연하는 작품은 연극의 불황에도 2,000석 규모의 대극장이 연일 매진 사례다. 줄을 서서라도 이들 작품은 꼭 보고 돌아가야 한단다.

청소년들로 구성된 전문 극단은 사실 전무한 상태다. 상업적인 연극 상품이 쏟아지고 개발되면서 관객들을 기다리는 것 달리 연극공장 마루네는 연극 작업이라는 비장의 무기를 통해 연극을 이해하고 깊은 마음으로 연극을 바라본다면 그것뿐이란다.

이 연극공장을 거쳐 간 공장 식구들은 직업도 천차만별이다. 배우, 코미디언, 가수, 연기자, 일반 회사원, 연출가, 기획자 등 나열하기 힘들 정도다. 그러나 배우로 활동하고 있는 사람들이 90% 이상을 차지하고 있는 것만 봐도 십 년을 한결같이 버텨온 그의 노력은 짐작이 가고도 남는다.

연극 한 편에 많게는 6개월 이상의 연습 과정이 요구된다. 그러나 그는 연극 만들기만큼은 무료봉사다. 그들을 위해서 24시간 열어놓는다. 결혼도 못했다. 하지만 그가 연극을 바라보는 날카로운 관점은 무대를 녹이고 관객을 요동치게 만든다.

마루네 연극공장은 1996년에 만들어 졌다. 그와 함께 이 마루네 연극공상을 거쳐 간 단원들만도 1,000여 명이 넘는다. 탤런트 문근영, 정소영, 개그맨 한민관, 김기욱, 연극배우 장성식 등이 그가 가르쳤던 인물들이다. 인생을 무대에 쏟아붓고 있는 이 연극 연출가의 고집스러운 무대사랑은 노총각으로 살게 만들고 있다.

연극을 만들어내는 공장으로 가기 위해 대전역 지하차도로 들어가 한 10분 정도 걸었다. 상인들의 날렵한 시선들이 무겁게 느껴진다. 지하차도를 올라와서도 골목길을 세 번 돌고 간판들을 뚫어지게 쳐다보면서 위치 확인을 몇 번을 더 하고 나서야 그 앞에 서 있을 수 있었다.

긴 숨을 한 번 내쉬고 계단을 올랐다. 괴성인지 아니면 대사 연습 소리인지 빌딩 공간 구석구석을 마루네 연극공장 식구들이 채워 넣는다.

마루네 연극공장은 200석 규모의 공장 주무대와 소극장, 연습실 등이 살림살이의 전부다. 조명은 뒤틀려 있고, 무대 벽면에는 색이 녹아 있다. 이 공간에서 관객들이 숨소리조차 내쉬지 못할 정도로 압도를 당하고 만다는 사실이 놀랍기만 하다. 객석도 편치 않다. 나무로 짜서 일렬로 놓인 자리는 시선을 한곳으로 고정시키지 못하고 있다. 몸이 편하지 않으면 연극도 편할 수 없다는 생각을 들게 한다. 하지만 마루네 연극공장 사람들의 마지막 연습 무대를 지켜보면서 시선은 앞으로 당겨지고 몸은 무대 가까이가 있다. 오감을 자극하기 시작한다.

37회 정기공연으로 준비하고 있는 작품은 〈지저스 크라이스트 슈퍼스타〉다. 연말에 올려야 작품의 제 맛을 느낄 텐데 하필이면 새해 들어 이 작품을 선택했을까? 독특한 연습 방법을 알면 해답을 찾을 수 있다. 이야기의 뼈대만 남겨놓고 전부 재구성돼 작품을 다시 만들었기 때문이다. 이야기를 빼고 붙이고, 장면을 덧붙이면서 배우의 몸에 익숙해지도록 이 마루네 연극공장 사람들의 입맛에 맞게 작품은 더 단단해지고 새로워진다.

이 작품에 출연하는 50여 명의 배우들은 쉴 새 없이 등장인물로 바뀐다. 감정을 토해내고 노래로 마음을 열어준다. 화려함은 없지만 이 연극공장에서는 화려함은 오히려 사치다. 오히려 그게 더 신선하다는 평가다.

왜 '마루네 연극공장'일까? 김종석 공장장의 '종' 자가 한자로 마루 '종(宗)'이란다. 연극과 연습이 마루에서 시작되는 만큼, 한자의 뜻말과 어울려 마루네로 정했다는 것. 공장이라는 말이 이곳에서는 어색하지 않다. 오히려 강한 연극의 생산성을 느끼게 만든다.

객석에 그와 둘이 나란히 앉았다. 시선은 서로 무대를 향하고 질문과 대답을 할 때만 서로를 보면서 얘기했다. 오히려 무대를 바라보고 답을 해야 편하단다.

"돈도 안 되는 일을 왜 왜 할까? 결혼도 안 하고 너무 억울하다는 생각은 안 해봤나요?"

대답 대신 웃는 표정이 돌아온다.

"마루네 연극공장이면 김 선생은 사장인가요?"

시비를 걸었는데도 넘어오질 않는다. 그가 말을 꺼낸다.

"마루네 연극공장은 정말 연극만을 위한 것이죠. 잘 만들어서 내다 판다는 생각을 안 해요. 좋은 공연 만들어서 학생들하고 함께한다는 생각이 더 크죠."

"이 연극공장 식구들만 연극을 공유한다면 무슨 의미가 있나요?" 딴지를 놓았다.

"그건 아닙니다. 물론 작품을 만들어서 관객들을 만나면 냉정한 평가를 받지요. 연극공장이라고 한 이유도 극단이면 프로배우들이 좋은 작품 만들어서 관객들을 만나고 흥행도 염두에 둬야죠. 하지만 우리 마루네 연극공장은 흥행보다는 연극성에 중점을 두고 있습니다."

"연극 만드는 것에 자신 있다는 말인가요?"

이 말에 그가 털털하게 웃는다.

"연극공장 주인은 청소년입니다. 그들이 연극을 통해서 얼마만큼 연극정신을 배울 수 있는지가 저한테는 더 중요합니다. 여기서 만들어지는 연극은 철저히 상업적인 수단으로 관객을 만나지 않는 이유도 그런 이유에서입니다. 연극을 하면서 연극을 이해하게 되는 거죠. 그러니까 당연히 거짓말을 할 수 없고 솔직한 연극을 만들 수밖에 없어요."

"구체적으로 다른 극단들과 작업 방식에 차이가 있는 겁니까?"

"연기 훈련에 있어서 배우 자신으로서 가능성을 열 수 있는 작품들을 합니다. 그렇다 보니까요, 연극성이 강하고 실험적인 무대를 만들려고 합니다. 마루네 연극공장에서는 정해진 역할이 없습니다. 전부 배우고 스태프들인 셈입니다. 의무적으로 조명, 기획, 홍보를 맡아요. 1인 3역이죠. 무대를 만들고 다룰 줄 알아야 합니다. 자연스럽게 그렇게 배울 수 있도록 참여 작업으로 유도하고 있어요."

연극공장이 아니고 학교라는 느낌을 받는다. 그의 연극 만들기가 이들한테 상당한 신뢰를 주고 있다는 생각을 갖게 한다. 중학교 때부터 시작한 청소년 배우 한 명은 대학에 들어가서도 마루네 연극공장을 떠나지 못한다고 말한다.

"대학에 들어가기 전까지 제 역할입니다. 대학에 들어가서는 또 다른 연극 작업들이 기다리고 있겠죠. 하지만 많은 제자들이 대학에 들어가서도 방학을 이용해서 마루네 연극공장 식구들하고 연극 만들기에 참여하고 있어요. 제발 오지 말라고 해도 악을 쓰면서 자리를 지켜요. 그게 즐겁고 마루네 연극공장을 놓지 못하는 이유입니다."

청소년들이 하는 연극이라고 우습게 봤다가는 '억' 하고 돌아간다. 이들이 무대에서 표현해내는 대사와 움직임에는 광기가 묻어 있다. 연극에 미쳐 있는 게 아니고 각자 주어진 역할에 미쳐 있는 것이다. 다행히 공부도 다 잘한단다. 이들이 지지고 볶고 해서 만들어놓은 연극은 소극장에서 공연하고 대극장으로 옮겨서 일반 관객들을 만나고 있다.

기분으로만 연극을 할 수 없는 노릇이다. 무대와 담판을 짓기로 한 순간부터 치열해진다. 그걸 유지하기란 더 어렵다. 무대를 만들고 의상을 구입하고 팸플릿, 포스터도 인쇄하려면 연극 한 편 제작에 만만치 않은 제작비가 들어간다.

"청소년 극단이기 때문에 재정적으로 어려움이 많은 것도 사실이에요. 연극해서 돈을 벌자는 게 아니죠. 연극 한 편 할 정도의 아주 소박한 재정만 뒷받침하면 돼요. 연극 한 편 만들기가 쉽지 않아요."

"연극 만들기가 어려운데 왜 마루네 연극공장을 꾸려 나가는지?"

"배우가 되고 싶어서 모인 청소년들이죠. 배우의 현란함만으로 이들을 속일 수는 없죠. 더 솔직하게 대해야 이들도 연극을 통해서 새로움을 발견하게 될 것이고 판단력이 생길 수 있잖아요. 좋은 작품 보기가 지역에서는 힘든 게 사실입니다. 배우가 되기로 했는데 좋은 연극을 많이 못 보고 연극을 한다면 아무런 의미가 없다는 생각을 했어요. 마음껏 볼 수 없고, 할 수 없다면 직접 연극을 만들자고 생각했어요. 배우가 되어가는 인간으로서 단점을 보완한다면 거칠더라도 이들이 극복할 수 있는 연극을 했으면 좋겠다는 생각이었어요. 그게 제 바람이기도 했고요."

이 당당하고 솔직한 연출가의 바람이 소극장 열기를 움직이기 시작했다. 배우들은 익숙하지 못한 말과 움직임으로 시작해 만든 연극이 끝나면 참여했던 배우의 표현들이 익숙함으로 바꾸어놓았다. 마루네 연극공장에서 연극을 한 경험이 있는 청소년들이라면 평생 연극을 놓지 못한다고 말한다. 그로서도 자신의 소임은 거기까지라고 말한다.

"십 년 동안 40여 편의 연극. 이제는 쉬고 싶다는 생각을 안 하나요?"

"가르치면서 배운다는 생각을 많이 합니다. 소극장이 뜯어지고 부서지길 수십 번 넘게 했을 거예요. 연극 만들기만큼은 치열했던 거죠. 이 빈 공간에 늘 새로운 집을 짓는다는 것은 청소년 연극 연출가로 연극을 바라보고 마음에 담는 것에 치열함이 없다면 불가능한 일입니다. 늘 다른 연극을 짓는다는 것은 살을 도려내는 과정입니다. 청소년들도 이 과정에 참여하면서 많은 것을 느끼고 있다고 생각해요."

그는 아날로그와 디지털 세대를 연극에 비유했다.

"청소년들이 디지털화돼 가고 있잖아요. 쉽게 정보를 읽고 빠른 것을 원합니다. 간편함에 익숙해져 있어요. 그러나 연극을 통해서 아날로그 정신을 배웠으면 좋겠어요."

연극을 통한 아날로그 정신을 그는 다시 한 번 강조한다.

"연극은 반복을 요구합니다. 새로운 것이 아니라 익숙함을 통한 새로움으로 바뀌어 가는 거죠. 보여지는 새로움은 없어도 마음속에서는 상당히 많은 부분이 변화되고 있는 셈입니다. 연극 작업은 매일 반복에서 시작됩니다. 귀찮은 일이라고 생각할 수 있잖아요, 하지만 연극은 끊임없는 변화를 요구합니다. 어제와 다른 새로움을 찾기 위한 또 다른 반복인 거죠."

둘이 앉아 있는 객석 의자가 딱딱한 나무인 줄도 모르고 피부도 의자에 익숙해져 갔다. 불편함은 대상의 집중된 관심이 있다면 그것은 불편함이 아니라 오히려 편안함으로 바꿔놓는다.

"솔직히 학생들이 느린 연극에 적응을 못 해요. 개인화돼 있다는 겁니다. 그렇지만 연극은 한 사람을 위한 게 아니라 연극을 이루는 모든 구성원의 요소들을 원합니다. 연극에서 개인은 있을 수 없는 거죠. 연극은 함께하는 법을 배웁니다. 대사를 통해서 서로 나누는 말을 알게 돼요. 움직임을 통해 자신의 감정을 나타내고 다른 등장인물들과 감정의 교류를 합니다. 연극의 전체성이 하나를 만들어놓은 겁니다. '나'가 없는 다른 사람이 되기 위해 연극을 합니다. 그게 연극이 주는 큰 가르침이죠. 학생들은 이 반복의 익숙함을 요구하는 연극을 접하게 되면 결국에는 연극의 아날로그가 디지털화 돼 있다는 진정한 가르침을 받습니다. 그래서 연극을 잊지 못하고 놓을 수 없는 겁니다."

십 년을 흘러오면서 그가 가장 마음에 담고 있는 작품은 재구성을 통해 만들어낸 〈셰익스피어가〉라는 작품이라고 말한다.

"마루네 연극공장은 철저하게 집단 창작을 요구합니다. 모든 과정이 이들에게는 숙제뿐입니다. 이야기를 만들고, 스토리를 붙이고 실현하면서 장면이 수십 번 바뀌어져 이야기를 완성해 나갑니다. 만들어놓은 장면을 실현하면서 또다시 변합니다. 그러다 보면 큰 틀에서 이야기가 하나씩 맞춰지게 됩니다. 결국 새로운 스타일의 연극이 만들어집니다. 모든 과정이 자신과 치열한 싸움에서 견디어내야만 극복할 수 있는 겁니다."

아찔한 순간도 있었다고 말한다.

"액션 교감을 할 때였어요. 약속한 대로 서로 격투신이 맞지 않았던 겁니다. 잘못 맞은 거죠. 배우가 무대서 잠깐 기절했다가 깨어난 적이 있어요. 이 장면을 지켜보면서 저 또한 아찔했습니다. 이들에게 무대에 익숙함을 다시 느끼게 해줘야겠구나 하는 생각이 들게 만든 시간이었죠."

그는 청소년 전문 연극 연출가로서 무대를 바라보는 관점이 남다르다. 그 또한 연극은 하나를 채워 놓으면 또 다른 새로움을 요구하는 싸움이라고 말한다. 연극만큼 위대한 예술은 없다고 잘라 말한다.

"연극 자체로서 그 위대함은 말할 수 없어요. 연극은 말하지 않아요. 무대를 통해서 말을 하게끔 만들죠. 연극을 통해서 인생을 배운다는 말이 맞는 것 같아요. 텅 비어 있는 연극무대는 끊임없이 채울 것을 요구합니다. 아무것도 없는 빈 공간에 가득 채워 넣으면 그것을 다시 비우고 채워 넣기를 반복합니다. 그래야 새로운 연극 하나가 나올 수 있는 겁니다."

그가 청소년 연극에 갖는 애정은 깊다. 그가 유독 청소년들과 연극 만들기를 즐기고 함께하는 이유도 이들의 연극사랑 없이는 미래가 없다는 이유에서다. 실력 있는 연극 연출가가 자신을 버리고 오로지 미래 연극을 위한 희생을 감수하는 것도 그들이 있기 때문에 행복하고 즐겁다고 말한다. 청소년 때 배우는 연극은 상당히 중요하다고 얘기한다.

"학교 다니면서 연극을 한다면 다들 배우가 되는 줄 알아요. 연극한다고 다들 배우가 되는 것은 아닙니다. 하지만 배우가 될 수도 있는 일이죠. 배우로서의 접근보다는 연극을 통해서 무엇을 배울 수 있는가가 더 중요합니다. 연극은 철저하게 공동체를 요구합니다. 연극을 생산해내는 이야기는 삶의 무대입니다. 다양한 체험들을 하면서 새로운 자신을 발견해 나갑니다. 연극을 통해서 사회성과 인생을 배우게 되는 거죠. 나보다 먼저 다른 사람을 이해하는 방법을 배울 수 있다는 겁니다. 연극 한 편을 했다고 배우가 될 수 있는 일은 아니지만 연극 한 편의 작업을 통해서 느껴지는 것은 크다고 생각해요. 연극은 정말 인간됨을 만들어주는 위대한 예술입니다."

이 이야기를 꺼내면서 연극은 놀이와 같은 존재라고 말한다. 연기력이 없어도 연극을 몰라도 연극은 가까이 곁에 둘수록 배울 점이 많다고 한다.

"연극이 주는 메시지는 다양해요. 배우로서 접근보다는 연극을 하나의 놀이적인 측면에서 즐기면 됩니다. '무엇을 꼭 해야겠다'라고 생각하면 스트레스를 받잖아요, 즐기면서 깨닫고 깨달으면서 더 깊게 연극을 이해하는 거죠. 많은 분들이 청소년기에 연극에 한 번쯤 참여해서 많은 것을 느꼈으면 하는 바람이 큽니다."

입안에 고여 있던 침이 다 타들어갔다. 시선을 앞으로 하고 그의 이야기를 듣는 것이 지루하지 않았다. 무대 위에서 학생 수십 명이 모여서 장면 연습을 하고 있다. 눈빛은 살아있고 얼굴 표정은 감정을 담아낸다. 울고, 분노하고, 웃으면서 등장인물이 돼 간다.

"연극이 왜 좋죠?"

"연극을 통해 사회성을 배울 수 있어서 좋지요. 내가 아닌 다른 사람이 돼 그 사람을 이해해 볼 수 있다는 것은 성장에 있어 큰 가르침이 될 수 있어요. 다른 사람한테 먼저 배려하고 자기 말을 하도록 합니다. 연기는 기본적으로 듣고 말하기를 합니다. 그래서 더 그렇죠. 또한 연극은 협업의 과정이고 예술입니다. 창작을 통해 더불어 살아간다는 것을 마음의 중심에 두고 살아갈 수 있습니다. 연극은요, 사람에 대해 느끼고 배워가는 학문이라고 생각해요."

그가 연극과 인연을 맺은 것은 중학교 때 일이다. 교회에서 문학의 밤을 하면서 연극을 알게 됐다. 그때부터 그는 서서히 연극을 가까이 두게 됐다고 한다.

"제가 굉장히 내성적이었거든요. 연극을 통해서 감정을 드러낸다는 것은 저한테는 아주 중요했습니다. 그 재미에 푹 빠져있었던 거죠."

연극을 재미와 취미로 하는 것과 제대로 한다는 것은 차이가 있기 마련이다. 그의 연극 재미는 1991년도부터 제대로 한번 해보자로 바뀐다. 대기업 회사에서 잘 나가던 사원으로 막 입사해서 다니고 있을 무렵, 대학 연극반에 들어가면서 본격적으로 연극이 매섭고 무서운지 알게 됐다고 말한다.

"연극반에 들어서가 본격적으로 연극 맛을 알게 된 작품이 〈새들도 세상을 뜨는구나〉였죠. 주인공을 맡았어요. 혼자서 12명의 역할을 소화해내야 했습니다. 다양한 역할을 표현해냈는데 못 알아보더라고요, '아~ 이게 연극이구나' 하는 생각과 함께 배우의 역할에 대해 가슴 깊게 느꼈던 작품이었죠."

그는 1994년도에 대학로에 있는 아리랑소극장에 올려진 이 작품에 대한 기억이 남다르다. 취미로 생각하던 연극이 연극반에서 올린 이 작품을 계기로 그는 미치도록 연극에 매진할 수 있었다고 말한다.

"모든 것을 다 바쳐서 연극을 했어요. 정말 미치도록 무대만 생각하면서 살았습니다. 연극이 좋아서 여기까지 온 거죠. 마루네 연극공장도 저한테는 큰 선물이나 다름없죠. 연극은 경험이 중요하잖아요. 이 시간 동안 연극무대의 소중함을 피부로 많이 느끼는 중요한 시간이었습니다."

그가 무대를 꾸준하게 지켜냈던 힘은 그에게는 탄탄한 무대 구성을 만들었고, 장르를 넘나드는 그의 무대 표현 기법은 강렬한 인상과 메시지를 과감하게 전달한다. 작품의 결실도 좋지만 연기력이 월등히 좋은 청소년 배우들을 많이 배출한 것은 그가 이들의 중심에 있어 가능했다.

"한곳에 자리를 꼭 지키고 있다는 게 힘든 일이죠. 후회도 많았겠네요."

"결과적으로는 후회할 수 없는 상황이 되었네요. 연극을 하면서 왜 고민이 없었겠어요. 경제적인 것을 생각하지 않는다면 연극을 선택한 것은 잘했다고 생각해요. 청소년들과 생산적인 무대를 만들고 있다는 것에 만족합니다. 그들이 앞으로 해야 할 일들을 생각해 보세요. 큰 보람이고 투자인 셈이죠."

그는 많은 청소년들이 연극에 대한 관심을 가져줄 것을 주문한다. 배우를 위한 연극에 대한 관심이 아니라 교육적 관점에서 연극을 생각해 주길 바란다고 한다. 그가 앞으로 하고 싶은 일도 청소년들을 위한 교육연극이나 연극교육이다. 또한 연극 과목이 초·중·고등학교에 정식 과목으로 제도화돼야 한다고 말한다.

"일부 학교에서는 선택 과목으로도 활용되고 있지만 정식 교과목으로 마련돼야죠. 미술, 음악 과목은 있는데 연극 과목만은 없어요. 연극은 배우를 위한 과정이라는 잘못된 인식 때문인 것 같아요. 연극은 충분하게 기초 학문이 될 수 있습니다. 연극 과목을 통해서 상당히 많은 사회성과 예술적 감각을 키워낼 수 있습니다. 이제는 문화의 시대 아닙니까? 선진국 대열에 있는 나라에서는 다들 연극 과목을 중요하게 생각합니다."

연극 관객 인구가 적기 때문에 관객 개발 차원에서라도 연극의 이해를 어려서부터 길러낼 필요가 있다고 한다. 미술과 음악을 배운 것이 살아가면서 예술적 감상 감각으로 자연스럽게 발달되는 것과 같다고 말한다.

"초·중학교 때 미술과 음악을 배웠다고 해서 전문가가 되는 것은 아니거든요. 꼭 전문가가 되기 위해서 배운 것은 아니잖아요. 연극도 마찬가지입니다. 연극 관객이 다른 장르에 비해서 소수인 것은 틀림없는 사실입니다. 평생 살아가면서 연극 한 편 못 보신 분들이 많아요. 참 아쉽습니다. 어려서부터 연극을 접한다면 자연스럽게 연극을 가까이 생각하게 되겠죠. 결국에는 관객으로 이어질 수 있는 겁니다. 그중에서 많은 사람들이 다양한 곳에서 연극을 일구어 가면서 살 수도 있잖아요."

청소년들과 연극 만들기 작업을 하면서 기억에 남는 일도 많을 것 같았다.

"청소년들이 연극 만들기 과정 중에서는 연극의 중요성을 잘 모릅니다. 그렇지만요. 공연이 끝나면 그 후유증이 오래가죠. 연극은 그만큼 이들의 가슴에 깊은 사국으로 남아 있는 겁니다. 60명가량이 참여하는 공연이었어요. 공연이 끝나고 분장실에서 서로를 부둥켜안고 서럽게들 우는데 고맙더라고요. 얘들이 이제는 연극을 소중하게 생각하는구나 생각하게 됐죠. 그게 보람입니다. 눈물은 진실을 말해줍니다. 연극을 그 마음으로 바라본다는 것은 제 소임이자 역할을 다했다는 뜻일 겁니다."

그의 연습이 끝나고 근처 소줏집으로 향했다. 삼겹살을 꼭 입에 넣고 싶다고 해서 억지로 끌려가듯이 뒤를 따랐다. 소박한 곳에서 삼겹살 굽는 게 박자를 맞춘다. 그가 술 한 잔을 입에 털어 넣는다.

"평생 이렇게 살 겁니까?"

"청소년들이 참 좋아요. 그들을 위해서 연극을 만들고 함께해야 한다면 노년이 되어서도 그렇게 하고 싶어요. 이들을 위한 전문 연극 지도자가 되고 싶죠."

겸손하다. 이미 그는 청소년 연극 연출가로 타의 추종을 불허할 만큼, 작품성과 연출 감각을 인정받고 있다. 연극의 열정으로 결혼도 잊은 서른아홉의 노총각에게 물었다. "평생 이렇게 살 겁니까?"

"청소년 연극 전문 연출가. 아직은 낯선 단어죠. 저뿐만 아니라 많은 분들이 관심을 가져주셨으면 하는 바람입니다. 그래야 우리나라 연극의 장래가 더 밝아질 수 있죠."

연극이 좋아 살다 보니까 결혼도 놓쳐버린 노총각.

"이제는 결혼도 해야죠. 학생들도 바라고 있을 텐데요"

숨겨놓은 얘기인 듯 웃는다. 마치 수줍은 사랑고백처럼.

"사랑하는 사람이 있어요. 호주에 있습니다. 결혼을 해야겠다는 생각을 늘 하고 있어요. 해야죠. 평생 연극한다고 부모님한테 더 좋은 모습을 보여드리지 못한 것도 죄송스럽죠… 멀리 있는 사람한테 결혼하자는 말을 아직은 꺼내지 못했는데요. 이 지면을 빌려서 말하고 싶네요"

어느 모노드라마의 주인공처럼 그는 천천히 대사를 하듯 말을 맺는다.

"당신이 평생 곁에 있으면 연극을 더 사랑하면서 가까이 두고 살아갈 수 있을 것 같아. 사랑한다."

프러포즈를 하는 방식도 다양하지만 인터뷰를 하면서 40살의 수줍은 노총각의 사랑고백을 듣고 옮기는 사람도 수줍어진다. 그가 아니면 꺼낼 수 없는 말이다. 소주 두 병을 비우고 기차 시간이 다 돼서 자리에 일어났다.

그를 찾아서 온 길을 되짚어 돌아간다. 혼자가 아니라 둘이 됐다. 20분을 걷는 동안 아무 말도 없었다. 청소년들과 무엇을 해야 할지를 잘 아는 사람. 그는 걷는 동안에도 연극에 빠져 있다. 그가 마루네 연극공장을 지키는 한 연극의 미래는 밝다.

김건표가 만난 사람들 / **06**

김정수 PD

3일 동안의 진실을 추적하는 남자, 감동만땅 '다큐멘터리 3일'의 김정수 PD
스스로 진실해야 다큐멘터리도 진실해질 수 있어…

목요일 10시. 오랜만에 TV 앞에 앉았다. 리모컨 움직임 속도를 따라 채널을 따라가 는데 다큐멘터리 TV 프로그램 하나가 시선을 이끌었다.

타이틀이 서서히 비쳐진다. 화면 가득 '섬마을 귀향길. 목포 여객선 터미널'. 타이 틀이 고정되고 그 화면을 따라 음악도 박자를 맞춘다. 이어서 해설자 목소리가 섬마을 로 안내한다.

그 소리의 리듬을 따라 시선도 고정되고 오감도 화면으로 잡아당긴다. 그렇게 50 분을 꼼짝없이 이 프로그램과 동행했다. 프로그램이 좋으면 시청자도 자극을 받고 기 분이 좋아진다. 그리고 프로그램이 어떠한 제작과정을 거쳤는지 궁금해진다.

'다큐멘터리 3일'은 3일, 72시간 동안 제한된 특정 장소에서 일어나는 일들을 관찰 하고 꼼꼼하게 기록한 프로그램이다. 조미료를 첨가하지 않고 있는 그대로 보여준다. 조미료를 첨가하지 않은 천연 다큐멘터리는 시청 소감도 개운하다.

이 다큐멘터리를 보고 난 후에는 시청자들의 몫이 더 커진다. 가공도 없고 첨가도 없다. 한마디로 자연 그대로이다. 3일 동안 고정된 장소에서 카메라 4대가 이곳을 찾는 사람들을 관찰한다. 카메라는 이들의 자연스러운 일상을 쫓아간다. 비쳐지는 삶의 풍 경들은 단순함으로 끝을 맺는 게 아니다. '섬마을 귀향길. 목포 여객선 터미널' 프로그 램은 섬마을로 귀향하기 위한 공간과 그 공간을 연결하는 인간 군상들의 모습을 통해 강렬한 메시지를 전달한다.

KBS 2TV를 통해 방영되고 있는 이 프로그램이 시청자들 시선을 사로잡고 있다. 다큐멘터리 프로그램이 인기는 있을까? 굳이 시청률을 따진다면 '다큐멘터리 3일'은 10%대를 웃돈다. 평균 시청률이 3~5%를 감안하면 이 프로그램의 인기를 실감케 한 다.

이 프로그램의 성격은 '조미료 NO! 자연 그대로 YES!'라 말할 수 있다. 진정한 음식 의 세계는 조미료가 없는 천연 재료와 손맛, 그리고 음식을 만드는 요리사의 감각으로 맛의 승부를 건다. 다큐멘터리를 굳이 음식에 비유한다면 조미료를 치지 않은 구수한 된장 맛과 같다.

좋은 음식을 맛보면 요리사가 궁금해지고 어떤 재료를 사용했는지 알고 싶어진다. '다큐멘터리 3일' 프로그램을 누가 어떤 방법으로 만들고 있을까 궁금해졌다. 6명의 PD와 작가 6명. 서브 작가 5명, AD 3명에 이 프로그램의 총책임자는 김재연 CP다.

간단한 정보를 갖고서는 제작 과정이 머릿속에 들어오지 않는다. 김정수 PD가 대구에 촬영 장소 답사를 하러 온다는 얘기를 듣고, 이들을 따라 나섰다. 제작팀들에게는 이 프로그램이 3일 동안의 리얼한 기록이라면 인터뷰는 반나절의 기록이 되는 셈이다.

다큐멘터리와 20년 세월을 함께한 김정수 PD를 만났다. 학번으로 따지면 80학번이고 나이로는 1961년생 47세. 워낙 동안이라 그의 신상 정보도 헤질 무렵이 되어서야 알게 돼서 놀랐다. 오전 무렵에 문자 메시지 도착음이 왔다.

'11시 55분에 동대구역에 도착합니다. 김정수 PD'

도착이 예정된 시각에 동대구역으로 향했다. 점심 무렵인데도 도착과 출발을 알리는 전광판이 쉴 새 없이 신호를 보낸다. 다큐멘터리를 하고 있는 김정수 PD의 이미지를 머릿속으로 그려 넣는다. 좋은 다큐멘터리를 만드는 사람.

목소리로는 친근하지만 일면식이 없어서 더 궁금해지고 초조해진다. 도착 예정인 고속철 한 대가 들어섰다고 불이 반짝거린다. 입구 쪽으로 바짝 다가섰다. 통로가 한산해질 무렵 "제가 김정수 PD입니다"고 한다.

뿔테 안경을 착용하고 어깨에 가방을 메고 서 있다. 소탈하고 소박한 이미지가 다큐멘터리를 보고 있는 듯하다. 김정수 PD와 호흡을 같이하고 있는 박미연, 한지연 작가와 이종훈 촬영감독이 동행을 같이한다.

그가 다큐멘터리와 살아온 20년 세월에는 그만의 방송철학이 고스란히 담겨 있다. 다양한 다큐멘터리 프로그램을 기획하고 연출하면서 세상도 변화시키고 시청자들의 마음을 울리고 가슴 조이게 만들었다.

그가 연출한 작품에는 시청자들의 감동을 고스란히 간직하고 있는 것이 많다. 프로그램 제목마다에는 그가 연출한 수많은 프로그램들이 담겨 있다. '신화창조의 비밀', 'KBS 역사 스페셜', 'KBS 특별기획 여성', '세계는 지금', '추적 60분' 등을 통해 그는 세계, 전국을 뒤지며 우수한 작품을 만들기 위해서 맨발로 뛰어 다녔다.

그만의 고집스러운 다큐멘터리 정신은 우수프로그램으로 고스란히 기록됐다. 향락과 주흥의 장소로 알려져 있던 포석정. 신라 멸망의 주무대로 알려져 있던 포석정은 고려 때 팔관회와 같은 국가적 제례를 담당했던 신라의 성지였음을 사서와 고증을 통해서 역사스페셜 '포석정은 왕들의 놀이터가 아니었다' 프로그램에서 그 숨겨진 비밀을 풀어내 큰 반향을 불러일으켰다. '세계는 지금'을 담당할 때는 전 세계 35개국을 발로 뛰어다니며 세계의 정치, 사회, 경제, 분쟁 현장을 취재했다.

다큐멘터리는 묵언의 언어를 만들어낸다. 시청의 관점에 따라 감동도 다르다. 감동을 준 다큐멘터리 언어는 시청자들을 움직이게 만든다. 시청자들에게 역할을 부여하고 있는 것이다. 서서히 역사 통로를 옮기면서 이야기를 나누었다.

"제가 먼저 알아봤죠"

그의 날카로운 눈썰미에 웃을 수밖에 없다. 동대구역사 통로를 내려와 차로 이동하면서 그와 대화를 나눌 수밖에 없다.

다큐멘터리가 좋아 세계를 누비고 전국을 뛰어다니며 20년 동안 자리를 지키고 있는 사람. 다큐멘터리를 20년 동안 한결같이 사랑하면서 날카로운 시선으로 바라보고 있다는 것은 쉽지 않은 일이다. 다큐멘터리가 왜 좋을까. 운전대를 잡고 서서히 목적지로 향하면서 첫 마디를 꺼냈다.

"다큐멘터리는 혼을 쏟지 않으면 안 됩니다."

그의 말투는 조용하지만 거기에는 단호함이 깊게 배어 있다. 작품을 개발하고 그것을 영상으로 담는 일은 쉽지 않은 일이다. 방송 프로그램은 영상을 담는 것으로 끝나지 않는다. 다양한 방식의 표현은 소리를 내게 만든다.

연출적인 관점과 제작 방향에 따라 달라지겠지만 무엇을 담아서 말하고 소리를 낼 것인지에 따라 표현 방식도 다르게 나타난다. 연출을 맡은 입장에서는 아이템을 정하고 제작 과정을 거쳐 방송되는 그날까지 진통을 겪을 수밖에 없다. 질문을 받고는 창밖을 바라보고는 천천히 말문을 연다.

"다큐멘터리는 혼자서 만드는 게 아닙니다. 철저하게 공동 협력이 필요하죠 다큐멘터리는 프로그램마다 그 특징이 다 다르죠 PD는 현장을 기록하는 작가정신도 겸비

해야 합니다. 어떤 관점으로 무엇을 말할지가 중요합니다. 텍스트에 의존하는 것보다는 자연 그대로의 현장성을 담아내야 하기 때문에 더 어렵죠. 살을 깎는 진통과 연출자로서 고통을 겪지 않으면 좋은 작품을 만들 수 없는 거죠. 말하고 싶은 것을 있는 그대로 담아낸다는 것은 쉽지 않은 일이라 생각해요."

그가 다큐멘터리를 생각하는 마음은 한결같다. 대화를 나누는 중에도 프로그램에 대한 생각으로 가득하다. 30분 고속도로를 달려 촬영 답사 목적지에 도착했다. 그가 주변을 살피고 머릿속으로 장면을 그려 넣는다. 첫 번째 답사 코스로 이동하면서 대화를 나눈다. 그가 꼼꼼하게 메모를 해가며 움직인다. 움직이는 속도가 더디어진다. 촬영을 위한 답사도 그에게는 필수적인 기록이 되는 셈이다.

"PD는 프로그램을 통해서 말하는 것이 맞다고 생각해요. 20년 동안 PD로서 프로그램을 통해서만 저의 존재를 알려왔습니다."

당연하다 싶지만 그의 고집스러운 다큐멘터리 사랑은 그 당연함을 넘어선다. 날카로운 시선으로 사회를 바라보고 무엇을 말하고 담을 것인지를 고민한다. 그의 다큐멘터리 철학을 개인을 위한 것이 아니라 대중을 위한 소통이다.

그는 어려서부터 재밌는 얘기를 들려주는 것을 좋아했다고 말한다. 다큐멘터리 연출가가 된 그의 재능이 어디에 있었는지 궁금해진다. 소리가 되어 나오는 답변이 구수하다.

"뭔가를 듣고 전달하는 것을 굉장히 좋아했어요. 녹음기나 카세트테이프에 제 소리를 녹음하고 재편집해서 친구들한테 재밌게 들려주는 걸 정말 좋아했어요. 뭔가를 알려주고 전달한다는 것이 어려서부터 저한테는 보이지 않는 재능이 되어준 셈입니다. 제가 얘기하면 같은 내용이라도 재미있다고 난리들이었어요."

이 말을 옮기는데도 듣는 사람도 그 이야기에 푹 젖어진다. 얘기를 꺼내면 신중하게 듣고 풍부하게 말을 이어간다. 듣고 있으면 이야기에 빠지고 김정수 PD한테 취하게 된다.

다큐멘터리를 연출한다는 것은 재능만으로는 해결될 수 없는 일이다. 다큐멘터리는 철저한 기록을 요구한다. 가공되지 않은 사실 그대로를 연출적 관점으로 담아내야 하는 일은 쉬울 수가 없다. 사회를 바라보는 동물적인 감각과 영상으로 담아내는 직감은 매우 중요하다.

김정수 PD가 다큐멘터리에 대해서 새롭게 눈을 뜨게 된 것은 대학생 시절, 우연한 기회에 시청하게 된 다큐멘터리 '신왕오천축국전'을 시청하고부터 시작된다. 연출가가 되기 전 다큐멘터리를 본 그의 느낌이 어땠을까? 궁금하지 않을 수 없는 일이다.

"밤 10시쯤이었어요. 예고편을 봤는데 가슴이 설렜어요. 다큐멘터리를 진지하게 접하게 된 첫 프로그램이었다고 할 수 있습니다. 국사를 공부하면서 알고는 있었던 일이지만 생생하게 볼 수 있다는 것 자체가 좋았습니다. 지금은 비행기나 다른 교통수단을 이용해서 갈 수 있지만 당시에는 걸으면서 갈 수밖에 없잖아요. 혜초(慧超)의 흔적들이 묻어나는 길을 같이 걷고 있다는 것처럼 느껴졌어요. 옛길의 흔적들 속에 그대로 남아 있는 것도 있고, 시대에 따라 바뀐 것도 있었어요. 다큐멘터리를 통해서 혜초가 떠난 길을 아름답게 기록하고 있다는 것. 산을 넘고 고개를 넘어 암자에서 쉬면서 혜초가 갔던 길을 나 또한 동행하고 있는 느낌이었어요."

그가 받은 첫 느낌을 얘기하는데 듣는 사람도 다큐멘터리 한 편을 보는 듯 생생한 감동이 고스란히 전달된다.

"아! 다큐멘터리를 통한 발견은 지적인 고통과 끊임없는 탐구열을 만들어낼 수 있구나 생각했어요. 다큐멘터리는 생생한 기록을 담아내잖아요. 그때의 그 감동은 충격이었습니다. 다큐멘터리가 사람의 마음을 변화를 시킬 수 있다는 측면에서 생각해봤을 때 저런 프로그램을 만든다면 참 좋겠다는 생각을 했어요."

그가 답변을 하면서도 분주하게 메모를 하고 같이 동행한 스태프들과 현장에서 상의를 한다. 움직이면서 회의를 하고 있는 셈이다. 답사 현장에 있는 동물들을 바라보면서도 그는 머릿속으로 하나의 다큐멘터리 장면을 연결해 나간다. 이동하는 곳마다 그의 손은 더 분주해진다. 섬세하고 타고난 감각으로 촬영현장을 읽어낸다.

그의 다큐멘터리를 바라보는 감각은 1987년도에 KBS에 입사를 하면서 본격적으로 시작된다. PD 초년병 시절 '여의도법정', '생방송 여성', '생방송 지금'을 하면서도 1분짜리 예고를 만들고 10분짜리 PD 리포트를 하면서 시사 프로그램 연출자로서 감각을 쌓아 나갔다.

"시사 프로그램은 균형 감각이 중요합니다. 보도에 있어서 한 쪽으로 치우치면 안 되는 거죠. 억울한 피해자가 생기거나 프로그램의 균형이 떨어지지 않도록 밤낮으로 자료를 뒤지고 원고를 쓰면서 날밤을 샌 일… 제가 PD로서 세상을 균형있게 바라볼 수 있도록 만들어준 시절이었던 것 같아요."

그는 원고 작성에서 프로그램 기획과 제작에 이르기까지 오로지 맡은 프로그램만 생각하면서 달려왔다. 그래서 더 행복하다고 말한다. 그의 끈질긴 프로그램과의 추격전은 결국 좋은 프로그램을 만들어 인정을 받았다. '한전765kV 송전망구축 프로젝트'를 취재해 국무총리상을 수상했고, '국산 손톱깎이 777 성공비결' 프로그램으로 사내 우수 프로그램상도 받았다.

좋은 작품을 기획해 방송을 통해 시청자의 마음을 변화시킨다는 것은 쉽지 않은 일이다. 수상 경력 얘기가 쑥스러울 수 있지만 수십 편의 좋은 프로그램을 만들었다는 것은 다큐멘터리를 대하는 철학이 없어서는 가능할 수 없는 일이다.

프로그램을 하면서 힘들었던 일이 없었느냐는 질문에서는 개인의 고단함은 보이질 않는다. 오로지 프로그램만 생각하는 그다.

"'세계는 지금' 프로그램을 할 때 인도 영화 산업 취재를 하기 위해서 인도에 간 적이 있어요. 섭외를 담당했던 현지 사람이 약속을 어기는 바람에 촬영이 지연된 적이 있습니다. 숙소에서 시간을 보내면서 어떻게 촬영을 할 것인지를 고민했어요. 입이 바짝 타들어가는 시간이었습니다."

그의 마음은 다시 인도를 향해 생생한 기억을 꺼내 놓는다.

"다행히 인도에서 발간되는 영화 잡지 '스크린' 담당 기자를 만나게 됐죠. 인도 영화 산업 취재가 쉽지 않거든요. 그 기자한테 얘기를 했죠. 스튜디오, 영화배우 등 촬영에 필요한 내용을 다 얘기했어요. 뭐 어떡합니까. 되든 안 되든 얘기를 할 수밖에 없는 상황이잖아요. 결국에는 그 사람 도움으로 무사히 촬영을 마칠 수 있었어요."

그의 이야기를 들으면서 개인의 고단함은 묻어나질 않는다. 김정수 PD는 24시간 동안 그가 맡은 프로그램을 고민하고 그것을 담기 위해서 예리하게 관찰하고 판단하면서 개인이 담고 있는 관점과 끊임없이 소통한다.

"다큐멘터리는 기록입니다. 기다림을 요구합니다. 프로그램 품질을 위해서 가공된 것은 다큐멘터리가 아닙니다. 적어도 다큐멘터리는 아이템을 발굴하고 주제를 정해

끈질기게 관찰하고 기록해서는 있는 그대로의 사실성을 전달하고 영상으로 담아내야 하는 거죠. 그런 정신이 필요합니다. 촬영 시간이 더 늘어나고 녹화 테이프가 많이 소요된다 해도 의도를 비켜가서는 안 된다고 생각해요."

마지막 답사 코스를 돌기 위해 세 명의 일행이 그의 뒤를 바짝 쫓는다. 주변에 비쳐지는 모든 것들을 예리하게 마음속으로 담는다. 그가 즉석에서 촬영감독에게 카메라 동선을 상의하고 작가들과는 구성을 협의한다. 계단을 내려오면서 다큐멘터리에서 제일 중요한 게 무엇인지 물었다. 그가 안경을 올려 쓰고는 말을 이어간다.

"제일 중요한 것은 아이템인 것 같아요. 다큐멘터리도 철저한 제작 과정이 있습니다. 아이템을 정하고 주제와 기획 의도를 정리한 다음에 어떤 방식으로 영상으로 담고 보여줄 것인가를 고민합니다. 철저한 현장 답사도 매우 중요합니다. 그리고 의도한 대로 카메라에 담기 위해서 철저하게 기다리고 관찰합니다. 다 담겨진 다큐멘터리는 내용으로 얘기하고 말할 수 있는 거죠. 설명을 하지 않습니다. 제가 생각한 관점에 따라 관찰된 것은 시청자들 모두에게 다 다르게 느껴지고 전달됩니다. 있는 그대로를 담고 펼쳐 보일 수 있다는 것은 다큐멘터리 매력이지만 쉽지 않은 작업이지요."

"다큐멘터리 PD로서 어려운 점도 많겠네요?"

"독립 PD였다면 더 어려움이 많았겠죠. 다행히 공중파에는 60~70% 기술적인 면에서 시스템이 잘 갖추어져 있기 때문에 프로그램만 생각할 수 있어서 다행입니다."

'다큐멘터리 3일' 프로그램은 기존의 다큐멘터리와 표현 형식을 달리한다. 특정한 공간에서 제한된 72시간 동안을 관찰하고 기록하는 새로운 다큐멘터리라고 얘기한다. 지난 2007년 6월 14일 방영된 '바다 위의 병원, 전남512호'를 기획하게 된 배경에 대해 얘기를 한다.

"섬에는 병원이 없잖아요. 전남512호는 이런 분들을 위해 바다 위에서 환자들은 진료하는 배지요. 바다 위 병원인 셈이죠. 이 배 한 척이 바다를 순회하면서 섬마을 분들을 돌보는 겁니다. 바다 위를 움직이고 있는 병원의 72시간은 어떨까 생각했어요 그 공간을 이용하는 섬마을 분들, 환자, 의료진들의 모습을 자연스럽게 담았습니다. 다큐멘터리는 자연스럽지만 프로그램이 주는 메시지는 강렬합니다. 그게 매력입니다."

좋은 프로그램 하나가 사람을 변화시키고 마음을 움직이게 만들고 세상을 변화하게 만든다.

"세상 사는 이야기지만 그 세상 풍경에는 다양함이 있어요. 그 다른 다양함 속에 시청자들도 서로 다른 발견을 하게 됩니다. 72시간의 풍경들이 많은 것을 느끼고 변화시킨다고 생각해요."

주변이 조금씩 어두워지고 차가운 날씨가 갑작스럽게 매서워진다. 갑작스럽게 쌓인 눈을 피해가면서 녹차 한 잔씩을 마시며 다시 얘기가 시작된다. 답사를 마친 각자의 소감들을 정리한다. 촬영 아이템으로 적합한지에 대한 의견들이 치열하게 오고간다. 웃음소리가 들린다.

"좋은 다큐멘터리 생산은 어떻게 해야 더 달라질 수 있나요?"

"다큐멘터리는 긴 시간을 요구합니다. 찾아가면서 발견을 하고 그 발견됨을 새로운 관점에서 투영합니다. 다큐멘터리도 서로의 성격이 다 다릅니다. 아이템에 따라서 촬영 시간과 제작 과정이 다 달라야 한다고 생각해요. 일본 NHK 다큐멘터리는 장기적으로 관찰하고 투자를 아끼지 않습니다. 긴 호흡을 갖고서 만든 다큐멘터리는 세계를 움직이고 세계적인 평가를 받을 수 있어요. 다큐멘터리를 만드는 PD로서 많은 것을 담기 위한 제 욕심도 있긴 하지만 더 좋은 다큐멘터리를 시청자들에게 전달하기 위해서는 제작 여건이 더 현실적으로 달라질 필요도 있다고 생각해요."

그는 소리의 톤이 커지는 법이 없다. 친구처럼 대화를 나누듯 편안하게 말을 이어간다.

"짧은 시간에 많은 것들을 담기 위해서 노력하고 끈질기게 기다립니다. 그러기 위해서는 기동성과 숙련된 스태프들을 요구합니다. 그런 분들과 팀워크를 이루고 방송을 한다는 것이 PD로서 안심이 되기도 합니다."

"어떤 다큐멘터리를 더 담고 싶나요?"

"변화되고 멈춰버린 문명을 얘기하고 인류사적인 다큐멘터리를 만들고 싶어요. 다큐멘터리 하나로 시청자들과 소통하고 그 소통됨이 조용하게 움직이고 변화된다는 것은 제가 다큐멘터리를 하고 있는 이유이기도 합니다. 하지만 다큐멘터리는 변화보다는 메시지가 더 중요합니다."

그가 역사스페셜 '토우'를 연출할 때 그 과정을 생생하게 전달해 준다. 한참 동안 그의 이야기 속에 빠졌다. 세 명의 스태프들도 그의 시선과 입 모양을 따라간다.

"다큐멘터리 PD로서 20년의 세월을 되돌아보신 적이 있나요?"

"PD로서 걷고 뛰면서 달려온 지난 시간에 대해서 아직 총정리는 못한 것 같아요. 하하하… 아직 이 분야에 능력이 부족해서 완벽하게 해내질 못했다는 생각은 늘 합니다. 내가 제대로 하고 있는가를 끊임없이 생각하죠. 제작된 방송을 보게 되면 저만 알 수 있는 실수를 느낄 때도 있어요. 다른 사람이 연출을 했더라면 어땠을까를 생각합니다. 보신 분들은 만족하셨을까. 늘 부족함을 채우기 위해서 쉴 새 없이 생각하고 더 철저해지기 위해서 제 자신을 바라봅니다."

방송을 하면서 재미있었던 에피소드가 없었느냐는 질문에 박미연 작가가 '노숙인 재활 안평쉼터의 재활일기'라는 프로그램을 할 때의 일화를 얘기한다. 노숙자분들이 촬영을 거부하는 일이 발생했다고 한다. 그런데 김정수 PD가 노숙자분들을 모아놓고 감동 연설을 해서 간신히 마음을 돌려놓을 수가 있었다고 말한다. 박수까지 받았다고 말하며 그 촬영 현장으로 마음을 돌려놓는다. 그가 당시의 심정을 얘기한다.

"편견을 갖고 사람을 바라보고 대하면 진심이 통할 수 없다고 생각해요. '노숙자는 제가 될 수도 있는 일이고 가까운 우리 이웃과 가족 중에도 될 수도 있는 일입니다'라고 말씀을 드렸어요. 한 20분 동안 진심으로 그분들을 대하니까 마음의 문을 여시는 겁니다. 다큐멘터리가 진실을 담고 있는데 제가 그 마음을 비워 버려서는 안 되는 일이죠."

시계를 올려다본다. 온 길을 다시 돌아가려면 바삐 움직이지 않으면 안 된다. 가방을 챙기고 복도로 나왔다. 그의 웃음이 담긴 사진을 촬영하고 전체가 기념촬영을 했다. 바람이 더 거칠게 불지만 이들의 웃음소리는 따뜻한 체온으로 넉넉히 채워 넣어져 앙상블을 이룬다. 고속철역으로 향하는 길도 즐겁고 유쾌하다.

김정수 PD. 그가 다큐멘터리를 버리지 않는 한 시청자의 마음은 늘 그가 만든 작품을 기다리게 만든다.

청와대 경호원 **장기붕**

21년 동안 청와대서 다섯 대통령을 모신 '청와대 불사조' 장기붕
경호는 충성이 아니라 투철한 직업의식으로 하는 것

22년 동안 다섯 명의 대통령을 가장 가까운 거리에서 수행 경호한 장기붕. 청와대 경호원으로 살아온 지난날의 흔적들은 그를 따라다니는 수식어에 고스란히 묻어 있다. 1979년 10.26 궁정동 사건 당시 유일하게 생존한 박상범 전 경호실장과 함께 '청와대 불사조'로 통하기도 했다. 목숨을 내놓고 몸을 던져야 하는 경호의 세계. 그의 첫 마디는 경호원은 정치가 아니라 투철한 직업의식을 가져야 한다는 것이었다.

그를 만났다. 그가 청와대 경호원으로 살아온 세월은 21년. 13년 동안은 1980년 최규하 대통령부터 김대중 대통령까지 우리나라 최고 통치권자인 대통령 다섯 명을 가장 가까운 거리에서 수행하면서 같이 뛰고, 걷고, 숨을 내쉬면서 자리를 꼼짝없이 지켜냈다.

경호원으로 살아온 그에게 잊지 못할 꿈틀거리는 기억이 하나 있다. 1983년 10월 9일로 돌아간다. 전두환 전 대통령을 수행해 미얀마로 날아간다. 아웅산에 도착했을 즈음에 폭발음이 진동을 했다. 건물들은 알아볼 수 없을 정도로 무너져 내려앉았고, 주변은 순식간에 일그러져 알아볼 수 있는 형태는 보이지 않았다. 파편들은 사람의 뼛속 깊은 곳에 박혀 그들을 집어 삼켰다.

빠른 속도로 치솟아 올라가는 연기는 하늘이 순식간에 집어 삼켰다. 검붉은 연기가 속도를 멈추었을 때 수많은 사람들의 살아 움직이는 숨소리는 들리지 않았다. 그도 수십 개의 파편 조각들이 몸속으로 날아들었지만 방탄복 덕분에 간신히 살아난다.

바로 주변을 살폈다. 그는, 거친 숨을 내쉬고 흘러내리는 붉은 피들을 쏟아내면서 부상자들을 후송하고 시신을 수습한다. 이때가 그가 경호 업무를 시작한 지 4년 해를 넘기는 시기였다고 한다.

아웅산 폭파 현장에서 투철한 모습을 보였던 그는, 경호원으로서 더 유명해졌고 유명세를 탔다. 평생 잊지 못할 이 사건으로 평생 경호원으로 살아가겠다며 마음 깊은 곳에 그 다짐을 꼭꼭 숨겨놨다. 21년 동안 그걸 지켜냈다. 그와 얘기를 나누기 전에 서로 냉수 한 잔을 마셨다. 청와대 경호원으로 살아온 그의 22년의 세월이 궁금해졌다.

그는 기억을 다시 꺼내봐야 하고, 듣는 사람은 그 현장에 가 있어야 하기 때문에 긴장을 풀었다. 말을 꺼내면서 눈이 커지고 표정은 없다. 그가 경호원으로 살아온 세월을 쏟아내기 시작한다.

"목숨을 건 경호였어요."

다시 표정이 바뀐다. 그는 아직도 그 현장에 그대로 있다.

"이 사건으로 경호원이 천직이라고 생각을 하게 됐어요. 경호원으로서 마음이 더 단단해진 겁니다."

그가 경호원으로 살아온 22년 세월에는 말 못할 사연도 있고 지우지 못하는 기억도 많다. 그를 감싸고 있는 주변 벽에는 그가 모셨던 대통령들과 찍은 사진들이 액자에 고스란히 담겨 있다. 미 백악관 경호실로부터 받은 표창장에는 그가 경호원으로서 살아온 삶이 녹아내린다.

그가 청와대 경호원으로 인연을 맺게 된 것은 1979년 10.26 궁정동 사건이 터지고 나서인 시기와 관련 있다.

"전역을 앞둔 시점이었어요. 그런데 10.26 사건이 일어난 겁니다. 청와대의 공백이 컸다고 들었어요. 박정희 대통령이 서거하자 경호실 조직에 대한 책임 문제가 있었다고 합니다. 경호실은 18년 동안 거목을 경호하면서 당시 경호원들이 정치적인 월권 개입도 많았어요. 이 사건을 계기로 70% 이상이 자의반 타의반으로 청와대 경호실을 떠났습니다."

이 사건을 계기로 청와대 경호실에 대대적인 정화 작업이 시작됐다고 말한다.

"대통령 신변 보호만 하는 게 경호실이 아닙니다. 통치권자의 청와대 안전, 보안, 통화를 할 때 스파이 보호를 막아야 하는 당위성들이 있습니다."

그는 10.26 사건을 계기로 최규하 전 대통령이 최고 통치권자가 되면서 청와대 경호실의 제 역할들이 바뀌기 시작했다고 말한다. 청와대 경호원들을 지칭하던 '경호요원'이라는 고유명사가 사라지고 대신 '충무요원'으로 이름이 변해 청와대 경호실도 새로운 변화와 새 옷을 갈아입게 된다.

충무요원 5기로 청와대 경호원으로 들어간 그는 공과대학 출신으로 경호원이 되기 전까지 그의 꿈은 엔지니어가 되는 것이었다. 그러나 군에 있을 무렵, 부대 지휘관의

추천으로 그의 인생도 180도 달라지게 된다.

"공과대학을 나와서 화장품 회사에 취업이 됐어요. 근무를 기다리다가 충무요원 시험을 봤습니다. 합격을 한 거예요. 화장품 회사를 다닐까 경호원이 될까 하는 생각에 마지막 날까지 결정을 못 내렸습니다."

그가 경호원이 된 것도 우연에 가깝지만, 합격한 두 직업 중 경호원을 선택하게 된 것도 친구의 말 한마디 때문이었다.

"미아리가 집이었어요. 버스를 타고 40분을 달려야 청와대에 내릴 수 있어요. 화장품 회사로 가는 차로 갈아타야 하는데 동기 한 명이 청와대 앞에서 왜 안 내리냐고 하는 거예요. 그래서 그 말에 그냥 차에서 내렸어요. 그래서 청와대 경호원으로 결정된 겁니다."

이때가 광주 민주화 운동이 한창이던 1980년 5월이었다고 회상한다. 그의 시선이 창문 쪽 외경으로 향한다. 경호원으로 살아왔던 지난날들이 빠른 속도로 스쳐가는 듯 표정이 바뀌고 말의 속도도 변화된다. 경호원이 되고 나서도 적응을 잘하지 못했다고 털어 놓는다.

"제 스스로 경호원이 안 어울린다고 생각했나 봐요."

경호원으로 천부적인 감각을 지닌 그가 털어놓는 고백이라고는 믿어지지 않는다.

"경호원 그러면 남자들의 세계가 연상되잖아요. 그러한 환경과 분위기가 맞지 않는다고 생각했어요. 제가 의외로 자유분방한 성격이거든요."

그의 이 한마디는 경호실 분위기를 짐작하고 남게 만든다. 그는 경호원이 안전해야 대통령도 안전할 수 있다고 말한다.

"10.26 사건 때 경호원 6명이 목숨을 잃었잖아요. 다들 방탄복을 착용하지 않고 있었습니다."

그는 방탄복 착용이 개인 목숨을 지키자고 말하는 게 아니라 경호원으로서 투철한 직업의식이자 윤리적 문제라고 말한다.

"경호원들의 사생관, 위기 극복 요령, 사소한 것들이 다 중요합니다. 제 목숨을 지키기보다는 남의 목숨을 지켜내야 하기 때문입니다. 박상범 경호실장은 방탄복을 입지 않으면 근무를 안 시켰습니다. 그분도 오랜 경험을 통해서 몸에 깊숙이 배어 있었던 겁니다."

13년 동안 가까운 거리에서 대통령 수행 경호를 하면서 특별한 기억이 있는지 물었다. 그는 이 한마디의 질문에 컴퓨터 앞에 놓여있는 마우스를 잡고는 숨을 돌린다. 두 팔을 가슴 깊숙이 찔러 넣고는 천천히 말을 이어간다.

"제가 김대중 대통령 시절 당시 경호실장과 언쟁을 한 적이 있어요. 충성을 진실로 하라는 거였습니다."

그의 표정과 눈빛이 살아 움직인다. 감정이 잦은 숨소리를 내면서 달라지고 또 바뀐다.

"그런데요. 경호는 충성으로 하는 게 아닙니다."

그의 이 한마디에 그를 올려다봤다. 경호원이 충성으로 보좌하고 경호를 하지 않으면 어떻게 된단 말인가. 요즘 뉴스로 자주 등장하고 있는 코드 인사 문제를 예를 들어 말을 꺼낸다.

"대통령과 정책적으로 움직이는 분들의 코드 인사가 문제가 됐지만 난 당연하다고 봐요. 정책적 보좌, 정책적인 코드가 맞지 않으면 힘들어질 수 있어요. 방향을 같이해야 되는 거죠. 경호원은 코드가 같거나 다른 것이 아니라 경호원으로서 투철한 직업의식인 겁니다."

그가 10.26 궁정동 사건 얘기를 꺼내면서 경호원의 직업의식에 대해서 말을 이어간다.

"당시 밖에서 대기하고 있던 말단 경호원들은 총을 들고 저항했어요. 당시 상황에 있어 차지철은 몸을 숨기려고 했잖아요. 말단 경호원들은 목숨을 걸었어요. 경호원들의 철학과 직업의식은 정치성이 아닙니다. 정치적으로 같이하라는 것은 웃기는 얘깁니다. 그래서 중요한 것은 경호원들만큼은 낙하산 인사가 있으면 안 되는 겁니다. 노무현 정부 시절에는 경호원 인사는 낙하산이 없었어요."

그가 양복 상의를 벗는다.

"김영삼 전 대통령 페인트 투척 사건이 있었잖아요. 경호원 생활을 안 해 본 사람이 책임자였어요. 투철한 직업의식이 없었던 거라고 생각해요."

그는 경호원은 이기고 지는 승부의 싸움이 아니라고 말을 한다.

"성공을 했는지 안 했는지의 싸움인 거죠. 경호 성공을 위해서는 이기면 됩니다. 늘 긴장한 채 누군지 모르는, 보이지 않는 적하고 싸우는 겁니다."

목숨을 내던지는 경호 업무에 있어 충성심은 투철한 직업의식에서 형성될 수밖에 없다고 말한다. 그것은 누가 강요해서 되는 것이 아니라고 한다.

"경호원으로서 충성심은 직업의식, 사생관, 훈련이 바탕이 되어야 합니다. 경호원은 본능적으로 움직이는 게 다릅니다. 총, 칼을 꺼내서 피하면 본능이지만 우리는 흉기를 보면 공격해야 해요. 다른 거죠. 경호원들은 사격선, 공격선들이 눈에 훤하게 들어옵니다. 상대방의 공격선이 눈에 들어오면서부터 희생을 전제로 경호를 해야 합니다."

무도가 몸 깊숙하게 익혀져 있는 것이 경호에 얼마나 많은 도움이 되는지를 물었다. 그와 대화를 나누기 전까지는 무도유단은 경호원의 필수 조건이라고 생각했었다. 그의 대답은 생각을 비켜간다.

"무도가 경호 수단으로 도움이 되는 것은 사실이지만 좋은 경호원이 되는 것에 있어서 필수는 아닙니다. 경호 업무의 모든 동선을 감각적으로 느끼고 대처할 수 있는 순발력과 두뇌 판단이 제일 중요해요. 경호원은 머리가 좋아야 한다는 얘기지요. 무도를 배우지 않았어도 급박한 상황에 몸만 들이밀어도 경호는 절반이 성공한 거예요. 경호의 동물적인 감각은 따로 있어요."

그는 덧붙여 "1차적으로는 경호원으로서 정신세계, 신체 조건이 더 중요해요. 운동은 꾸준히 해야겠죠. 2차적인 문제입니다. 무도 훈련은 경호원이 된 후에도 할 수 있습니다. 공채부터는 무도 특기자를 선발하지 않았어요. 경호원에 있어서 더 중요한 것은 투철한 직업 의식관인 겁니다."

전두환 전 대통령을 수행하던 경호 시절이 가장 깊숙하게 기억에 남는다고 말한다. 그의 첫마디는 "현장을 확인하는 분이었어요."였다. 역대 대통령으로서 잘 알려지지 않은 이야기를 듣는 것이 새롭다. 그가 냉장고를 열고는 음료수를 내놓는다. 한 손으로 병을 잡고는 그를 쳐다봤다.

"민정 시찰을 많이 했어요. 잠행을 좋아했죠. 현장으로 달려가서 직접 문제점을 보고 판단했어요. 새벽에 밖으로 나가서 서민들의 애로사항을 듣는 거죠. 정말 개인적으로는 힘들었지만 그런 방면에서는 상당히 존경스러웠어요. 군인으로서 몸에 밴 습관들이 대통령이 돼서도 그대로였으니까요."

그의 다음 말이 이어지기를 기다렸다.

"교도 행정을 직접 보기 위해 교도소까지 직접 간 거죠. 구석구석 돌아보는 문제점이 없는지를 판단하더라고요. 경호원들은 늘 긴장하고 있을 수밖에 없었죠. 언제 어디로 민정 시찰을 나갈지 모르기 때문이죠."

그가 내뱉는 말은 확신에 차고 믿음이 깊어 보인다. 그는 리더십 측면에서 대형사고를 막아내는 것은 현장 상황을 최고 통치권자로서 무엇보다도 체감하고 있어야 비껴갈 수 있다고 말한다.

"태안 기름 유출 사고도 관심을 가졌다면 막을 수 있는 부분이었어요. 대구 지하철 사고도 그래요. 시민들의 안전이 중요한 건지를 판단했어야 해요. 불 잘 타는 자재를 썼잖아요. 그러니까 시민들이 안전 불감증에 시달릴 수밖에 없는 겁니다. 공공에서 그러한 판단을 하니까 공공의 적이 되는 거죠."

그가 답답한지 창문을 시원하게 열었다. 안으로 들어오는 공기가 달라진다. 두 사람이 세상을 바라보고 있는 마음도 밖의 자연을 닮아간다. 어린이 유괴 사건에 대해서 사회적 관심도 크다. 21년 동안 경호원으로서 가장 중심에 서서 살아온 그의 생각은 이렇다.

"어린이 보호에 대한 제대로 된 감시 시스템이 없어요. 국가 경찰 체제로는 사회감시 시스템 구축이 어렵다고 생각해요."

그도 어린이 유괴 사건이 만연되고 있는 현실에 대해서 아쉬움도 많다. 그도 부모 마음이다.

"경찰들은 살인사건이 일어나면 죽은 것으로 끝납니다. 미국처럼 자치경찰을 선별해서 운영하는 시스템이 없는 게 아쉽습니다. 죽은 그 다음이 더 중요한 겁니다. 다음에 그러한 동일 사건이 일어나면 더 문제라고 생각하는 겁니다. 그들은 머리를 싸매고 연구를 합니다. 신호 체계, 지리적 조건 등 모든 문제점의 가능성을 열어놓고 연구를 하고 지방의회에 가서 설명을 해야 해요. 문제점과 대책을 마련하는 거죠. 그래야 예방이 가능하다는 거죠."

그의 말이 이어졌다.

"어린이 유괴도 그렇습니다. 예방적 측면에서 24시간 초소를 운영해야 합니다. 꺼지지 않는 감시 시스템을 가동하고 있어야 한다는 얘깁니다. 문제가 있기 전에 예방하는 차원에서 초소 운영을 더욱 광역화시켜야 해요. 초등학교 앞에는 의무적으로 불이 꺼지지 않도록 경찰이 상주하는 초소 운영 등을 자치경찰을 중심으로 의무적으로 제도화 할 필요가 있습니다. 정책적으로 공론화돼야 시민들은 안전 불감증에서 그나마 회복될 수 있다고 생각합니다."

경호가 필요 없는 세상이 올 것인지 궁금했다.

"경호가 없으면 범죄가 없어야 하는데 그건 불가능하다고 생각합니다. 인간의 끝없는 욕심에서는 범죄적 욕구는 늘 존재할 수밖에 없는 겁니다. 미국 경호 제도는 200~300년 동안 발달되어 왔어요. 민간 경호에서 발전이 되어 왔습니다. 1901년부터 대통령 경호가 본격적으로 시작됐습니다. 미국 대통령 암살 사건에는 전문 경호원이 없었어요."

우리나라 민간 경호도 다양화되고 있는 추세라고 말하면서 그는 민간 VIP들이 많아지고 반공공성이 있는 분들의 사회적 활동과 영향력이 커지고 있기 때문에 경호도 더욱 전문화돼야 한다고 말을 한다.

2006년 5.31 지방선거를 앞두고 발생한 박근혜 전 대표에 대한 테러 사건도 전문 경호원이 현장에 없었기 때문에 발생된 것인 만큼, 경호 시스템을 강화시킬 필요성이 있다고 말한다. 그는 이 사례를 들면서 경호 업무의 전문 용어인 '촉수 거리의 유지의 원칙'을 예로 들면서 말을 이어간다.

"경호는 오픈된 상태에서 손을 뻗어서 닿을 수 있는 거리에 피경호인을 두어야 합니다. 지난번 김영삼 전 대통령의 페인트 사건과 박근혜 전 대표의 테러 사건도 이 원칙이 비껴가서 발생된 거라고 생각합니다. 경호에 원칙이 없다는 겁니다. 경호는 지휘권 단일화의 원칙이 매우 중요해요. 직위가 높다는 것만으로 경호원이 피경호인과의 큰 거리를 두고 경호를 한다면 문제가 발생될 수 있다는 거죠. 이것은 지휘권의 간섭이 아니라 경호는 단일화의 원칙을 지켜야 테러나 예측하기 힘든 상황을 벗어날 수 있는 겁니다. 경호는 아는 만큼 보이고 보이는 것만큼 경호 조치를 할 수밖에 없어요."

그는 매킨리 대통령과, 존 에프 케네디 암살 사건에 대해서도 지휘권 간섭에서 비롯된 문제점이라고 지적한다.

"촉수 거리 원칙을 지키는 게 중요합니다. 근접 경호는 부담을 주려는 것이 아니라 방어를 위한 겁니다. 이 원칙을 무시하면 방어 효과를 상실하게 되고 예기치 못한 사고는 언제든지 발생될 수 있는 거죠."

그는 경호원으로서 사회 현상을 꿰뚫어볼 수 있는 능력이 매우 중요하다고 얘기한다.

"경호 업무는 상당히 다양합니다. 군사, 행정, 사회, 문화 등 사회 여러 분야에 걸쳐서 반전문가가 되어야 해요. 한마디로 무식한 사람은 경호원이 될 자격이 근본적으로 없는 사람입니다."

그가 경호원으로 청와대를 나오고 나서 대학으로 돌아왔다. 경호원이 되려는 전공자 학생들을 대상으로 경호 현장이 아니라 교육 현장에서 경호 교육을 하고 있다. 오랜 시간 동안 경호원으로 살아온 그의 인생 스토리는 든든하고 살아있는 경험이 되고 있다고 말한다. 경호 업무에 있어 이론 체계를 제시한 논문은 그의 박사학위 논문이 됐다. 그는 지금도 학생들을 가르치는 사람도 경호원이라고 생각하고 있다.

"경호원을 가르치는 사람도 경호원이나 마찬가지입니다. 평생 경호원이 되기 위해서는 좋은 체력을 유지해야 합니다. 아직도 새벽 5시 30분이면 일어나서 운동으로 하루를 시작합니다."

그의 아들도 경호원이 되겠다는 꿈을 가지고 있다고 얘기를 꺼낸다.

"미국에는 3대가 경호원 출신 집안이 있어요. 의식을 같이하고 있는 거죠. 우리나라에는 아직 대를 물려서 하는 경우는 없는데 미국 유학 중인 아들이 경호원이 되고 싶다는 얘기를 합니다. 제가 경호원이었다고 누구한테 말을 잘 안 합니다. 아들이 제 마음을 닮고 싶다고 하니까 반갑죠. 앞으로 제 체험을 바탕으로 한 강의를 들은 학생들이 사회의 파수꾼으로 성장하길 바랄 뿐입니다. 그러기 위해서는 혼을 싣고 강의를 해야죠."

경호원으로 살아온 지난날에는 기억되는 일들도 많고 가슴에 묻어 넣어야 할 기억도 많다. 평생 경호원으로 살아가겠다는 그의 말 한마디는 지난 21년의 세월을 다시 돌려놓고는 달리기 시작한다.

김석현 PD

정치보다 더 재밌는 건 개콘입니다… 개그콘서트의 사령탑 김석현 PD
어설픈 정치 풍자 안 하느니만 못해… 정치 중립 지켜야

수요일 오후 1시. 개그콘서트 녹화장 입구. KBS 2TV에서 방송되고 있는 개그콘서트가 444회를 달려오면서 대한민국 대표 코미디 프로그램이 됐다. 이 프로그램 중심에 있는 김석현 PD를 만나러 녹화장으로 향했다.

카메라가 돌아가고 큐 사인이 떨어지려면 아직도 많은 시간을 기다려야 할 텐데 방청을 기다리는 사람들의 웃음소리는 녹화장 주변을 달궈 놓는다. 입장 시간이 해가 떨어질 무렵인데도 줄은 길게 늘어서 있다.

연기자 대기실 안으로 들어섰다. 낯익은 개그맨들의 얼굴이 하나 둘씩 보이기 시작한다. 분장실이 연습실이고 복도에서 쉴 새 없이 코너 연습이 한창이다. 대한민국 국민을 웃음 충전으로 만들어놓고 있는 개그콘서트 오랜 세월을 시청자와 함께한 만큼 수백 가지의 새로운 개그 소재와 코너가 만들어졌고, 걸출한 개그맨 스타들을 배출했다.

세상이 아날로그에서 디지털화로 바뀌어도 개그콘서트에 대한 시청자들의 사랑만큼은 변함이 없다. 대기실 안은 소품들이 움직이고 녹화 전까지 이날 선보일 코너들이 일부 수정되고 쉴 틈이 없어 보이는 연기자들의 연습 강도는 시간이 흐를수록 더해간다.

개그콘서트 사령탑 김석현 PD를 만났다. 웃음지존이라고 표현해야 하나. 개그콘서트를 이끄는 중심에 김석현 PD가 있다. 만나기로 한 정시에 전화가 걸려온다. "잠시만 기다리세요. 곧 내려가겠습니다." 김석현 PD에게 개콘 녹화 날은 가장 바쁜 날이다. 이날 인터뷰를 하자고 했으니 미안한 마음이 앞선다.

수수한 옷차림에 모자를 눌러쓰고 가방까지 어깨에 걸쳐져 있는 모습이 영락없는 대학생 모습이다. 김석현 PD가 연출한 프로그램만도 십여 편이 넘고 시청률도 상한가를 기록했다. '개그콘서트', '미녀들의 수다', '웃음충전소', '스펀지', '해피선데이', '폭소클럽', '코미디세상만사', '행복남녀', '사랑의 리퀘스트' 등이 그의 손길을 거쳐 간 프로그램들이다.

그에게 개그콘서트만큼은 상황이 다르다. 6년 동안 몇 차례 걸쳐 그가 다시 연출을 맡았을 만큼 인연이 깊다. 개그콘서트가 방송 시간대가 바뀌고 나서 그가 다시 연출을 맡게 됐다. 개그콘서트와 김석현 PD의 질긴 인연이 이어지고 있는 것. 그가 다시 돌아왔으니 개그콘서트도 비타민을 얻은 것처럼 활력이 넘치고 웃음의 색깔도 달라졌다. 그의 얼굴에는 웃음이 지워지지 않는다. 달변은 아니지만 신중하게 듣고 여운을 남기는 말을 한다. 보고 있을수록 깊은 맛이 우러난다. 서로 얼굴을 보자마자 점심 메뉴를 무엇으로 할지 고민됐다. 선택된 게 산채정식이다.

음식이 나오고도 말이 쉽게 풀리지 않는다. 한마디를 하더라도 단문에 가깝게 말이 되돌아온다.

"딥딥히죠?"

이 말에 서로 웃음이 터진다. 그의 말은 솔직하고 담백하다. 시청자들은 유독 개그콘서트다운 코미디에 열광한다. 하지만 그의 마음은 늘 웃음의 색다름을 찾는다.

'만족하나?' 이 말에 속도가 느려진다.

"글쎄요. 할 때는 스트레스를 많이 받아요. 코미디를 안 하고 있으면 마음 한구석이 허전합니다."

그는 개그콘서트를 잠시 떠나 다른 프로그램 연출을 맡고 있을 때도 그의 마음은 늘 웃음을 생각하고 개콘을 생각했다고 한다.

"화제가 되고 있는 프로그램을 연출하고 있어도 늘 마음은 코미디 프로그램에 와 있는 겁니다. 이상하죠."

이 말을 하면서 슬쩍 웃는다. 웃는 모습이 동자승의 얼굴이고 그 표정을 담아낸다. 표정으로 말을 하고 단문으로 내뱉는 말이지만 많은 것을 담아낸다.

그의 웃음의 인연은 KBS 입사 초기 시절로 돌아간다.

"입사하고는 편성팀에 있었어요. 너무 코미디 프로그램을 하고 싶었어요. 선배 PD들 곁에서 많이 배운 겁니다."

그는 김진홍 PD, 강동원 팀장, 양기선 PD 곁에서 본격적으로 웃음에 대한 철학과 개그 프로그램의 감각을 익혔다고 한다.

"그분들은 서로가 코미디를 바라보는 관점이 다릅니다. 하지만 웃음에 대한 중심은 같은 겁니다. 정말 장점이 많으신 분들이죠. 곁에서 '아, 저렇게 하면 되는구나' 마음 속으로 꼭꼭 담아가면서 쌓여진 겁니다."

"다 선배들 몫으로 돌리면 어떡합니까?"

이 말에도 그는 흔들리지 않고 겸손해 한다.

"연출이 달라져서 코너가 좋아진 것은 아닙니다. 단지 변화를 조금씩 주고 있을 뿐이죠."

개그콘서트에서 만들어지고 있는 코너들은 각기 다른 웃음의 개성을 쏟아낸다. '달인', '닥터피쉬', '봉숭아학당', '대화가 필요해', '조선왕조부록' 등은 단순한 웃음을 넘어선다. 그가 새롭게 개그콘서트를 이끌어가면서 연출자로서의 코너 개발과 웃음의 관점은 어디에 놓여있는지 물었다.

"웃음에 있어 소재의 현실성과 공감대가 제일 중요하다고 생각해요. 개발된 코너가 시청자들과 가까운 거리에 있는가가 중요한 거죠. 보고, 듣고, 웃으면서 코너가 웃음의 놀이가 될 수 있는가가 중요하다고 생각해요."

그는 각 코너마다 추구하는 웃음의 방향이 다르다고 말한다.

"'달인' 같은 코너는 뻔뻔함이 웃음의 중심에 있는 겁니다. 그 다음으로는 상황과 연기 그리고 캐릭터들이 놓여 있어야죠. 어떤 재료를 갖고서 어떻게 웃음을 전달할지는 각 코너마다 다 다르다 할 수 있어요."

말수가 적은 사람이 폭발적인 웃음을 어떻게 만들어낼까 대화를 할수록 궁금해진다.

"봉숭아학당은 코너를 만드는 데 제일 어려워요. 코너 전체의 앙상블도 이뤄야 하고 출연자들의 스케줄을 맞추는 것도 중요합니다."

개그콘서트를 통해서 유명 스타가 된 개그맨들은 수없이 많다. 하지만 그들은 고향인 개콘 무대를 잊지 않는다고 말한다. 김석현 PD 주변에는 사람이 많다는 말을 많이 한다. 그와 프로그램을 같이 한 개그맨들은 그를 신뢰하고 늘 그와 개그 프로그램을 같이 하고 싶은 연출자로서 주저 없이 그를 얘기한다.

"많은 개그맨들이 절 따르고 믿어주고 있어서 전 행복한 거죠."

이 말에 그도 웃고 듣는 사람도 웃었다. 이제는 코미디 연출자로서 스타 PD가 됐지만 PD 시험에 떨어진 적이 있었다고 털어놓는다.

"전 운이 좋은 사람이라고 생각해요. 모 방송국 PD 시험을 보러 갔는데 노래를 시키는 거예요. 제가 정말 음치거든요. 안 했어요. 노래한 사람들은 제 기억으로 붙은 것 같아요. 저만 떨어진 셈입니다. 마지막 질문을 하는데 떨어지면 어디 갈 거냐고 물어보기에 KBS에 간다고 했어요. 결국에는 KBS PD가 됐네요."

그는 방송 연출자가 될 수밖에 없는 운명이고 코미디 프로그램을 할 수밖에 없는 숙명을 타고난 것 같다는 생각을 들게 한다. 말의 속도가 느린 반면 그가 표현해내는 웃음의 속도는 강하고 빠르다. 그는, 시청자들의 웃음 코드를 정확하게 읽어 내려가고 코너 만들기로 판단한다.

KBS에서 방송된 적이 있는 '웃음충전소'는 그의 마음을 담아낸 작품이다. 웃음의 실험성과 파격적인 소재로 시청자들한테 깊은 웃음의 여운을 남겨줬다. 그가 이 프로그램에 쏟은 애정에 비해 시청률 성적은 좋지 않았지만 기발함과 번뜩이는 소재로 구성된 웃음충전소는 시대를 앞서간 개그 형식이었다는 평가를 받았다. 아쉬움이 많이 남는다고 말을 한다.

"공영방송으로 실험성과 가능성보다는 안정성이 더 중요할 수 있습니다. 새로운 형식의 코미디도 중요하지만요 보편적인 웃음도 중요하다는 생각을 해요."

그는 웃음충전소를 하면서 사람에 대한 생각을 많이 했다고 한다.

"웃음충전소를 끝내놓고 사람까지 잃으면 안 되겠다는 생각을 했어요. 사람이 사람을 믿고 산다는 건 중요한 겁니다. 그래서 힘을 얻고 웃음을 만들지요."

그의 말이 끝나기가 무섭게 마음에 둔 개그맨이 누구냐고 물었다.

"축구감독이나 야구감독한테 어느 선수가 좋으냐고 물으면 안 되죠. 다 한 팀을 위해서 열심히들 해주는데요. 말 못합니다."

그가 마음에 담고 있는 사람이 누구인지 궁금해지는 대목이다. 얘기해 달라고 했다.

"저와 같은 프로그램에서 하는 사람들 중에 딱 여섯 사람 있어요. 앗 더 이상은 말 못합니다. 개그맨으로서 열심히 하는 친구들이 좋아요. 개그맨으로서 스타가 된 사람들도 나름대로 자기 역할을 하고 있을 때가 마음의 평온함을 얻지요."

웃음의 속도도 세월의 변화에 따라 달라지고 있다. 개그에도 속도의 변화가 있는 셈이다. 하지만 개콘은 기성세대까지 포괄할 수 있는 웃음을 추구하고 있다. 빠르지도 느리지도 않다.

"개콘만의 특별함은 무엇인가요?"

"개콘은 십 년 가까이 장수한 프로그램입니다. 초창기에는 청소년과 20대를 주 시청자로 삼았지만 그분들이 10년의 세월이 흐르는 동안 성인이 되고 가장이 되었습니다. 개콘은 누구도 부인할 수 없는 대한민국 대표 코미디 프로그램이자 가족 코미디가 돼 버렸습니다. 각계각층과 다양한 세대들이 바라는 웃음에 대한 대중적 코드가 잘 맞물린 겁니다. 또 그러한 대중적인 코미디 프로그램을 만들려는 책임감과 노력들이 결실을 맺은 거라고 생각해요. 그게 그 누구도 흉내 낼 수 없는 개콘만의 특별함이 아닐까 생각합니다."

특정한 연령대를 위한 개그보다는 세대를 넘어서는 개그를 개발하는 것은 쉽지 않은 일이다. 개그콘서트는 남녀노소 할 것 없이 방송되는 날이면 어김없이 TV 앞에 앉혀 놓는다. 1970~80년대 코미디에는 웃음에 가족 전체가 있다. 할아버지가 웃으면 손자, 손녀도 덩달아 웃던 시절이 있었다. 개콘은 가족 중심의 코미디를 만든다. 세대를 넘어서는 코미디를 개발하기란 쉽지 않은 일이다. 그의 답이 날아오기만 기다렸다.

"그 시절에는 가족 전체가 공유할 수 있는 웃음이 있었습니다. 그런데 유독 코미디 프로그램에만 그랬다고 생각하지 않아요. 드라마나 가요 프로도 그랬다고 생각해요. TV라는 대중매체가 대중들 곁에서 친숙해질 무렵이었으니까 전달되는 모든 프로그램들이 새롭고 재밌었다고 생각합니다. 웃음, 음악, 드라마들이 지금보다는 더 너그럽지 않았을까요?"

그는 코미디 프로그램을 개발한 선배 연출자들이 만들어놓은 그 시절 그때의 프로그램들에 대해서 경외심을 갖으면서도 세대를 넘어서는 웃음을 만들어내지 못하는 현실을 피부로 직감하고 있다고 털어놓는다. 대를 이어가는 후배 연출자로서 솔직한 고백이자 마음에 담고 있는 숙제인 셈이다. 시청자들의 기호도 빠른 속도로 변하고 있으니 그는 프로그램 하나로 승부를 걸어야 하는 힘겨운 싸움을 하고 있는 셈이다. 그래도 그는 웃고 또 웃는다.

"뮤직뱅크나 가요무대를 아우르는 가장 재미있고 열광적인 음악성 있는 음악 프로그램을 만들어 보라는 요구와 같다고 생각해요. 힘겨운 작업입니다. 하지만 늘 노력하고 또 노력하고 있습니다. 개콘이니까요."

그에게 웃음의 철학은 빈공간이다. 그 빈 공간 안에 웃음을 담고 또 담아내려고 한다. 채울수록 채워지는 웃음이 아니라 가슴속으로 전달돼 감동이 되고 오랫동안 흐뭇해지는 웃음. 그한테 웃음을 만들어내는 특별함은 감동 웃음이다.

"코미디 프로그램이 줄 수 있는 가장 큰 감동은 웃음이라고 생각해요. 웃으려고 코미디 프로그램을 보는 거죠. 코미디를 보면서 무엇인가 뚜렷하게 배우고 계몽 받으려는 것은 아니라고 생각합니다. 한 부대에 여러 개를 담을 수 없다면 제일 먼저 웃음을 담아야 하는 세상 아닌가요?"

그의 답변에는 명쾌함을 넘어 구수한 웃음철학이 강하게 배어난다.

2000년부터 그는 개그콘서트 연출을 맡기 시작했다. 이 프로그램이 시청자들의 사랑을 받을 때면 그는 조용히 다른 프로그램을 달려가 시청률이 높은 프로그램을 연출했다. 말수는 적지만 연출자로서 그의 힘은 프로그램 곳곳에 강하게 묻어난다.

개그콘서트가 444회를 달려오는 동안 그의 역할은 빠질 수 없는 대목이다. 개그콘서트가 새롭게 옷을 갈아입고 방송시간대도 매주 일요일 밤 10시 5분으로 바뀌었다. 하지만 개콘의 주시청자들의 든든한 사랑전선에는 변함이 없다.

"시간대가 바뀌고 나서 스트레스도 받고… 달라진 점이 있나요?"

그가 이 말에 또 다시 웃고 물 한 잔을 마신다. 그리고 조용히 말문을 열기 시작한다.

"스트레스요? 많이 받기도 하지만요 웃음으로 날려 보내고 있어요. 방송 시간이 늦어져서 어린이 시청자들이 많이들 볼 수 없다는 아쉬움이 있어요. 늦은 시간에 방송되니까 타 방송사들 드라마들하고 겹쳐졌어요. 아주머니들이 드라마에 채널을 고정시키시는 것 같아서 흠… 아쉽죠. 하지만 코미디는 그 어떤 프로그램하고 비슷할 수가 없는 장점이 있어요. 웃음이라는 강한 무기가 있잖아요. 개콘만의 웃음의 특별함은 변함이 없습니다. 또 변함이 없도록 코너 개발을 해야죠."

그는 방송 시간대가 바뀌면서 20~40대층을 위한 코너와 웃음 코드를 가미하고 있다고 설명한다.

"시간대를 옮긴 것이 잘 된 일이라고도 생각해요. 여러 가지 변화될 수 있기 때문에 오히려 전화위복이 될 수도 있을 것 같아요. 웃음 코드의 연령층을 좀 높여야겠죠."

그는 끊임없이 새로운 코너를 개발하기 위해서 개그맨, 작가, 스태프, 연출자 들과 박자를 이루고 코미디 앙상블을 만들어내기 위해서 노력한다. 특별함이 없다고 말하지만 그 자체가 특별함일 수밖에 없어 보인다. '닥터피쉬', '달인', '대화가 필요해', '봉숭아학당', '조선왕조부록' 같은 코너를 보면서 시청들은 웃음을 참기 어려워진다.

연극적 상황, 절묘한 연기, 웃음의 타이밍, 기막힌 반전, 공감대 소재 등 웃음을 만들어내는 여러 재료들이 맞물리지 않으면 안 된다. 개그에도 웃음의 장치가 필요하고 웃음으로 무엇을 얘기할 것인지 꼼꼼하게 따지고 계산하지 않으면 안 되는 일이다. 그는 성공한 코너들 전부가 전임 선배들 덕분이라고 한다.

"다 전임 선배 피디님들이 만들어낸 코너들입니다. 제가 할 수 있게 다리를 놓아주셔서 감사할 뿐입니다."

그는 시청자들하고 웃음의 대화에서 가장 중요한 것은 공감대라고 말을 꺼낸다.

"시청자들이 열광하는 이유는 역시 공감대입니다. 우리 주변에서 볼 수 있는 인물들에 대한 표현이 절묘한 연기와 소재의 공감대가 어우러지면서 시청자들에게 강하게 어필되는 것 아닐까요? 멋진 연기가 멋진 소재를 만나고 있다고 생각해요."

그는 코미디 작가론에 대해서도 말을 이어간다.

"코미디 작가는 무엇보다도 코너의 틀을 만들고 웃음의 타이밍을 정확하게 계산해 코너 구성을 치밀하게 짜지 않으면 안 됩니다. 매우 중요한 일이죠. 이상덕 작가는 아주 꼼꼼하고 치밀하신 분이에요. 예전에 저랑 작업을 하신 적 있는 장덕균 작가는 톡톡 던져내는 기발한 아이디어와 친화력이 큰 장점입니다. 이분들의 이러한 코미디 작가 정신과 장점이 없었다면 코너가 성공할 수 없었다고 생각해요."

그는 개그맨들을 스타로 만드는 타고난 능력을 갖고 있다고 주변에서 말을 한다.

"개그맨들하고의 대화, 특별함이 있나요?"

"선배들의 연기나 아이디어를 내는 방법들을 끊임없이 관찰하고 배우라고 조언합니다. 그것 이상 좋은 공부는 없다고 생각해요. 신인인 경우에는 아이디어가 아무리 뛰어나도 쉽게 무대에 올리지 않습니다. 연기자마다 개성이 다 다르잖아요. 연기자 한 사람 한 사람을 매일 매일 빠짐없이 관찰합니다. 그 사람에게 어떤 역할이 어울릴지를 판단합니다. 마지막으로 그 사람한테 제일 잘 어울리는 옷을 입혀주는 거죠. 한 가지 얘기하는 게 있다면요 무대에서 긴장하지 말고 놀이를 즐기듯이 즐겁게 연기하라고 합니다. 열심히 하는 것보다는 잘 하는 게 더 중요한 겁니다."

방송과 영화의 소재 선택 경계는 상당한 차이가 있다. 방송에서 할 수 없는 것과 영화에서 할 수 있는 것은 큰 차이가 있는 셈이다. 영화는 상당 부분 자유로운 표현이 인정된다. 코미디 영화를 바라보는 그의 생각을 들어봤다.

"방송에서는 할 수 없는 소재들이 많아요. 제한되어 있는 겁니다. 배설 개그, 폭력, 섹스, 종교 소재 등은 엄격하게 제한돼 있어요. 하지만 영화에서는 이러한 소재들이 자유롭게 표현되고 있습니다. 방송에서는 잘 짜여진 콘티의 힘에 의존합니다. 콘티의 연기력에 승부를 걸어야 하는 거죠. 방송에서도 소재 선택이 좀 넓어졌으면 하는 바람입니다."

코미디에는 세상의 이야기가 절묘하게 맞물려 있다. 뉴스에 초점이 되는 소재들은 어김없이 코미디 소재가 되고 만다. 슬픈 일을 웃음으로 만들고 웃으면서 마음을 저리게 해놓기도 한다. 웃음에는 해학과 풍자가 있고 웃으면서 날카로운 비판도 서슴지 않는다. 그런 코미디가 없어지고 있는 것 같아서 많이들 안타까워하기도 하고 그런 코너를 만나면 단비를 맞는 기분이 든다.

고(故) 이주일 선생은 생전에 "정치판이 더 코미디입니다. 코미디 잘 배우고 돌아갑니다."라고 말로 유명한 일화를 남겼다. 정치, 시사, 그리고 코미디의 함수관계에 대해 거침없이 생각을 털어놓는다.

"정치적 문제나 시사 문제를 코미디 소재로 다루기를 원하시는 시청자 분들이 꽤 많으신 것은 사실입니다. 하지만 현실적으로 노력은 하지만 어려운 부분이 많습니다. 군사독재 시절에는 공공의 적이 있었지만 지금은 워낙 다원화된 사회가 되었잖아요 풍자의 대상이 될 만한 사항들마다 이해관계가 복잡하게 얽혀 있습니다. 게다가 공공의 재산인 전파를 피디의 개인적 정치 성향이나 당파성에 맞혀 의도적으로 정치 얘기를 꺼낸다는 것도 문제가 되지요. 개콘은 대중성을 기반으로 한 가족 코미디입니다.

그러다 보니 정치적인 날카로운 풍자보다는 전 국민들에게 관심의 집중이 되는 국회의원 얘기며 일본, 중국 등 이들 소재들을 솜처럼 가볍게 그나마 꺼내고 있는 겁니다."

그는 목이 타는지 냉수 한 컵을 입안으로 시원하게 털어 넣는다.

"젊은 세대들이 이 소재에 대해서 깊게 들어가면 관심이 떨어집니다. 이제는 정치보다는 문화의 시대라는 게 맞는 말입니다."

그의 말을 듣고 빠르게 질문을 던졌다.

"정치, 시사, 전문 코미디가 살아남기 위한 우리나라 토양은 어떤지요? 절망적입니까?"

그가 한번 올려 보더니 말을 이어간다.

"다원화 사회에 누가 누굴 풍자할 수 있겠어요. 해야 될 일이지만 어려울 수도 있는 일입니다. 방송은 정치적 중립을 지켜야 하는데요. 만약 이 소재를 적극적으로 다루더라도 수박 겉핥기에 지나지 않을 수 있다고 생각해요. 솔직히 하나마나한 풍자 같지도 않은 정치풍자를 한다는 건 안 하느니만 못하다는 생각을 합니다. 신문, 잡지, 인터넷 포털은 정치적 중립에서 자유롭잖아요. 여기서 이 문제를 다루어주고 있잖아요. 우리나라의 토양도 문제이긴 하지만, 방송에 대한 제 생각이기도 합니다. 제 개인적으로 하고 싶은 말이 많지만, 방송이 제 정치적 견해를 밝히는 사유물은 아니라고 생각합니다. 그래도 끊임없이 개콘을 통해서 사회상을 반영하고 풍자하도록 노력하려고 합니다. 왜냐하면요. 개콘이니까요!"

오후 3시 무렵, 녹화 리허설이 시작됐다. 무대 앞쪽에 김석현 PD가 자리를 하고 앉는다. 그의 시선이 무대를 향하고 눈빛이 빠르게 움직이기 시작한다. 신인 개그맨들은 큰 소리로 이름을 외치고 코너를 시작한다. 무대에서 카메라 동선을 잡고, 연기를 다듬어간다. 리허설이지만 웃음은 진행 중이다. 웃음이 터지지 않을 것 같은 코너에서는 그가 다시 진지한 표정을 한다. 즉석에서 몇 가지가 수정되고 다시 코너가 표현된다.

유세윤이 무대로 올라온다. 곧이어 양승국의 함성소리가 이어지고, 능청스러운 연기가 객석 틈을 막는다. '닥터피쉬'. 관객이 한 명뿐이라는 설정인데 두 사람만으로 무대는 가득 채워진다. 허무와 웃음이 공존한다. 웃으면서 보는 이의 마음 한 구석을 자연스럽게 채워 넣는 것도 이 코너의 매력이다.

"코미디의 연출적 감각은 어디에서 영감을 얻으시나요?"

"글쎄요, 제가 감각이 있는지도 잘 모르겠습니다. 나이가 들면서 웃음의 감도도 떨어지는 것 같기도 하구요. 옛날에는 자다가도 웃긴 생각이 나면 낄낄대고 웃곤 했는데요. 만화책이라도 다시 많이 봐야겠어요."

김석현 PD의 웃음의 감도는 코너로 그대로 적용되고 있으니 생생하게 살아 움직이고 있는 셈이다.

'너무 좋아' 코너 리허설이 시작됐다. 이 코너를 이끌어가는 김경아, 정태호 연기자들의 환상적인 호흡이 웃음의 리듬을 타기 시작한다. 여인으로 분한 김경아가 넘어지고 소리치고 즐거워하면서도 연기의 긴장감을 늦추지 않고 웃음을 쏟아낸다. 키득대는 소리들이 커진다. 리허설인데도 너무 좋아 코너가 살아 움직이고 내뱉은 대사와 두 사람의 호흡은 곧바로 웃음으로 이어진다.

수십 명만 자리를 지키고 있는 객석 호응이 이 정도인데 이날 방청객들 반응은 예감이 좋다. 개그맨들이 당일 녹화분의 코너를 준비하기 위한 노력은 상상을 초월한다. 아이디어 회의에, 당일 개그 아이템 선정과 앙상블을 이루기 위한 연습들은 하루 이틀의 연습으로 해내기 어려운 일이다. 대본 암기와 연기력으로 해낼 수만은 없는 게 코미디 연기자들이다.

유세윤이 코너를 끝내고 자리를 함께했다. 얼굴에 땀이 묻어 있고 '닥터피쉬' 리허설의 열기가 식지 않는 채 그대로다.

"개그콘서트에서 코너를 한다는 게 너무 즐겁고 신나죠. '닥터피쉬' 반응도 아주 좋아서 기분만점입니다. '닥터피쉬'를 하기 위해서 무대에서 즐겁게 노래하고 연기하는 게 행복한 일이죠."

그에게 김석현 PD에 대해서 물었다. 잠시 멈칫대더니 웃으면서 말을 꺼낸다.

"굉장히 수수하시구요. 연기자들이 무대에서 최선을 다할 수 있게끔 해주세요. 아주 꼼꼼하시죠. 개그콘서트에서 하는 모든 코너를 최고로 만들어 놓기 위해서 정말 땀 흘리시는 분입니다."

옆에 앉아 있던 장동민이 한마디 거든다.

"웃음을 사랑하시는 분입니다. 아마 이 말이 김 PD님하고 제일 잘 어울리는 말일 것 같아요. 그 웃음사랑에는 변함이 없으시죠."

김석현 PD는 코미디 프로 연출자로서 스타 PD다. 그는 이 말에 또 한 번 겸손하고 얼굴이 벌겋게 달아오른다.

"스타란 말은 대중들한테 유명한 사람들에게만 어울리는 단어죠. 아휴 전 절대 아닌데요."

"앞으로 어떤 개그 프로가 주류를 이룰까요?"

"앞으로 개그 프로의 주류라? 솔직히 잘 모르겠습니다. 뭔가 잘 되면 그게 주류가 되거든요. 과거에 개콘이 그랬고… '오박사네 사람들'이 그랬잖아요. 아… '무한도전'도 있네요. 콩트와 리얼한 상황이 결합된 프로그램을 하고 싶은데요. 제가 하고 싶은 프로그램이 웃음의 주류가 됐으면 하네요."

김석현 PD와 대화를 하다보면 뭔가 얻고 간다는 생각을 들게 만든다. 한마디를 꺼내고 조심스럽게 얘기하고 보고 앉아 있으면 오랜 친구처럼 정이 넘친다. 그도 '오박사네 사람들' 시트콤을 보면서 웃음을 키웠고 그런 시원한 웃음을 줄 수 있는 프로그램을 만드는 작가나 PD가 되고 싶었다고 한다.

"사람들을 잘살게 해주는 것만큼 중요하고 가치 있는 것이 웃음이라고 20대 때 생각했어요."

그가 가지고 있는 웃음의 철학은 변함없는 확고함으로 마음속에 고스란히 담아 놨다. 그가 연출한 '웃음충전소'는 미련도 많고 아쉬움도 크다고 말한다. 그는 그 아쉬움을 뒤로하고 다시 마음을 키운다.

"시트콤을 하고 싶다는 생각을 해요."

이 말을 꺼내면서 수십 가지의 아이디어를 담고 있는 사람처럼 표정이 바뀐다.

"'오박사네 사람들'이나 '거침없는 하이킥'을 넘어서는 더 색다른 스토리라인과 장면을 개발해서 더 좋은 웃음을 드리고 싶네요."

다시 개그콘서트 얘기로 돌아왔다.

"현재로서는 개그콘서트가 전성기만큼의 인기를 얻었으면 해요. 그렇게 되도록 더 치열하게 머리잡고 웃음과 전쟁을 치러야겠죠."

밖으로 걸어 나와 커피숍으로 향했다. 시간이 없어서 움직임이 빨라졌다. 그는 움직이는 속도에도 변함없이 개그콘서트를 생각하고 웃음을 담는다. 김석현 PD가 있기에 웃을 수 있는 날이 많아진다.

MC 방우정

김제동을 웃기는 그의 사부, MC 방우정
말 잘하는 사람? 철학 있는 사람!
유머와 안 친하면 웃음 안 나와… 위대한 웃음은 경험이 만든다

앞산 순환도로를 타고 남구 대명동 방향으로 5분쯤 주행하다 보면 'MC 리더스'라는 간판이 한눈에 들어온다. 2층 입구. 문을 열고 들어서면 20여 명의 웃는 얼굴이 새겨져 있는 대형 현수막이 분위기를 압도한다. 그들의 얼굴 표정을 보는 순간 즐거워지고 유쾌함이 시작된다. 이 중심에는 마이크 하나와 재치있는 입담을 주무기로 22년째 웃기는 남자로 살아온 방우정이 있다.

그는 캐주얼한 옷차림을 하고 안경을 올리며 '허허, 키키, 하하, 잘 오셨습니다' 한다. 목소리만 들으면 영락없이 방송인 김제동이다. 소리는 물론이고 손동작 하나하나까지 닮아 있다. 거기에 구사하는 화법까지 똑같다. 진짜 혹은 가짜? 한 사람은 방송에서 또 한 사람은 이벤트 MC로서 각각 최고의 주가를 올리고 있다.

"행사를 나갔는데 저를 보시더니 그러는 거예요. 우와~ 김제동하고 똑같네. 정말 흉내 잘 낸다."

허스키한 그의 웃음소리가 메아리친다.

"누가 진짜입니까? 많이 닮았겠죠. 제동이가 이벤트 MC를 처음 할 때부터 저하고 호흡을 맞춰 왔으니까요."

두 사람 다 각기 다른 진짜다. 얼굴 생김새는 다르지만 말투와 표정은 비슷하다. 그는 방송인 김제동의 사부로 통하고, 이벤트 MC계의 살아있는 전설로 통한다. 이벤트 MC라는 전문 분야를 만들어 마이크 하나와 재치 있는 입담을 주무기로 22년째 웃기는 남자로 살아온 남자다.

고유가 고환율 시대. 서민경제 표정이 어두워질수록 웃음만큼은 시원하게 'GO' 해야 한다는 그는, 웃어야 건강해지고 그 건강함으로 다시 건강한 사회를 만들 수 있다고 말한다.

"웃어야 합니다. 잘사는 나라일수록 웃는 소리가 크게 들립니다."

더 웃어야 서민경제도 쭉쭉 올라갈 수 있다고 말하는 그는 '웃음경제학', '웃음의

S라인'을 얘기한다. 웃음만큼은 아끼지 말고 줄여서도 안 된다고 한다.

오로지 유머와 재치로 관객을 사로잡고 있는 그의 입담 실력은 단수를 가늠하기 어렵다. 술술 터지는 그의 주무기인 입담은 오로지 독학을 통해서 얻어진 알짜배기 방우정표 유머다. 마이크 인생만으로는 그의 넘쳐나는 유머를 다 날려 보낼 수 없었는지 '방우정의 맛있는 유머화법' 책을 내고 읽으면서 즐거워지는 비결로 경제더위를 시원하게 날려 보내고 있다.

"무대에서 마이크 잡고 쓰러지더라도 제 마이크 인생에는 종점이 없습니다. 우하하하, 허허, 키키"

그의 특유한 웃음소리가 더 커진다. 마이크와의 첫 인연은 계명대학교 재학시절로 돌아간다. 당시만 해도 연극반 활동으로 다듬어진 무대 체질인 방우정. 〈엘렉트라〉, 〈오레스테스〉 등 몇 편의 연극무대에서 그의 타고난 재능을 유감없이 발휘힌 그는 졸업할 즈음에 무대 체질보다는 마이크를 잡고 신나게 떠들고 웃음을 날리는 레크리에이션에 더 흥미를 느꼈다고 말한다.

"1986년도에 처음 마이크를 잡고 대중 앞에 섰을 때는 이벤트 MC는 직업으로 쳐주지 않던 시절이었어요. 정말 닥치는 대로 일했습니다."

그는 우유회사도 다녀보고 광고회사도 다녀보면서 자신에게 맞는 직업을 테스트해 보던 시절이 있었다.

"태어날 때부터 넌 마이크를 잡고 웃으며 즐겁게 살아야 된다고 하신 것 같아요. 레크리에이션 교육 강사를 해야지 하고 생각한 것은 운명이었던 것 같아요."

마이크를 놓지 않고 달려온 23년의 세월 동안 그는 너무 즐겁고 행복했다고 말한다.

"후회해 본 적은 없나요?"

이 질문에 그는 그렇게 생각해 본 적이 없다고 단호하게 말한다.

"이 세상에서 가장 행복한 사람이라고 말하고 싶어요. 대중 앞에서 마이크를 잡고 일하는 게 즐겁고 좋았어요. 지금도 자리를 지키고 있다는 게 행복할 뿐입니다."

이벤트 MC 분야가 전문적인 직업이 될 수 있도록 그가 해낸 역할은 크다. 방우정이라는 이름 석 자는 이벤트 MC를 하고자 하는 수많은 사람들한테 동경의 대상이 됐고, 그의 아낌없는 입담을 듣고 돌아가는 버스 안에서도 소리 죽여 가면서 낄낄대고 만다. 그의 입담실력 만큼은 100% 무공해 자연산인 셈이다.

"어려서부터 말을 잘했어요. 우리 아들놈도 말을 잘합니다. 집안에 쭉 이어져오는 내력인 것 같아요"

그는 질문을 받고 생각할 때도 웃는 표정이고, 말을 꺼내면서 웃음소리가 커진다. 그는 웃는 표정에서 수천 가지의 감정을 담아낸다. 그가 달려온 길에는 웃음소리만 들리지 않았다. 공무원이 되길 바라는 부모님 밑에서 엄한 꾸지람도 받았고, 괜한 광대 짓 한다고 주변에서 인정도 못 받던 시절이 있었다. 그러나 그는, 단 한 번도 마이크를 놓고 싶었던 적이 없었다고 한다.

그의 '웃음뚝심'이 탄탄하게 자리를 잡을 수 있었던 것은 청소년들을 만나면서부터. 이때부터 그의 웃음인생은 더 확고해진다. 대구시에서 운영하는 청소년문화센터에 놀이개발 레크리에이션 교육 공무원으로 발탁되고 수년간 한자리를 지키고 있다. 청소년들과 다양한 레크리에이션 활동을 이끌어 오면서 방우정표 웃음은, 가장 든든한 밑거름이 됐다.

"수년간 청소년들을 만나면서 정말로 느낀 게 많습니다. 우리나라에는 청소년들을 위한 놀이문화가 정말 부족한 게 사실입니다. 레크리에이션은 많은 것을 전달할 수 있어요"

그는 그 이유로 팀워크, 창의성, 협동심, 자기발견을 꼽았다. 하지만 무엇보다 레크리에이션 속에 참여함으로써 즐겁게 배우고 익힐 수 있는 웃음과 즐거움이 있기에 가능했다고 한다. 십여 년 가까운 세월 동안 그는 청소년들하고 웃음으로 대화하고 레크리에이션 놀이를 통해 웃음으로 살아가는 법을 익혔던 셈이다.

우방타워랜드 전속 MC를 오랫동안 이끌어오면서 그의 타고난 유쾌한 웃음 실력은 전파를 타고 소문으로 이어졌으며, 그의 무공해 유머를 한 번쯤 안 들어본 대학생들이 없었을 정도다. 그의 노력은 마이크 인생에만 멈추지 않았다. 이벤트 MC들이 당당하게 인정을 받는 길을 만들기 위해서 '전국이벤트 MC 연합회'를 결성해 다양한 웃음의 해법들을 찾고 또 찾았다. 1999년에는 MC 리더스를 만들어서 이벤트 MC들이 지속적으로 활동할 수 있는 공간까지 만들어냈다. 이때 방우정을 중심으로 모인 사람들이 김제동, 김쌤(김홍식), 이상학 등이다.

"웃음 하나로 똘똘 뭉친 겁니다. 서로 맨손으로 즐겁게 일했어요. 늘 웃음을 달고 살았어요. 서로 잠을 자면서도 아이디어 회의를 했고요. 그게 관객들한테 고스란히 제공되는 신선한 유머로 만들어진 셈입니다."

'전 국민이 웃는 그날까지 즐겁고 유쾌하게 웃기자'라고 외치던 이들은 2004년부터 김제동이 방송에 등장하면서 이벤트 MC 분야가 더욱 주목받기 시작한다. 사투리를 구사하면서 마이크와 입담 하나로 관객한테 날리는 김제동의 타고난 무공해 웃음, 순수하고 현란한 입담, 현장 유머, 맛깔스러운 진행 솜씨, 방청객들하고의 현장 토크, 친근한 이미지 등은 김제동을 스타로 만들었다.

그와 김제동은 14년이라는 세월의 공간이 있다. 김제동은 방우정을 스승으로 생각한다. 스승의 날과 1월 1일에는 어김없이 그에게 전화를 걸어온다고 한다.

"방송 데뷔하고 나서도 스승의 날에는 어김없이 전화를 걸어옵니다. 전화 수화기로 제동이의 목소리를 듣는 것만으로도 유쾌해지죠."

웃음으로 시작되는 두 사람의 살아있는 입담은 전화로 이렇게 시작된다. 서울로 올라간 김제동이 1년쯤 지나서 소주 한 잔을 마시고 기분이 좋아서 방우정에게 전화를 걸어왔다.

김제동	(소주 한 잔하고 기분이 좋다) 선생님, 남들은 10~20년 걸려서 아파트를 마련하는데요. 전, 1년 만에 한강이 내다보이는 곳에 아파트를 샀습니다.
방우정	(놀라서 묻는다) 아이구, 제동아 서울 아파트 값이 비쌀 텐데 얼마에 샀노?
김제동	4억 9000만 원 줬습니다.
방우정	(소리가 커지고) 어구야 벌써 그렇게 벌었나??
김제동	(웃는 소리 커지고) 아뇨. 3억 9천만 원은 은행에서 대출받았습니다. 집 전체를 은행에서 관리합니다. 우하하하.
방우정	……
김제동	선생님! 거실하고 베란다를 구입하면 연락드릴게요. 키키키.

"제동이의 사고는 참 놀라울 정도로 긍정적입니다. 유머나 표현 화법들이 가공돼 있지 않아요. 생활 속에서 우러나오는 신선한 유머들이 쏟아지는 겁니다. 웃음이 살아 있는 거죠. 그게 제동이에요."

그는 김제동에 대한 칭찬이 마르지 않는다. 그와 김제동과의 첫 인연은 1993년으로 거슬러 올라간다.

"제동이가 이벤트 MC를 보고 싶어 했어요. 당시에는 제가 이벤트 MC로 이름을 날리고 있을 때니까 저를 만나고 싶어 한다는 겁니다. 저 또한 대구에 웃기는 사람이 있는데 그게 김제동이라는 겁니다. 어허허허. 그래서 제가 시간되면 한번 만나러 오라고 했어요. 어허허허."

노천강변에서 열리는 행사장에서 그는 김제동을 보고 그가 재목(材木)이 될 소질이 충분히 있다는 것을 단박에 느꼈다고 한다. 그렇게 맺어진 두 사람의 인연은 1999년에 MC리더스를 만드는 계기가 됐다. 김제동이 합류하면서 운명적인 인연을 만들어 나간 것이다.

"제동이가 그래요. 대학축제 때 저를 보고는 정말 놀랐다는 겁니다. 선생님의 입은 천수구화라는 거예요. 그래서 천수구화가 뭐냐고 물었더니. 하늘에서 내린 입이랍니다. 우하하하."

당시 아파트 옆 지하실에 MC들의 전문 사무실을 차린 이들은 신이 났다.

"널리 인간을 기쁘게 하자는 뜻에서 사훈을 홍희인간으로 지었어요. 우하하하."

그는 김제동의 이야기만 나오면 웃음소리는 두 배로 커지고 표정은 행복함이 깊이 묻어난다. 그의 입담은 재미를 넘어서 맛있으니 듣는 사람의 귀는 두 배로 커지고 두 눈은 그의 입에 집중한다.

"제동이가 제자지만, 참 대단한 친구입니다. 배울 점이 많아요."

그가 현장에서 지켜본 인간 김제동의 생생한 얘기를 시작한다.

"스크랩을 하기 위해서 그 시절에 노트북을 샀어요. 매일 어깨에 메고 다니면서 생각나는 대로 메모하고 멘트를 작성하고 끊임없이 책을 읽으면서 이벤트 MC로서 표현이 될 만한 것들은 쉴 새 없이 적고 또 적어요."

당연하다 싶지만 김제동은 그 당연함을 훨씬 뛰어넘었다고 한다.

"이승엽 선수를 보면서 느낀 것들도 생생하게 기록을 해둡니다. 그 기록들이 그의 지식이 되고 고스란히 그만의 개성있는 단단한 멘트가 되어주는 거죠. 정말 공부하고 또 공부하는 친구죠."

김제동이 방송에 데뷔하고 나서 그도 유명세를 탔다. 그 유명세가 쉽게 꺼지지 않았던 이유는 방우정의 전설적인 입담이 고스란히 김제동을 통해서 녹아 있었기 때문이고 방우정만이 해낼 수 있는 마이크 인생이 콘크리트 바닥처럼 단단했기 때문에 가능했다.

그도 KBS '폭소클럽'으로 방송에 첫 무대를 선보인 후, '콘서트 7080' 등 TV, 라디오 할 것 없이 방우정의 쉼 없는 무공해 입담은 전국을 강타했다.

"제동이가 스타가 되고 나서 제가 이벤트 MC로서 스승이라는 말을 참 많이 들었어요. 사실, 김제동을 키운 사람은 제동이의 어머님이시죠. 선 그중에 10% 정도 될까요? 어머님도 말씀을 참 잘하세요. 우허허허."

김제동과 방송에서는 딱 한 번 만났다고 말하면서 또 한 번 웃는다.

"제동이는 정말 근검절약하는 친구입니다. MC리더스에서 각자 프리랜서로 활동할 무렵에 출연료 관리를 제가 해주었어요. 딱 1년쯤 지났는데요. 우리나라에서 제일 큰 아파트를 산 겁니다."

그의 얼굴을 쳐다봤다.

"우허허허. 대구에 만평아파트라고 있었어요. 허허허. 정말입니다."

사제 간의 정을 넘어 방우정은 김제동을 향한 신뢰는 두텁고 깊다. 그가 오랫동안 지켜온 우방랜드 전문 MC 자리를 1999년도에 김제동에게 넘겨준 이유도 그의 타고난 재능이 아까웠기 때문이라고 말한다.

"미련이 전혀 없었어요. 더 잘할 수 있다고 생각을 한 겁니다. 순발력, 재치, 즐거워하면서 프로그램을 이끌어나가는 열정이 정말 넘쳤습니다."

아낌없이 줄 수 있다는 것도 놀랍지만 받은 것을 유지하기란 더 어렵다. 두 사람은 서로 무엇을 해야 할지 묵언의 믿음으로 약속을 지킨 셈이다. 그러면 방우정표 유머의 기술은 어떻게 만들어지는 것일까?

"MC는 시대흐름에 굉장히 민감할 수밖에 없어요. 다양한 사회적 용어도 중요하지만요. 사회현상을 꿰뚫고 있지 않으면 안 됩니다. MC는 단순하게 말을 잘하는 차원을 넘어서 철학을 담아 웃음으로 토해내지 않으면 안 됩니다."

그는 철저한 자신과의 싸움에서 이겨내야 유능한 이벤트 MC가 될 수 있다고 말한다.

"사물을 보는 눈, 지식과 정보, 책을 통해서 끊임없이 새로운 것을 발견해야만 합니다. 대학생 세대들과 소통할 수 있어야 하고 다양한 인간관계도 중요합니다."

MC로서의 표현 능력과 재능은 후천적인 노력이 더 중요하다고 말한다. 그가 유머와 친해지는 법을 얘기한다.

"유머와 친해지지 않으면 좋은 웃음을 표현할 수 없어요. 끊임없이 자기계발을 통해서 후천적으로 성실하게 노력하면 재능은 변화된다고 생각합니다. 이 세상에서 가장 위대한 웃음을 만들어낼 수 있는 것은 경험이라고 생각해요. 그 소중한 경험을 놓치지 않으려면 유머를 옆에 두고 노력해야죠. 우하하~키키."

그가 살아가는데 100% 힘이 되고 있는 것은 유머를 통한 유쾌한 생각, 긍정적인 사고라고 강조한다. 대중이 있는 무대에서 만큼은 입담의 달인 방우정. 그의 성공적인 무대는 마이크를 잡는 순간 시작된다. 3초 안에 웃음이 터지고 3분이면 수십 번을 웃게 만든다.

"딱 3초면 답이 나옵니다. 3초 안에 분위기를 잡지 못하면 웃음은 공해가 됩니다."

그와 대화를 나누다보면 여러 번 놀란다. 그의 해박한 지식에 놀라고, 그의 유머에 머리가 멍해지고, 그의 웃음소리에 스트레스를 날려버리고, 그의 인생관에 공감대가 형성되고 결국에는 고개를 끄덕거리게 만든다.

'유머화술과 파워 스피치', '건강한 삶, 즐거운 인생' 등 웃음을 주제로 한 강의 내용을 들고 그는 요즘 전국을 누빈다. 그를 원하는 곳은 넘쳐나고 쉴 틈이 없지만 그는 또 한 번 즐겁다고 말한다.

"대중 앞에 서 있으면 신나고 즐겁습니다. 우하하하. 웃고 살아야 합니다. 무작정 웃는 게 아니라 웃는 법을 배워야 유머와 친해지고 즐겁게 살아갈 수 있는 첫 시작이 될 수 있다고 생각해요."

그는 강의를 하면서도 봉사와 삶, 그리고 기부문화에 대해서도 꼭 빠트리지 않고 얘기하고 그도 남다른 봉사실천을 하고 있다.

"남을 위해서 한 번쯤 멋지게 살아보는 것도 즐겁고 유쾌한 일이잖아요. 건강한 삶 즐거운 인생을 살면 더 크게 웃을 수 있잖아요. 웃음은 생활이 돼야죠. 우하하하"

그의 23년의 마이크 인생은 고스란히 방우정의 맛있는 유머 화법에 녹아 있다.

"세상에서 사람을 얻는 방법은 여러 가지가 있지만요. 유머만큼 빠른 게 없습니다. 현명한 유머가는 절대로 밥 한 끼 먹는 동안에 만들어질 수 없는 것이라 생각합니다."

'체험 웃음의 현장'이라고 표현해야 하나. 방우정만이 표현할 수 있는 유머에는 단순한 웃음을 넘어서고 그만의 웃음철학이 살아가는 데 징검다리 역할을 해내고 있다.

"한 달에 다섯 군데 정도 강의하고 마이크를 잡는데요. 체력적으로 많이 못합니다. 우하하하"

그의 소리가 환하게 달아오른다.

"앞으로는 MC로서의 표현할 수 있는 전문 영역을 넓혀갈 생각이에요. 파티문화도 활성화되고 있으니까요. 파티 전문 MC, 그리고 영어로 하는 영어 전문 MC 영역을 개발해서 다양하고 신선한 웃음을 드려야죠"

그와 대화에서 웃음은 빠질 수 없는 재료가 된다. 그와 대화를 나눈 시간이 제법 흘렀는데도 그의 유쾌한 웃음은 멈춤이 없다. 23년째. 대중 앞에 수천 번을 서서 수천 가지의 무공해 웃음을 날렸어도 그의 웃음농사는 계절이 없고 해마다 웃음풍년이다. 그게 방우정이고 방우정만 할 수 있는 일이다.

문경 한지장 김삼식

지킬 것 지켜내야 백년 천년을 가는 것…
50년을 전통한지 제작한 문경 한지장 김삼식

"천년을 숨 쉴 수 있어야 해. 그게 한지(韓紙)야."

5대째 전통한지(傳統韓紙) 만들기만을 고집해온 무형문화재 문경 한지장(聞慶韓紙匠) 김삼식. 58년 전, 그가 아홉 살 때 한지와 인연을 맺고부터는 한평생을 전통한지만을 고집하면서 달려왔다. 이제는 그의 아들 김춘호가 전통한지 전수생으로 아버지 곁을 지키고 있다.

천년을 숨 쉬는 종이 전통한지. 이들 부자는 거칠어진 손으로 그 천년의 세월만을 고집한다. 두 사람이 한지를 만들어내는 방식은 오랜 세월 선조로부터 물려받은 그대로다. 손이 수천 번 움직이고 마음을 수백 번 담아내야 질 좋고 오래 사는 한지 한 장을 만들 수 있다.

이들은 전통방식으로 물살에 흩어져 있는 종이를 뜬다. 전통한지를 만드는 데는 1년생 닥나무만을 쓴다. 흙 가마로 증기를 뿜어서 8시간 동안 닥을 삶고 하루 12~13시간씩 웅크리고 앉아 속살이 하얗게 될 때까지 6kg 정도의 닥 종이를 두 손으로 정성을 담아 긁어낸다.

청태 부분까지 긁어내야 비로소 백피(백닥)가 된다. 긁은 백닥을 햇볕에 널어 말린 후 잘 묶어 그늘에 보관한다. 그리고는 잿물에 백닥을 삶고 일광 표백을 거친 다음 닥 방망이로 60~70분 정도 두들기면 닥 섬유가 된다. 물질을 해서 종이를 뜨고 탈수 작업을 거쳐 건조 작업을 거치면 한지 한 장이 완성된다.

그는 아직도 새벽 5시에 일어나 밤 9시가 될 때까지 재래식으로 한지 만들기를 반복한다. 그렇게 종이 냄새를 맡으며 살아왔다. 중국에서 값싼 한지가 들어오고 기계식으로 대량으로 생산되는 한지가 싼 가격으로 소비자들을 공격해 올 때도 평생 지켜온 한지 만드는 작업장(삼식지소)으로 달려 나갔다.

그는 한지의 재료로 쓰이는 '닥나무'만큼은 우리의 재래종인 참닥(조선닥)만을 고집한다. 닥나무를 채취해 닥종이를 벗기고 찌고 하면서 전통한지만을 고독하게 지키며 걸어왔다. 이제는 전통한지 하면 '김삼식'이라고들 한다.

그가 만든 한지는 종이로 된 문화재를 복원하는 데 쓰이고 조선왕조실록을 보존하고 복원하는 데도 쓰였다. 전통한지의 수명은 천년을 살아 숨을 쉰다. 기계로 만든 계량한지로는 어림도 없다. 그렇게 달려온 그의 인생에 정부는 훈장을 달아줬다. 50년이 넘는 세월을 전통한지만을 고집해온 이 장인(匠人)은 5년 전 '경상북도 무형문화재 문경 한지장'이 됐다. 무형문화재가 되고서 좋아하던 술, 담배를 다 끊었다. 더 좋은 전통한지를 잘 만들고 보존하기 위해서다.

문경IC로 빠져나와 문경면 농암리로 한 30분쯤 달려가면 집안 담장 밖에 써 놓은 '문경전통한지'라는 푯말이 보인다. 집안으로 들어서면 왼쪽 편에는 그의 이름을 따서 전통한지 만드는 작업장인 '삼식지소'가 보인다. 입구에는 닥 나무들이 제각기 누워 이 노장인(老匠人)의 손길만을 기다린다. 오랜 세월을 버텨온 이 작업장의 외형은 5대째 이어온 숨결이 고스란히 뿜어져 전통한지를 그에게 물려준 선내와 힘께 숨을 내쉬고 있다.

"아이고, 나하고 할 얘기가 뭐가 있다고 찾아와요. 전 그냥 종이질만 하고 사는 사람인데. 허 허 거참."

오로지 전통한지 만들기만을 고집하면서 살아온 이 노장인의 눈빛은 살아있고 말투는 거침없다. 그가 방으로 들어오라고 한다. 방안에도 온통 그가 만든 전통한지가 수북이 쌓여져 있다. 무형문화재도 됐고, 그가 만든 한지가 우리나라 최고의 한지라는 말을 듣고 있는데 아직도 팔려나가지 않은 한지가 세월을 버텨내고 있다.

그가 갑자기 예의(禮儀)를 말한다.

"전통을 지키는 것이 내 인생이야. 우리가 반갑다고 서로 인사하는 것도 예의잖어. 전통을 지키는 것도 선조들에 대한 예의지. 전통을 지키면 욕심이 없어져요. 전통이라고 해서 다 좋은 것은 아니지만 지킬 것은 지켜내야지. 어렵지만 버텨야지."

아홉 살 때 처음 한지를 배워 58년이라는 세월동안 한지 만들기만 해왔다. 그는 고(故) 유영운 선생에게 한지를 전통기법으로 만드는 법을 배웠다. 처음 종이 500장을 만들어 보리쌀 5대를 샀다. 전통한지를 만들어 조금씩 팔려나가는 돈을 모아 가정을 꾸렸다. 팔려나가는 한지보다는 전통한지를 만드는 것에 더 집착했다. 손길을 빠르게 움직여 질 좋고 오래 버텨내는 한지를 만들어 나갔다.

그가 일어서더니 한지 한 장을 턱 하니 방바닥에 내려놓는다.

"전통한지 좋은 점이 뭐냐. 종이의 질이 좋다는 거여. 요즘 한지는 눈으로만 보면 좋아보여서 문제야. 수명이 오래 버티지 못한단 말여. 종이의 깊은 맛이 우러나오지 않는다는 거지. 한번 턱 만들어놓으면 수백 년을 이어가는 게 전통한지여. 사람이 할 수 없는 말들을 이 전통한지가 오랜 세월을 버텨주면서 말해주는 거여."

입으로 한지를 갖다 대고 잘근잘근 물어 씹어도 꿈쩍을 하지 않는다. 그의 고집스러운 인생에 이제는 교수고 박사고 할 것 없이 그의 전통한지 기법을 배우기 위해 찾아온다.

"한지를 살린다고 하는 사람은 많아요. 그런데 주둥이로만 떠들어서 탈인 거여. 전통한지는 마음이 담기고 오랜 손길을 버티지 못하면 좋은 한지가 될 수 없어."

왜 종이 인생을 그렇게 고집하느냐 물었다.

"종이 인생을 살아야겠다고 마음먹은 적은 없어. 배운 게 이거라고 지키고 사는 것뿐이여."

그가 전통한지를 지켜내는 일은 쉽지 않은 일이다. 수백 번 손길을 보태고 물 뜰 질을 수천 번 해야 종이 한 장이 나온다. 그렇게 그는 평생을 전통한지 만드는 일을 반복하면서 살았다.

"일이야 다 비슷하지. 종이를 뜰 때 항상 좋은 종이가 나오기만을 기다리고 거기에 마음을 담아내."

"이제 힘드신데 잘 팔려나가는 개량한지도 좀 만드시고 그러시죠?"

말을 하고서 이 노장인에게 꾸중을 들었다.

"허허 보기 좋은 한지보다 수명이 길어야 좋은 한지여. 뭐가 중요하냐. 이 전통한지를 지키려면 인건비가 몇 배나 들어요. 그러니 그것을 못 버티는 거지. 나 김삼식이만큼은 안 팔려나간다고 다른 데 눈 돌리면 쓰것소. 지켜야지."

그가 만들어놓은 전통한지가 일 년에 10장도 못 팔려 나간 적이 있다고 한다.

"전통한지는 한 장이라도 비싸. 수입지하고 비교하는 사람도 있어. 망할 놈들. 전통한지는 지키고 만드는 게 오래 걸리고 그래서 비싸. 그런데 요놈을 쓰면 평생 가지. 나한테 한지 사러들 많이 오지만 대번에 비싸다고 하면서 그냥 가요."

그가 세상에 내놓은 전통한지를 욕심내는 사람들이 많지만 아무한테나 팔지는 않는다. 전통한지를 필요로 하고 고집하는 사람들만 그도 손님으로 맞는다.

"인생을 살아가면서 행복을 느끼고 살아야 해. 한지장이로 성공을 위해서 달려오지는 않았어. 성공보다는 그냥 지킨 거야. 그렇게 버티니까 행복해질 수 있는 거지."

그는 아직도 새벽 5시에 일어나 한지를 만든다. 바쁠 때는 온가족이 전통한지를 만들어낸다. 그렇게 만들어도 하루에 300장을 넘지 못한다. 1년에 3개월 정도만 전통한지를 만들 수 있다.

"무형문화재 되고나서는 남들한테 게으름 피운다는 소리 안 듣기 위해 더 열심히 종이를 만들어. 허허"

대한민국에서 전통한지로는 그의 실력을 따를 사람이 없다고 말한다. 그런 그도 더 좋은 전통한지를 만들기 위해서 밤낮으로 작업장을 지켜낸다. 곁에 앉아 있던 그의 아들은 진지한 표정으로 아버지의 말을 듣는다. 아버지 뒤를 이어 한지장이로 살기로 결심할 때, 그의 어머니는 눈물을 흘리며 말렸다고 한다. 하지만 지금은 아버지만 봐도 좋고 아버지의 곁을 지키고 있어서 행복하고 말했다.

"여섯 살 때부터 한지 냄새를 맡기 시작했어요. 아버지가 하지 말라고 해도 손이 자꾸 한지로 갑니다."

그도 천생 한지꾼이 됐다. 외지로 나가 직장생활을 할 때도 한지 냄새를 잊지 못해 집으로 달려오곤 했다.

"전통한지는 전부 손으로 합니다. 종이 한 장 만들어내기가 어렵죠. 전통한지를 만드는 사람 중에 제가 제일 어렵습니다. 전통한지 만드는 일은 의식만 갖고 안 됩니다. 마음으로 만들어야 하고 그 마음이 천년 세월을 버텨주는 겁니다."

아들 말을 듣더니 그가 말을 맞받아친다.

"전통을 더 오래 지키는 게 중요해. 우리 전통한지를 욕되게 해서는 안 되는 일이지. 세계에서 1등 가는 한지를 만들어야 해."

그러면서 아들에게 당부했다.

"세계에서 제일 좋은 한지를 만들려고 해야지 팔아먹으려고 한지를 손에 대면 안 되는 일이여. 품질을 지키려면 고생을 해야지 행복은 늘 마음에 있잖아. 성공을 바라지 말고 진정한 행복이 무엇인지 생각하고 그걸 지켜. 그러면 돼. 마음을 담지 않으면 절대 좋은 종이가 나오질 않는 법이야. 그게 전통한지야."

이들 부자가 일 년에 만들어내는 전통한지는 평균 3만 장이다. 팔려 나가는 것을 다 합쳐도 4,000만 원 정도다. 전통한지를 만들어내서 부자 되고 싶은 욕심은 없다. 다만 전통한지를 지켜내고 싶은 욕심뿐이다.

"난 내 한지를 꼭 필요한 사람한테만 줘. 그래야 한지하고 같이 숨을 쉬고 살 수 있는 거야. 한지를 만드는 사람은 거짓말을 해서는 안 돼. 그래야 천년가는 한지가 될 수 있는 거야. 그걸 지켜내는 게 내 바람이야."

개그맨 **유세윤**

장동민, 유상무 없는 유세윤은? 우후훗~
욕심 없이 자유롭게 개그하는 게 꿈… 기회 닿으면 연기 도전하고파

개그맨 유세윤. 그는 바쁘다. 37도를 오르내리는 폭염의 날씨. 반바지와 간편한 티셔츠 차림에 모자를 눌러쓴 그와 오랜만에 마주 앉았다. 그에게만큼은 무더운 날씨도 비켜선다.

코미디쇼 '희희낙낙'과 '개그콘서트', '육감대결', '뮤직뱅크', '무릎팍 도사'가 그가 고정으로 출연하는 방송 프로그램이다. 게스트로 출연하는 것을 포함하면 방송 프로그램에서 늘 유세윤을 볼 수 있다는 얘기가 된다. 그만큼 그는 방송의 다양한 영역을 누비며 종횡무진하고 있다.

육회 한 접시에 가볍게 소주 서너 잔을 주고받았다. 문을 열고 사인 종이를 내미는 횟수가 많다. 커피 한 잔 마시자고 했다. 그는 불필요한 말을 꺼내거나 늘어놓지 않는다. 수십 번 입 밖으로 표현해낼 때 그가 해야 할 것을 꼼꼼하게 준비하는 게 유세윤이다. 커피 잔을 드는 속도를 따라 폭우가 쏟아졌다. 시선이 창 밖 전경(全景)에 집중됐다.

서울로 출발해야 할 시간이 두 시간 정도 남았다. 침묵이 흘렀다. 그와 많은 얘기를 나눠 왔지만 인터뷰를 한다는 것은 서로에게 어색한 일이다. 표정으로 읽고 마음으로 이해해 왔을 뿐이다. 종이와 펜을 꺼냈다. 유세윤도 웃는다.

올해로 그가 무대에 선 지 십 년이 됐고 방송으로 데뷔한 지 5년 세월이 넘었다. 그는 늘 주변을 챙긴다. 바쁜 만큼 틈을 내고 그 여유 속에서 새로운 웃음의 정서를 입혀내고 시청자와 만난다.

그만큼 그는 정서의 충전을 중요하게 여긴다. 결혼을 하고 나서 더 여유가 생기고 방송이 편해졌다고 했다. 그는 아내를 '할매'라고 부르고 아기의 태명을 '행복'이라고 지어줬다. 표정에서 웃음이 지워지지 않는다.

"전 여유가 없으면 안 되는데 결혼하고 나서는 여유로워졌어요. 방송도 더 편해졌고요. 불안감이 없어졌다고 할까요?"

11월이면 그도 아빠가 된다. 예비 아빠로서 다양한 동화책도 고르고 태어날 아기에게 이솝이야기도 들려준다고 했다.

"인생에서 얻어야 될 것 중 10%만 있어도 만족하는 스타일이에요. 아이가 생겨서 더 그럴 수 있죠. 너무 큰 행복을 가진 것 같아요."

유세윤을 얘기할 때면 장동민, 유상무를 빼놓을 수 없다. 세 사람의 스타일은 다르다. 장동민이 소재 메뉴를 설정하고 균형을 잡고 끌고 나가면 유상무가 재료를 넣어 양념을 만든다. 그리고 유세윤이 균형 잡힌 연기로 앙상블을 이뤄 나간다. 다른 만큼, 서로에게 주어진 역할로 조화를 이룬다.

세 사람은 쉼 없이 호흡을 맞춰왔고, 연극을 통해서 같이하는 법을 익혔다. 서로 눈빛만 봐도 대사를 넣고 즉흥적으로 웃음의 추임새를 넣을 정도로 세 사람은 한 사람 같다. 개그콘서트 '할매가 뿔났다'에서도 서로 다른 개성으로 안정감 있는 코너를 만들어내고 있다. 세 명이 함께 달려오면서 힘든 일도 있었지만 우정만큼은 단단해졌다.

"크게 힘들다고 생각해본 적은 없어요. 모든 것을 셋이서 같이 즐기고 함께하고 있다는 게 큰 행복이거든요."

이들의 우정은 상상을 초월한다. 형제보다 서로가 나누는 마음은 더 크고 가족보다 더 끈끈할 정도다. 한 사람이 성공했다고 바뀌지도 않는다. 세 명이 뭉쳐서 만든 개그트리오 '옹달샘'은 한 사람만 빠져도 완성될 수 없다. 그들에게 옹달샘은 집과 같다.

"우정으로 똘똘 뭉친 겁니다. 우리는 상품화가 안 됐어요. 그렇기 때문에 더 자유롭게 많은 것을 준비하고 의논해 표현할 수 있어서 좋아요."

옹달샘은 대중적 상품보다는 세 사람이 추구하는 코미디극으로 마음을 담아내고 싶어 한다.

이들의 첫 만남은 십 년 전 대학시절로 돌아간다. 방송극작을 전공하면서 개그를 구성하는 방법을 익혔다. 대학 연극 동아리인 '창작과 무대'에서 세 사람은 다양한 연극 작품을 올리며 무대 감각을 익혔고, 연기의 기본기를 다졌다. 차가운 강의실은 이들의 연습무대가 됐다. 무서울 정도로 연습했고, 무대를 향한 집념은 강의실을 달궈놓을 만큼 뜨거웠다. 그만큼 세 명은 함께하는 것에 익숙해져 있다.

군 제대 후, 세 사람은 다시 뭉쳤고 처음으로 선택한 작품은 닐 사이먼의 〈굿 닥터〉였다. 이 작품을 해체하고 그들만의 웃음 코드를 입힌 다음 관객들한테 내놓았다. 반응은 폭발적이었다.

"정말 미치도록 연습했어요. 옴니버스 형태로 돼 있는 스토리들을 새롭게 해석하고 현대적인 웃음을 입혀 재구성했습니다."

'창작과 무대' 시절부터 연출, 연기, 극 구성을 세 사람이 함께해 오면서 서로의 장점을 조합하고 소화해내는 것을 익혔다. 이 작품이 세 사람을 옹달샘이라는 개그트리오로 이어주게 했다.

그는 개그맨이 되기 위해 365일 재밌는 개그 소재만 생각했다고 전했다. 장동민의 집은 늘 연습 공간이 됐고 힘들 때마다 맏형으로서 방향을 잡아나갔다. 유상무의 타고난 개그 감각은 새로운 코너를 만드는 출발점이 됐고 유세윤의 균형 있는 재능과 연기는 코너의 완성도를 높여줬다. 그들만의 고유한 웃음 브랜드를 입힌 개그 코너를 개발하기 위해 집중하고 끊임없이 노력했다.

반응이 빨리 나타났다. KBS KOREA에서 방송한 '한반도 유머총집합'에서 장동민, 유세윤, 유상무가 이끄는 옹달샘 팀은 웃음의 가속도를 냈다. 그리고 그들만의 신선한 웃음을 개발했다. KBS 개그맨 시험에서 역대 유일하게 세 사람 모두 공채 개그맨이 됐다.

개그콘서트에서 보여준 '내비게이션'이라는 코너로 첫 데뷔 무대를 치르고, 유세윤은 복숭아 학당의 '복학생'으로, 장동민은 '경비아저씨'로 등장했고 유상무도 다양한 코너에서 시청자들에게 웃음을 선사했다.

"우리 세 사람 중 한 사람만 잘 되는 것은 바라지 않아요. 셋이 다 잘 되는 길로 가고 있다고 생각할 때 더 좋고 행복한 거죠."

개그맨으로 성장하는 데 영양분을 준 개그콘서트는 그들에게 고향과 같다. 그리고 김석현 PD에 대한 고마움을 잊지 않았다.

"김석현 PD는 코미디 감각을 타고나신 분이에요. 그분이 방향을 잡고 코너로 이어지면 좋은 평가를 받습니다." 최근 인기를 얻고 있는 '소비자 고발'도 김석현 PD의 아이디어라고 했다.

방송계에서 인기를 얻고 있지만 그는 아직도 연극무대를 잊지 않는다. 주저 없이 무대가 좋다고 했다.

"전 무대가 좋습니다. 무대가 연기를 몰입할 수 있게 만들어 주잖아요. 역할의 집중을 통해 새로운 인물을 창조하고 웃음을 이끌어낸다는 것은 늘 설레는 일이죠. 무대는 고향과 같아요… 공연을 다시 해보고 싶습니다."

개그맨으로 데뷔한 후에도 세 사람은 옹달샘이라는 이름으로 대학로에서 장기 공연을 한 적이 있다. 흥행 목적보다는 세 사람이 개그맨이 되고 옹달샘이라는 팀으로 코미디 공연에 도전한 셈이다. 스토리가 있고 주어진 역할이 있는 코미디극에서 두 시간 동안 진지한 웃음을 줄 수 있다는 것은 쉽지 않은 일이다. 옹달샘의 실험적인 코미디극 공연 도전은 신선한 평가를 받았다.

"아직은 기획 단계지만 다시 옹달샘이라는 이름으로 완성도 있는 코미디 공연을 반드시 해보고 싶어요."

방송에서 그가 고정으로 맡고 있는 프로그램이 나섯 개나. 될 새 없이 방송으로 종횡무진하고 있지만 유세윤을 만나러 온 무대공연만큼은 욕심을 부려보고 싶다.

"저를 보러온 관객들… 그리고 옹달샘을 보러 오신 관객들이 만족스러울 정도로 제대로 된 공연을 보여드리고 싶어요."

유세윤, 장동민, 유상무, 이 세 사람이 같이 모이면 끝이 없는 개그아이디어가 쏟아진다. 시청자가 즐거워할 수 있는 코너를 만들기 위해 치열하게 연습하면서도 즐겁고 행복할 수 있는 것도 세 명이 뭉쳐 있는 옹달샘이 있기에 가능하다고 했다. 개그 팀은 오래 갈 수 없다는 편견은 이들한테는 유효할 수 없다. 옹달샘은 세 사람이 섞여야 한 팀이 되고 한 몸이 될 수 있다고 말한다. 그들의 바람도 마찬가지다.

"우린 의리를 말하거나 내세우질 않아요. 마음으로 지켜내는 게 더 중요하죠. 우리는 영원한 삼총사입니다. 셋으로 성공했을 때 그게 진정한 행복이라고 생각해요. 셋을 빼고는 상상할 수 없습니다."

이 세 사람이 마음으로 옹달샘을 지켜나갈 수 있도록 이끌어주는 특별한 친구가 있다. 매니저 이동렬 씨다. 그는 옹달샘이 만들어진 때부터 십 년 넘게 우정을 이어오고 있다. 유세윤은 "늘 편안하게 일할 수 있게 해줘서 고마울 따름"이라고 말했다.

'무릎팍 도사' 얘기를 꺼냈다.

"많은 분들이 나오셨지만 이덕화 선생님은 정말 타고난 MC라는 생각이 들었어요.

녹화하는 날 정말 많이 웃었던 것 같아요. 그분의 진실된 얘기에 많은 공감을 했어요. 정말 감격했어요. 우후훗~~”

유세윤은 스트레스가 쌓이면 어떻게 해결할까? 정답은 ‘스트레스도 세 명이서 같이 해결한다’였다.

“일에 대한 스트레스가 쌓일 때도 우리 셋은 함께 스트레스를 날립니다. 셋이 같이 있으면 그냥 행복하고 좋아요. 기쁘고 슬플 때도 늘 함께 있어서 좋습니다. 우리 세 명이 아니면 모든 일에 보람을 느끼지 못했을 것 같아요.”

그의 말투는 양념을 추가하고 덧붙이는 법이 없다. 그만큼 한마디를 해도 진심을 담는다. 유세윤은 방송프로그램에서 자신을 드러내려고 하질 않는다. 그에게 주어진 역할에 무섭게 집중할 뿐이다. 어떤 것이 주어지던 그는 침착하게 소화해낸다. 그게 유세윤이고 그만의 스타일이다.

기회가 주어지면 연기에도 욕심을 내보고 싶다고 밝혔다. 수많은 코너를 맡으면서도 단 한 가지의 캐릭터가 그에게 고정되는 법이 없었다. 그게 장점이다.

“연기는 늘 새로운 경험을 만들어 주잖아요. 다른 사람들이 연기를 하니까 저도 해보겠다는 생각은 아닙니다. 주어지면 한번 해보고 싶은 거죠.”

한 차례 폭우가 지나가고 일어설 무렵, 그는 지금보다도 더 자유로워지고 싶다고 했다. 그에게 있어 자유를 갖는 법은 욕심을 내지 않는 것이다.

“일이 날 지배하고 있다고 생각하면 힘들 수 있잖아요. 좀 더 자유로워지고 싶어요. 일 욕심 내고 돈 욕심을 내면서 살고 싶지는 않아요. 그냥 주어진 현실에 최선을 다하면서 살 뿐입니다. 그런 삶을 살고 싶어요. 당당하게 주어진 역할에 최선을 다하면서 살아가는 게 진정한 행복이라고 생각해요.”

김건표가 만난 사람들 / **12**

헌책방 주인 김종건

연봉 1억 5천 뿌리치고 헌책방 주인 된 김종건 씨

주인을 여럿 만나야 좋은 책이 돼…

버려지는 책 다 모아서 새 주인 찾아주는 게 낙

번듯한 외국계 금융회사를 때려치우고, 헌책이 좋아 전국을 누비고 헌책방 사장님으로 변신한 김종건. 그는 틈만 나면 헌책방을 찾아 다녔다. 읽고 싶은 책은 닥치는 대로 구해 읽었다. 산더미처럼 헌책이 쌓여 있는 곳이라면 고물상, 헌책방 할 것 없이 전국을 누볐다. 가슴에 와 닿은 책을 발견하면 보물이라도 찾은 기분이 들었다. 집에 쌓인 책은 하루가 다르게 늘어갔다. 집은 자연스럽게 헌책방이 돼 버렸다.

그의 보물인 '헌책'은 인생까지 바꿨다. 외국계 금융회사에 다니면서 연봉 1억 5,000만 원을 벌어들였지만 더 행복한 삶을 살고 싶어졌다. 그러던 어느 날, 틈틈이 모아둔 돈으로 어떻게 살까 고민했다. 그는 헌책과 함께 살아간다면 4명의 자녀와 가족들도 더 행복해질 것 같았다. 그리고는 헌책방 주인이 됐다. 헌책방을 시작하면서 읽을 만한 헌책을 구하기 위해서 다시 전국을 누볐다. 그동안 벌어놓은 돈은 전부 헌책으로 바꿨다.

헌책방 주인이 된 지 3년. 책은 7만 권가량으로 늘어났다. 단골 고객도 많아졌다. 그가 주인으로 있는 헌책방을 수소문했다. 서울대학교 주변을 세 바퀴나 돌았다. 주머니를 뒤적거려 '도동고서(道洞古書)'라고 적힌 쪽지를 서너 번이나 확인하고서야 신림동 고시촌 도로가에 있는 책방 앞에 멈춰 섰다.

조용필 노래가 흘러나온다. 1980년대 대학가 다방 입구에서 흘러나오던 노래 풍경을 담아낸다. 지하로 내려가는 입구부터 고서와 헌책이 뒤엉켜 있고 옛 그림들이 시선을 잡는다. 안쪽으로 들어서자 수천 권이 넘는 책들이 바닥에 그대로 누워 있다. 길게 늘어뜨린 머리카락과 뻗쳐 있는 수염이 그가 쓴 뿔테안경과 조화를 이룬다. 헌책방 주인은 LP판을 뒤적거리며 턴테이블에 손을 올려놓는다. 노랫소리가 바뀌자 바닥에 앉아 책을 꼼꼼하게 손질해 나간다.

"우리나라는 새로운 물건 홍수 속에 살잖아요. 좋은 물건들이 매일매일 거리로 쫓겨 나와요. 버리는 것에 무감각한 시대가 됐어요. 책이 버려지고 있는 게 안타깝죠"

그는 대학에서는 법학을 전공하면서도 늘 책에 미련을 버리지 못했고 헌책을 만나기 위해 책방을 찾아다니는 게 유일한 낙(樂)이었다고 회상했다. 헌책이 마음깊이 들어올 무렵, 그는 헌책에 미쳐 있었다.

"독서 시장이 더 활성화돼야 책을 읽는 인구도 더 늘어납니다. 절판되고 세상에서 잊혀져가는 책들이 새 주인을 만난다는 것은 가슴 설레는 일이잖아요."

그는 중고 문화에 대한 이해가 더 커져야 된다고 말했다.

"가족들의 공동체 문화가 없어질수록 오래된 물건들도 들어설 자리가 없는 겁니다. 젊은 사람들이 중고에 대한 이해가 부족할수록 더 심각합니다. 이유는 간단해요. 오래된 것들에 대한 가치를 잘 모른다는 겁니다."

그가 답답한지 커피 한 잔을 단숨에 쏟아 붓는다.

"더 큰 문제는 환경문제죠. 경제고 나발이고 현대사회가 발전할수록 환경문제가 심각한 거죠. 거기에 중고들은 가차없이 길바닥에 나뒹굴고 있잖아요. 김 교수님도 하루에 세 시간만 동네 한 바퀴를 돌아보세요. 쓸 만한 물건들이 죄다 던져져 나옵니다."

궁금했다.

"버려지는 물건들이 많을수록 팔 것들이 많아서 좋은 것 아닙니까?"

그가 말이 떨어지기 무섭게 달려든다.

"아니죠. 그런 환경들이 싫어서 버려지는 거 죄다 모아서 수백 번 손질해서 다시는 나한테 들어오지 말라고 헌책 장사 하는 겁니다. 이거요. 수천 권 팔아도 많이 안 남아요. 돈 생각했으면 절대 못 할 일입니다."

그는 중고에 미쳐 있는 전염병 세대들이 더 많이 나왔으면 좋겠다고 했다.

"중고는 문화입니다. 오래된 물건 서너 개만 있어도 단박에 그 시대의 문화를 가늠할 수 있잖아요. 책도 마찬가지입니다. 버릴 것은 당연히 버려야죠. 하지만 지키고 손질해서 쓸 만한 것들은 버리면 안 됩니다."

그의 헌책방에 쌓여 있는 책값은 정해진 게 없다. 500원짜리 헌책도 주인 잘 만나면 가격을 매길 수 없는 값진 보물이 된다.

"우리 집에 오시는 손님들은 헌책 한 권 사기 위해 산더미처럼 쌓여 있는 책들에 손길을 수십 번 옮깁니다. 그것도 공부가 되는 거죠. 그러면서 책의 소중함을 느끼는 겁니다. 헌책방은 이야기 문화가 있어요. 손님 한 분이 책에 대한 내용을 얘기하면 옆에 계시던 분들이 자연스럽게 모여서 토론으로 이어집니다. 집에 가져가서 혼자 읽으려는 게 아니라 담아놨던 지식들을 거침없이 뱉고 듣고 하면서 새로운 지식을 담아서 나가시는 겁니다. 그게 헌책방 문화예요."

그는 손님이 헌책을 뒤지고 수권의 책을 읽고 그냥 자리를 떠도 고맙다고 말했다.

"헌책방을 찾는 분들은 책값이 저렴해서 찾아오시는 것보다 책이 정말 좋아서 오시는 분들이에요. 헌책 냄새가 좋은 거죠. 책을 몇 권 사가시면 고맙지만 헌책을 마음속에서 떠나보내지 않는 것이 더 고맙죠. 제가 서양학이 좀 약한데 단골들한테 많이 배웁니다. 허허허."

그는 스물여덟 살에 결혼해 슬하에 1남 3녀를 뒀고, 막내가 여덟 살이다.

"출산율 장려 정책에 큰 역할 하시네요."

"저… 그게요. 솔직하게 쌍둥이가 아니었으면 복잡했을 텐데. 우리 할머니가 고모를 쌍둥으로 낳으셨거든요. 유전인 거죠. 그런데요, 우리 애들 학원에는 일절 안 보냅니다. 학원 안 가도 공부를 잘해요. 책을 소중하게 대하는 법을 가르치고 꼭 반복해서 읽게 합니다."

그의 자녀들도 헌책을 좋아한다.

"공부하라는 소린 안 합니다. 대신 인사하는 습관을 꼭 갖게 합니다. 밖에서 인사 안 하면 보통 이상으로 혼냅니다. 전 애들 교육에서 인성 교육이 제일 중요하다고 생각해요."

"헌책방 주인이 된다고 했을 때 가족들은 말리지 않던가요?"

"아뇨, 오히려 책이 많아서 애들 교육에도 도움이 많이 됩니다. 제가 좀 엉뚱한데가 있는데요. 시작하면 끝을 봅니다. 행복하니까 애들도 많은 거죠. 키키키."

그는 헌책방 주인을 우습게 보지 말라고 했다.

"지식도 웬만큼 갖추고 있어야 해요. 영어, 한문 정도는 읽고 소통에 문제가 없어야 헌책방 주인으로 자격이 있는 겁니다. 요즘에는 중국책들을 많이 찾으셔서 중국어를 배웁니다. 쌀라쌀라~"

그가 중국어 몇 마디를 꺼냈다. 알 수 없는 표정을 짓자 그가 다시 "쌀라쌀라 띵호아… 웅얼웅얼…”을 해댄다.

“연봉 많이 받고 그냥 편안하게 살고 싶지는 않던가요?”

“제가 영업에도 소질은 있었는데… 500원짜리 헌책이 소중하듯이 저도 헌책에서 큰 인생을 배우고 행복합니다. 그러면 된 겁니다.”

제대로 된 헌책방 풍경을 닮아내기 위해서 고생도 많이 했다. 고물상을 뒤지면서 끝이 안 보이는 책 더미에 올라 하루종일 쓸 만한 책들을 골랐다. 필요한 책이 있으면 전국 헌책방을 뒤지면서 제값 다 치르고 헌책을 구했다.

“죽기 살기로 쓸 만한 책들을 골랐어요. 보물을 찾는 마음으로요. 제가 그 헌책들을 구하지 못하면 그냥 폐지가 되는 겁니다. 만약 그중에서 정말 값진 책이 있다고 생각해 보세요.”

그는 헌책방을 하면서 책값을 책정하기 어려운 귀한 책을 만났다.

“김소월 선생의 『진달래꽃』 초판본을 판 적이 있어요. 그게 고서 시장에서는 제법 가격이 나갑니다. 그런데 전 꼭 필요한 분한테 그 책을 드리고 차비 좀 더 얹어서 받았어요.”

“희귀한 고서들이나 절판된 헌책들은 가격이 높아서 그 틈새 시장에서 소장용으로 헌책을 수집하는 경우도 있지 않나요?”

“물론 있죠. 근데 전 그런 분들을 별로 안 좋아합니다. 책은 소장용이 아니라 움직이는 겁니다. 헌책은 제대로 읽혀지고 좋은 자료로 활용돼야죠. 주인을 여러 번 만나야 좋은 책이 되는 겁니다.”

그는 한학에도 관심이 많다.

“한문을 꼭 알아야 합니다. 요즘 기초 한자도 모르는 사람들이 많아요. 한자를 모르면 글에 깊은 뜻을 이해하기 힘듭니다. 한문 공부를 할 때 전 통째로 외웁니다. 다 그런 것은 아니겠지만 소득이 없으면 관심을 갖지 않아요. 공부는 끝이 없는 건데…”

또 책을 많이 읽고 헌책방에 대한 문화가 더 넓어졌으면 하는 바람이 있다고 했다.

“책을 떠나서는 여유가 없는 것 같아요. 책은 읽을수록 여유를 가질 수 있습니다.”

아울러 중고책의 기증 문화를 더 활성화시켜야 된다고 했다.

“책 한 권이 인생을 바꿔놓을 수 있습니다. 동화책도 마찬가지입니다.”

다 읽은 책들은 꼭 필요한 분들한테 나눠주고, 집 근처 도서관에 기증하는 문화가 정착되었으면 하는 바람이라고 한다.

그는 헌책이라는 말보다는 중고책이라는 말에 더 애착을 느낀다.

"헌책이라고 하면 그냥 버려진다는 생각이 들어요. 하지만 중고책으로 표현되면 다시 새 주인을 만나서 진짜 새것이 된다는 생각이 들잖아요."

또 어린이 책들이 제일 많이 버려지는 게 안타깝다고 했다.

"애들한테 들어가는 책 구입 비용이 1,000만 원가량 된다고 합니다. 실제로 동네를 다녀보면 어린이 책이 제일 많이 버려집니다. 그런데 문제는요, 책이 너무 좋다는 겁니다. 그게 버려진다는 거예요. 안타깝죠. 그 책이 정말 필요한데 비싸서 구입을 못하셨던 분들도 있지 않겠어요."

헌책 기증 문화가 활성화되면 헌책방들이 사라지지 않을까?

"버려지는 책들을 기증하는 문화가 많아질수록 오히려 헌책방이 더 잘되는 것 아닙니까?"

그의 소박한 꿈은 헌책 방 체인점을 전국에 내는 거다.

"구하기 힘든 책들을 제가 먼저 수집해서 꼭 필요한 분들한테 드리는 게 제 역할입니다. 그러기 위해서는 전국의 고물상도 더 뒤져야죠. 언젠가 지금은 구하기 힘든 책을 전국 어디에서나 쉽게 구해서 읽을 수 있다면 헌책의 향기가 천년만년 이어져 우리나라가 세계적인 지식인 사회가 되지 않겠습니까?"

노트북을 닫고 일어서려고 하자 그가 마지막으로 꼭 할 말이 있다고 했다.

"국민 여러분, 제발 헌책을 그냥 버리지 마시고, 저한테 연락하시면 정말 싸고 값진 책으로 새 주인 만나게 하겠습니다. 부탁드립니다. 키키키."

김건표가 만난 사람들 / **13**

방송인 **김홍식**

마이크 잡고 20년, '떴다 김쌤' 방송인 김홍식
웃음의 재미보다 웃음의 깊이가 중요하지예…
대구 출신 MC 서울 진출, 김제동 이어 2호… 웃음 기술자가 천직입니다

"요즘 웃을 일이 없다고요? 그래도 웃으셔야 합니다. 히히…"

김홍식. '떴다 김쌤'으로 알려졌고 그의 본명보다도 방송으로 붙여진 '김쌤'이 더 친숙하다. 그도 그렇다고 인정한다. 스무 살 때 계명대학교 의과대학에서 열린 행사에서 처음으로 마이크를 잡았다. 출연료를 받고 무대에 섰기 때문에 프로 데뷔전이라고 우긴다. 그렇게 마이크를 통해 쏘아대는 입담을 무기로 20년을 달려왔다. 그가 마이크를 들고 나타났다.

"마이크는 왜 갖고 나오셨나요?"

"마이크 들고 사진 촬영하면 괜찮을 것 같아서요. (웃음)"

"잘 어울립니다."

"됐습니다, 그럼. (웃음)"

마이크가 잘 어울리는 남자다. 뿔테안경을 쓰고 턱수염을 길렀다. 안경을 벗으면 마라토너 이봉주 선수를 닮았다.

"이봉주 선수하고 많이 닮았습니다."

말이 떨어지기 무섭게 답이 날아온다.

"이봉주 선수를 한 번도 만나본 적은 없어요. 한번 보면 좋을 텐데…"

그리고 웃는다. 웃는 것도 이봉주 선수다. 두 사람이 똑같은 복장으로 마라톤을 달리는 생각이 스쳤다.

"두 분이 짧은 거리라도 같이 달려 보는 게 어떻습니까?"

"차라리 저는 웃음으로 달리겠습니다."

그는 웃음으로 달렸다.

"재주가 좀 있었던 것 같아요. MC가 생소하던 시절이었으니까 완전히 독학으로 배우면서 재밌는 구라로 진행을 이끌어갔어요. 아버지한테는 대형 이벤트 기획과 연출을 한다고 말하면서 폼 나게 마이크를 잡고 달린 거죠. 히히"

젊은 시절에는 통기타, 게임, 퀴즈들이 그의 입담을 녹여내는 재료가 됐다. 마이크를 들고 구라를 날리면, 반응은 강펀치가 돼서 웃음으로 돌아왔다. 이제는 별다른 재료가 없이 '말'로 웃음을 이끌어낸다. 웃음을 낼 수 있는 불필요한 재료가 지금의 그에게는 필요 없다. 원하는 주제를 재밌는 이야기로 풀어댄다.

철저히 준비하고 무대에 서니 반응도 좋을 수밖에 없다. 웃음의 강도도 높고 반응도 커 웃음을 내는 울림도 크게 들린다.

"시원하게 터지는 웃음소리가 좋아서 마이크를 놓을 수 없었어요. 이제는 웃는 것만으로 행복합니다."

방송으로 알려지고 마이크 하나로 20년을 버틴 그 에게도 웃음꾼으로 살아온 훈장 하나가 더 달렸다. 20년 넘게 마이크를 잡고 전국을 누비며 맞춤식 강의를 한 지 500회를 넘겼고, 웃음 날리는 무대 진행 MC를 포함하면 2,500회가 된다. 쉬지 않고 웃음을 날리며 달려왔으니 그에게는 값진 일이다. 그가 들고 서있는 마이크를 내려다봤다.

"매일같이 마이크를 잡고, 무대에 설 때마다 새로운 웃음을 주는 것도 스트레스가 만만치 않을 텐데요"

"제가 스트레스를 받아야 더 큰 웃음을 드릴 수 있다고 생각해요. 제가 꺼낸 얘기에 웃음이 터져 나올 때 저도 그 웃음으로 스트레스를 풉니다. 그러니 저한테는 웃음기술자가 천직입니다."

강의 주제도 다양하다. 재테크, 웃음 경영, 기업 혁신, 친절한 서비스 등 원하는 대로 맞춤형으로 해낸다. 강의 내용을 꾸밀 수 있는 것도 그만의 특별한 노하우가 곁들여진다. 얼마 전, 대구의 모 은행 투자 박람회에 모인 300여 명을 대상으로 즐거운 재테크와 유쾌한 경영이라는 주제로 두 시간 동안 강의를 했다. 경기가 안 좋을수록 그를 더 찾는다. 그의 입담과 논리적인 구라를 듣고 있으면 웃음이 마음을 감싸 부자가 된 기분이 된다고 한다.

"사실 전 재테크에 실패했거든요 (웃음) 제가 실패한 얘기를 해드렸어요. 저와 반대로만 하면 재테크로 성공할 수 있다는 논리죠. 히히. 동네에서 재테크에 성공했다는 소문이 퍼지면 그 방법을 똑같이 하려고 하잖아요. 전 그 반대로 해야 한다고 생각해요. 그 얘기를 해드렸더니 너무 재밌어하시는 거예요."

"그 방법을 이 자리에서 풀어놓으시죠."

그러자 그가 "실감나게 직접 와서 들으시죠" 한다. 이 한마디에 그냥 "네"라고 대답할 수밖에 없었다.

그의 강의는 실컷 웃으면서도 메시지를 정확하게 전달한다는 평가를 받는다. 그의 웃음은 간결하다. 마음속에 오랫동안 머물다 빠져나간다. 예전에 정보통신부에서 초청을 받아 2,000명이 넘는 학생들을 대상으로 저작권에 대해 강의를 할 때였다. 그가 그때 상황을 설명했다.

"학생들이 너무 많아서 집중을 시킬 수 없었어요. 그래서 그 당시 제일 인기있는 아이돌 그룹 얘기를 꺼냈죠. 좋아하는 사람들 손들어 봐 하니까 거의 다 팬이에요. 그래서 '여러분들이 좋아하는 가수의 노래가 불법 다운되면 좋아요?' 물으니까 '아니요'라고 답해요. 그래서 '좋아하는 가수를 위해 할 수 있는 게 뭐죠?' 하고 물으니까 바로 '정품 CD 사는 거요' 하는 거예요. 효과가 바로 나타났어요."

그에게 마이크는 분신(分身)과도 같다. 마이크만 주어지면 그는 신들린 사람처럼 이야기꾼으로 변한다. 그 안에 세상을 담아 웃음으로 녹여낸다. 그가 마이크를 잡고 이야기를 쏟아내면 마음을 녹여내는 치료제가 되고, 사투리로 뱉어내는 그의 소리를 듣고 있으면 그 자체가 웃음이 버무려진 가락이 된다.

그는 웃음의 재미보다는 웃음의 깊이를 더 선호한다. 웃음도 오래가야 한다는 게 그의 지론이다. 방송에 데뷔하고 김 쌤 캐릭터로 살아가고 있는 그는 가는 곳마다 선생님으로 대우 받는다.

"평생 선생님 소리를 달고 사니니 좋겠습니다."

"가짜 선생님이지만 이제는 진짜 선생님이 된 것 같아요. 선생님들이 저를 더 좋아하십니다. 교장선생님들을 모셔놓고 특강을 한 적도 있습니다. 반응이 뜨거웠어요. 히히. 전국에서 인정하는 명예 선생님이나 마찬가지죠. 좋아해 주시니 가짜 선생님으로 열심히 살았지만 이제는 진짜가 된 겁니다."

대경대학에서 그는 전공 과목인 이벤트 MC 실무 과목을 맡아 방송 MC, 이벤트 사회자가 되고 싶은 대학생들에게 그만의 웃음 노하우를 전수하고 있다.

코미디 방송 환경에서 고정된 캐릭터는 단명의 원인일 수 있다. 그런데 김 쌤의 캐릭터는 이제 영원한 그만의 고유 브랜드가 됐다.

"다른 캐릭터로 한번 바꿔 봐도 괜찮을 것 같은데요."

"세계 유명 코미디언들은 각자의 고유한 캐릭터가 있어요. 그 캐릭터로 평생을 가는 거죠. 자기가 할 수 있는 역할을 제대로 표현하는 코미디언이 진짜 아닐까요? 한번 쌤은 영원한 쌤입니다. 히히."

그가 세상에 던져놓는 웃음은 늘 균형을 유지한다. 그래서 진지하다. 말을 뱉어내는 그도 진지하고 듣는 사람도 그의 웃음 앞에서는 진지해진다. 웃음의 강도가 다르다. 김 쌤만이 표현할 수 있는 웃음 기술이 20년을 장수하게 만들고 있다.

"선생님 캐릭터는 일상생활에서도 피곤할 것 같습니다."

그의 첫 방송 데뷔 무대가 된 폭소클럽 '떴다 김 쌤' 코너가 인기를 끌자 담배 한 개비도 마음대로 손에 잡지 못했다. 지나가다가 담배를 피우고 있는 그를 보면 '선생님이 함부로 담배를 피워도 되는 겁니까?' 한단다. 그 한마디에 그는 공인으로서 마음가짐을 바로잡게 된다고 한다. 그가 '추억 속의 선생님'이라는 이미지로 개그 프로에서 성공을 거두자 변화된 것도 많았다. 집도 장만했고, 몸값도 올랐다.

"몸무게도 늘었나요."

이 말 한마디가 끝나기가 무섭게 "구라가 재미없습니다." 이어 빠르게 "네" 소리가 튀어나왔다. 민망했다. 그 말에 추위에 꼼짝 않던 얼굴 근육이 웃음으로 풀렸다.

그도 무명 시절에는 마이크를 놓고 포기하고 싶었던 적인 많았단다. 외판원, 보험설계사, 옷가게 등을 하면서 겨우 버틸 만큼 생활을 이어나가면서도 마이크만큼은 놓지 않았다. 대구에서 이벤트 MC로 출발했던 무렵의 이야기다.

"이벤트 MC로 무대에 서다 보면 제 기분과 상관없이 남을 즐겁게 해야 할 때가 있잖아요. 초장기라서 그런지 우울해지고 슬프더라고요. 사무실에 쪽지 한 장 덜렁 남겨놓고 MC 안 한다고 도망도 몇 번 갔었어요. 히히."

마음고생이 심했던 시절에는 무대와 거리를 두려고 했지만, 타고난 재능은 속이지 못하는 법. 늘 그가 있던 자리는 그를 바라보고 있는 관객들이 있었기 때문에 다시 돌아올 수 있었다. 그리고는 그만의 웃음 캐릭터를 개발해 나갔다. 방송에도 욕심이 생겼다. 코미디 프로그램 폭소클럽의 신상훈 작가에게 그가 개발한 추억의 선생님 캐릭터를 만들어 무작정 전자우편을 보낸 것은 그가 김 쌤으로 태어나게 된 유명한 일화가 됐다.

"신상훈 작가한테 무작정 전자우편을 보냈어요. 추억의 선생님이라는 소재를 재밌는 이야기로 구성해 봤는데 한번 보여드리고 싶다고 했죠."

방송에서 신인으로 데뷔하기에는 적은 나이가 아니었다. 그의 나이 35세 때 일이다.

"늦은 나이에 코미디언으로 데뷔하기가 쉽지 않았을 텐데요"

"한번 보자고 해서 여의도로 달려갔어요. 구상했던 김 쌤 캐릭터로 이야기를 풀어봤는데 반응이 좋았던 겁니다. 그게 코미디 코너로 이어지게 되고 '떴다 김 쌤'이 된 겁니다. (웃음)"

'떴다 김 쌤'은 18개월 동안 방영된 장수 코너가 됐다. 구수한 대구 사투리로 풀어내는 그의 입담과 재밌는 강의 솜씨는 시청자들을 녹였고 그를 전국적인 방송인으로 만들어줬다.

대구 경북 출신 방송인 김제동에 이어 두 번째였다. 방우정, 조정환, 김홍식, 김제동 등 지역을 대표하는 화려한 입담꾼들이 있었기에 MC가 전문화돼 있지 않았던 시절, 대구 이벤트 MC들이 전국적인 유명세를 탈 수 있었다고 말한다. 이제는 대구 경북에서 입담꾼들이 쏟아져 나온다. 대구 경북을 빼놓고는 웃음 얘기를 할 수 없게 됐다.

"무뚝뚝한 우리 지역분들을 웃길 수 있다는 건 전국구가 가능하다는 얘깁니다. 그만큼, 대구에서 웃음이 터지면 전국적인 유머가 되는 거죠"

인터뷰 후 그에게 다시 전화를 걸었다.

"경인년(庚寅年) 호랑이의 해인 2010년에도 선생님 캐릭터로 쭉 갈 겁니까?"

"웃기는 사람보다 의미를 담아 웃음을 주는 사람이 되고 싶네요. 어떤 틀에도 구애받지 않고 신선한 웃음을 담아 드려야죠. 국민들에게 모범이 되고 웃음만큼은 올바르게 이끌어가는 선생님이 되고 싶습니다. 네, 모든 분들의 웃음 선생님이 되셨으면 합니다. 헤헤"

"알겠습니다."

"뚜…뚜…뚜…뚜…뚜"

디자이너 **최복호**

색과 디자인으로 말하는 디자이너 최복호

옷은 육체가 아닌 영혼에 입혀지는 것…

아시아 패션 시장 선점 위해 디자이너의 세계 진출 지원해야…

대구를 대표하는 패션디자이너 최복호. 철학을 전공하고 인생의 절반이 넘는 삶은 디자이너로 살았다. 그는 자신을 '양장점' 세대의 디자이너라고 말하지만, 세상에 내놓은 그만의 독특한 색과 디자인은 패션으로 잘게 버무려져 세계를 누빈다.

그의 나이를 가늠하기는 어렵다. 나이를 초월한 지 오래다. 패션을 통해 그는 젊어진다. 디자이너로서 그가 살아온 이유도 파격과 실험 그 자체. 이것이 최복호를 표현한다.

최근 그가 사고를 쳤다. 대구 도심을 뛰쳐나온 것이다. 그는 경북 청도의 아름다운 자연을 그대로 살려서 문화공간으로 만들고 싶었다. 오랫동안 마음속에 담아뒀던 일이었다. 지난해 사과밭으로 덮여 있던 땅을 본 순간, 천년이 흘러도 그 자리 그대로 버티고 있는 노송나무을 닮은 문화공간을 만들기로 결심했다. 그래서 '최복호 패션 문화연구소'가 청도에 세워졌다. 그는 이곳을 놀이터라고 표현한다. 실컷 보고, 놀고 떠들어도 된다. 이곳에서는 그게 더 자연스러운 일이다. 30년이 넘는 세월 동안 그는 디자이너로서 색으로 말했고, 독창적인 디자인으로 숨을 쉬어 왔다. 그는 늘 이런 방식으로 달려왔고, 앞으로도 그렇게 달려간다.

'FUN & 樂'이라고 이름 붙여진 문화공간에 들어서자 온통 색으로 둘러싸인 기분이 들었다. 한 쪽 공간에는 유럽에서 날아온 크고 작은 생활 그릇들이 각기 다른 소재와 색으로 시선을 멈추게 만들었다. 벽면에 걸린 대형 작품 사진들은 바닥에 놓인 색들과 조화를 이루고 있었고, 사진 속 티베트인들은 당장이라고 뛰쳐나올 것 같았다. 그들의 시선은 공간 안에 멈춰 섰고 그릇들과 사진이 묘한 감정으로 서로를 잡아당겼다.

옆쪽에 붙어있는 작은 공간으로 들어섰다. 디자이너 최복호만의 공간이다. 이곳에서 그는 색과 싸우고 디자인을 결정짓는다. 한 쪽에 다양한 소품들이 널려져 있었다. 커피 한 잔을 비워낼 즈음 그가 나타났다. 모자를 늘 눌러쓰고 그 뒤로 꽁지머리를 툭 빼냈다. 둥그렇게 깎아 넣은 안경알만으로는 여전히 그의 나이를 짐작하기 어렵다.

나이를 기다려도 돌아오는 것은 '껄껄껄'대며 웃음으로 답했다.

"모자를 늘 착용하시는 이유가 있나요?"

그가 다시 껄껄껄 웃는다. 그리고는 모자를 벗었다.

"쓰지 않으면 젊은 사람들과 소통할 수 없잖아요"

그는 늘 소통을 중요하게 여긴다. 그게 디자이너 최복호고 그가 젊어지는 이유다. 색으로 버무려진 패션디자인으로 말하는 이 남자. 놀랍게도 그의 몸에 붙어 있는 옷과 액세서리는 그에게 선택권이 없다고 한다. '아내의 몫'이라고 한다. 그래서 그와의 첫 대화는 그의 아내 얘기로 시작됐다.

"오늘 입고 있는 이 옷과 액세서리도 출근 전 아내가 결정해준 겁니다."

"본인이 디자이너인데 아내가 결정해준 스타일이 마음에 듭니까?"라고 묻자 그는 "서보나 너 삼삭적일 때가 많아요. 그게 행복입니다."라고 말했다. 그의 표정은 정말 행복해 보였다.

겨울철 옷을 잘 입는 방법이 뭐냐고 물었다. 평소 뛰어난 패션 감각을 자랑하는 그라 뭔가 대단한 말이 나올 줄 알았다. 하지만 그는 "따뜻하게 옷 입는 게 자신을 디자인하는 최고의 스타일이죠"라고 했다. 대답이 걸작이다. 그만큼 이 노신사는 순진하다. 그 순박함을 그만의 강렬하고 솔직한 색으로 바꿔놓는다.

'최복호 패션 문화 공간'은 흑인 가수의 힙합 공연과 가야금 연주회도 열어 청도를 들뜨게 만든다. 개그맨 전유성과 머리를 맞대고 유쾌하고 발칙한 아이디어를 동원해 관객들 가슴을 시원하게 뚫어 놓는다. 이 공간을 찾은 관객들은 단골이 되고 주인이 된다. 공연이 끝나면 야외 공간 한 편에 있는 무료 포장마차로 모여들어 신나게 떠들고 유쾌한 난장(亂場)을 만든다. 이 때문에 최백호, 전영록, 들국화 등 많은 대중가수들이 청도에 모여들었다.

"디자이너가 소리도 내는군요?"

그의 말은 느리면서도 빠르다. '음, 음, 음…' 하면서도 날카롭게 소리를 낸다. 자신의 말이 빨라지면 안경을 치켜 올리면서 소리를 조절한다.

"문화에는 장르와 경계가 없어야 돼요. 앞으로도 경계를 무너트리는 공연을 하고 싶어요."

"패션 디자이너로도 바쁘실 텐데…"

"이것도 제 일이라고 생각해요. 이 공간에서 떠들어대면서 보고 느끼는 모든 것들이 다시 제게로 들어옵니다. 상상만 해도 즐겁지요. 직접 보면 더 신나고요. 자연을 디자인하고 그 안에 문화를 입히는 게 제 작업입니다."

이렇게 그는 30년을 패션 디자이너로 달려왔다. 앞으로의 인생은 이 문화공간이 쏟아붓고 싶었다. 청도의 자연에 문화를 입히고 청도를 디자인에 녹여내고 싶어졌다. 그의 바람은 한약재를 이용해 천을 염색하고 디자인하는 것으로 표현됐다.

"저는 늘 문화와 환경이 잘 배합되고 어울릴 수 있도록 생각해요. 디자이너로서 제 화두가 '문화와 친환경'입니다."

이 문화공간에 그가 30여 년 동안 해외 컬렉션에서 선보였던 의상들을 전시하고 있다. 그의 패션쇼를 보면 '쇼'라기보다는 연극적인 퍼포먼스가 강하게 느껴진다. 이번 서울 컬렉션에서 그는 '로맨틱과 스포티'라는 주제로 패션쇼를 열었다.

"작품의 모티브는 순수 미술의 회화적인 요소에서 시작됐어요. 제가 순수 미술 영역에서 영감을 얻은 패턴(무늬)들의 조합을 강조한 겁니다. 주제는 '싱크로미즘(synchromism)'이었죠."

그는 싱크로미즘이란 심포니(교향악)와 크롬(색채)을 따서 만든 합성 조어로 1913년 모건 러셀에 의해 시작된 색채를 중시하는 추상 회화의 기조를 의미한다고 설명했다.

"러셀에 의하면 색채에 의한 교향악을 화폭에서 연주한다는 의미로 쓰였는데 저도 굉장히 공감하는 부분입니다"고 했다. 그는 "옷은 육체에 입히는 것이 아니라 영혼에 입혀지는 것"이라고 강조했다.

"사람들은 각자의 외모에서 풍겨지는 이미지를 패션을 통해 짐작하기도 하죠. 반면 패션에서 사람의 취향과 철학 그리고 이미지를 느끼기도 합니다. 그래서 옷은 육체만을 표현하는 것이 아니라고 생각해요. 옷은 단순한 게 아닙니다. 옷을 입은 사람의 영혼까지 표현하는 것입니다."

그가 한 말에 한 마디를 얹었다.

"그런데 요즘 패션의 흐름은 디자인의 깊이에서 우러나오는 맛보다 유행의 속도가 더 빠릅니다."

그는 물 한 잔을 마시더니 꽤 길게 말을 이어갔다.

"자신에게 맞는 색과 디자인보다는 대중적인 색과 디자인을 더 선호하고 거기에 자신을 입히죠? 그것도 흐름입니다. 그렇다고 해서 가벼운 것은 아니죠. 좀 더 넓은 안목에서 디자인을 표현하고 색을 얘기했을 때 그렇다는 거죠. 그것을 넘어서는 선택의 맛을 키웠을 때 패션디자인에 있어서만큼은 아주 감각적인 사람이 될 수 있다고 생각해요."

그가 세상에 내놓은 색과 디자인은 화려하다.

"색마다 강한 빛을 띠고 있는데 디자인으로 완성했을 때 조화가 잘 되는군요."

일어서더니 그가 디자인한 우산과 가방을 갖고 와 다시 자리에 앉았다.

"색과 디자인 감각으로만 패션 디자이너로서 메시지를 강렬하게 선뜰힐 수는 없죠. 제가 어떻게 비쳐지는 것에서는 중요하지 않아요. 다만 표현 방식에 있어서 가수는 노래로, 배우는 연기로, 감독은 영화라는 형식으로 표현하듯이 저는 패션이라는 형식을 통해서 제가 생각하는 것을 표현하고 제가 아름답다고 느끼는 것들을 공감하고자 노력할 뿐이죠."

그는 다양한 문화와 충돌하고 섭취하면서 디자이너 최복호를 표현한다.

"중요한 건 끊임없는 열정과 영감(靈感)이라고 생각해요. 많은 것들을 집어넣고 그 안에서 자극을 받고 다시 색과 디자인으로 뱉어내는 거죠. 그게 새로운 패션을 만들어냅니다. 항상 눈과 귀와 마음을 열고 영감을 얻기 위해 노력하는 게 중요한 겁니다."

그는 패션디자이너로서 영감을 얻기 위해 기억을 유년 시절로 돌린다. 그곳에 멈춰 있는 기억들을 조금씩 꺼내 색으로 마술을 부려 디자인을 만들어낸다.

"'패션 도시로서 대구'가 주춤하고 있다는 얘기도 나옵니다."

그는 이 말을 듣고 자리에서 반쯤 일어나 물을 마시고는 숨을 돌린다. 그리고는 커피 한 모금을 입에 대고 말을 짧게 뱉어낸다.

"전 그렇게 생각하지 않아요. 대구는 아직도 패션이 살아 숨 쉬고 있습니다. 대구가 표현할 수 있는 패션 인프라는 다른 곳에서 따라 할 수 없을 정도로 단단하다고 생각합니다. 큰 차원에서 보면 그것을 잘 살리고 발전시키는 것이 국가적인 발전의 원동력도 된다고 생각해요. 대구 패션 산업만큼은 꼭 그렇게 돼야 합니다."

그는 지난 2007년 '차이나 패션위크'에서 한국 디자이너 대표로 컬렉션을 열었다. 그는 중국 패션에 대해 얘기했다.

"중국 디자이너 한 명이 '닭보다 일찍 일어나서 돼지보다 적게 먹고 개보다 적게 자야 한다'고 얘기했다죠? 그 디자이너는 패션인의 삶에 대해 은유적으로 저에게 표현한 겁니다. 패션만큼 빠르게 변화하고 치열한 분야가 없습니다. 그 안에서 중심이 되기란 쉽지 않은 일입니다. 빠르고 무섭게 달려온 중국 디자이너들 덕분에 중국의 패션은 지난 10년 동안 눈부시게 발전했습니다. 중국 산업화에 녹아 있는 패션은 엄청난 속도로 달려가고 있습니다. 한마디로 무섭지요."

그는 중국의 패션에 대해 말하면서 착잡하다고 했다. 10주년을 맞는 차이나 패션위크는 자국의 패션 시장을 활성화시켜 놓은 것은 물론이고, 국제 패션계의 흐름을 중국 안으로 끌어오는 데 질주하고 있다는 것이다.

"중국 패션 협회가 주관하는 차이나 패션위크에는 패션디자이너들의 컬렉션이 열리고, 중국 복장 협회가 주관하는 전시장에 가보면 기성복 박람회가 동시에 열려 새로운 시장이 자연스럽게 형성되고 있어요. 하지만 우리나라는 같은 디자이너의 길을 걸으면서도 한 지붕 세 가족 형태로 컬렉션이 열리고 있거든요. 프랑스에서도 정부에서 초대한 패션디자이너의 컬렉션에는 자국의 대사가 참석하고, 끝나면 고급 사교 문화와 성대한 파티 문화가 열립니다. 그 안에서 세계 패션의 흐름이 주도됩니다. 패션의 모든 것들이 정부 차원에서 지원된다는 분위기를 읽을 수 있는 대목이죠. 우리나라도 이미 세계시장에서 인정받고도 남을 감성과 역량을 갖춘 디자이너들이 많아요. 가수가 노래만 잘 한다고 유명해지는 시대는 지났잖아요. 소속사의 기획력과 오랜 트레이닝을 거쳐 마케팅의 힘으로 대중들의 마음을 녹이고 끌어내는 시대에 살고 있어요. 이제 우리나라도 세계로 나갈 수 있는 재능 있는 디자이너들에게는 정부가 적극적으로 소속사가 돼주는 방법이 절실하게 요구됩니다. 대구에 우수한 디자이너들이 많은데요. 대구 섬유와 패션이 날개를 달고 아시아 패션 산업의 중심이 되는 것은 가능한 얘기죠?"

그의 시선이 창밖으로 향했다. 천천히 때로는 강한 제스처와 표정을 섞어가면서 이야기를 시작했다.

"대구는 패션 축제 20년을 넘겼습니다. 저는 아직도 대구가 세계적인 패션 도시로 될 수 있다고 생각하고 지금도 진행 중이라고 생각하고 있어요. 그런데 젊은 디자이너들이 더 놀 수 있는 듬직한 마당이 필요합니다. 지원이 더 뒷받침되고 디자이너들은 세계가 놀랄 만큼의 패션 감각으로 표현해야죠. 우수한 디자이너들이 활동할 수 있도록 하고 이들의 실력을 검증해서 세계로 진출할 수 있도록 지원해줘야 합니다. 그래서 아시아로, 유럽으로, 미주로 다양한 시장 개척을 서둘러야 해요. 현지 디자이너들과 견줄 수 있는 인적 자산을 길러내야 하고 역량이 갖춰진 젊은 작가들을 힘껏 밀어줘야죠."

그가 답답한지 중국 패션 시장 얘기를 다시 꺼냈다.

"중국 내수 시장은 자국 브랜드 이미지를 만들기 위해서 장기적인 투자를 아끼지 않고 있어요. 또 소매 시장을 활성화시키기 위해 시스템을 만들어놓고 패션 시장을 키워내고 있습니다. 빠름과 느림의 문화를 균형 있게 소화해내며 패션 산업을 키워가고 있는 거죠. 우리나라와 풍토는 다르지만 우리가 아시아 시장을 선점하기 위해서는 전략을 짜서 빨리 서둘러야 한다는 생각을 하면 저는 지금도 긴장이 되고 조바심이 납니다."

그가 세상에 내놓은 패션은 아시아, 중동을 넘어 유럽으로 향하고 있다. 시간이 흘러도 멈춤이 없는 이 패션디자이너는 '이제부터 시작'이라고 말한다. 그게 최복호다.

매직싱어 **박현식**

매직싱어 박현식, 수리수리마수리, 희망아 나와라~ 얍!

마술 같은 내 인생, 주문을 걸면 모두가 행복해지고 기뻐하는 노래 부르고파…

노래하는 마술사가 있다. 매직싱어 '마수리' 박현식. 그를 만나기 위해 한 음악방송 출연자 대기실을 찾았다. 노래 부르며 마술을 하는 가수가 누구냐고 묻자 한쪽을 가리켰다.

방송을 통해 낯익은 얼굴들이 많았지만 유독 그가 눈에 들어왔다. 독특한 모양새의 모자를 눌러쓰고, 손에는 지팡이를 들고 있다. 목청을 가다듬고는 노래를 부르기 시작했다. 비둘기 한 마리가 갑자기 나타나더니 노래 소리와 함께 감쪽같이 사라진다. 들고 있던 지팡이도 마술과 노래가 섞인 그의 율동 속에서 없어진다. 공연을 마치고 나온 그가 목이 탔는지 냉수 두 잔을 단 숨에 털어 넣는다. 노래하는 마술사. 그와 마주하고 앉았다. 마술 얘기를 꺼내자 목소리 톤이 빠르게 갈라지기 시작한다.

"백댄서들이 마음대로 무대에서 사라졌다가 다시 나타나서 춤을 출 수 있는 무대 마술 장치를 구상하는 중입니다. 보세요"

그가 춤을 추고 노래를 부르기 시작한다. 장미꽃이 마음대로 움직이고 사라진다. 그가 표현하는 노래와 마술의 현란함은 두 눈을 똑바로 뜨고 보고 있어도 신기할 뿐이다.

"이 노랫소리가 끝나면 이때 무대 벽면에서 백댄서들이 갑자기 나타나서 저와 율동을 같이 하는 겁니다. 어때요?"

그는 마술에 미치고 노랫소리에 행복을 느끼는 것 같았다. 그의 첫 1집 음반 타이틀곡도 '수리수리마수리'다. 마술을 하며 노래를 부르는 가수는 그가 유일하다. 그를 방송에서 본 시청자들은 그를 보고 '가수야, 마술사야?' 한다. 그는 매직싱어라고 우긴다. 그를 좋아하는 팬들도 이제는 많이 생겼다. 마술을 하고 노래를 하면서 전국을 누비고 달린다.

그는 25년 전 고등학교를 졸업하는 그날로 연예인의 꿈을 이루기 위해 부산에서 서울로 달리는 기차에 몸을 실었다. 기차 안에서 꼭 성공해서 부산 바닷가로 되돌아오겠다고 다짐했다. 부산역으로 향하는 길을 걷다가 한 할아버지가 눈에 들어왔다.

"할아버지의 마술이 너무 신기해 보였어요. 사람들 틈에 끼여서 몸을 낮추고 눈을 크게 뜨고 시선을 집중해 지켜봤죠. 그대로 4시간을 바닥에 꼼짝 않고 앉아 있었어요."

할아버지는 500원짜리 동전이 병 속으로 들어가는 마술을 부렸다.

"할아버지의 손놀림을 유심히 봤는데 도무지 알 수가 없는 거예요. 난생 처음 가까이서 본 마술. 할아버지의 손놀림이 너무 신기했죠."

우연히 접한 마술은 그의 꿈을 꿈틀거리게 만들었다. 마술사가 되고 싶어졌다. 그 자리에서 그는 마술 도구를 팔라고 할아버지한테 떼를 썼다. 마술 할아버지의 유일한 생계 수단인 마술 도구는 몇 만 원에 그의 손에 쥐어졌다.

하루가 다르게 마술이 손에 익숙해졌다. 신문지, 볼펜, 지폐를 활용한 마술로 친구들의 마음을 녹였다. 마술을 부리면 친구들도 늘어났다. 그를 부산 촌놈이라고 우습게 보지 못했다.

"마술만 부리면 서울 친구도 하나둘씩 늘어나는 겁니다."

마술에 미쳐 살았기 때문일까? 첫 대학입시에서 실패를 맛봤다. 등록금을 마련할 길이 막막했던 터라 오히려 잘됐다고 생각했다. 그 길로 대학생의 꿈을 접었다.

"제 인생에 마술을 부리기 위해서는 돈을 벌어야겠다고 생각했죠. 대학에 입학해서 졸업을 하고 취업할 때까지 필요한 돈을 다 모을 때까진 대학에 가지 않겠다고 다짐했어요."

그리고는 악착같이 돈을 벌었다. 벽돌을 어깨에 지고 나르면서 하루하루 삶을 살았다. 숙박비를 아끼려고 신문지를 깔고 맨 바닥에서 잠을 자면서도 꿈만큼은 포기하지 않았다.

"성공해서 부산으로 돌아가고 싶었어요."

틈틈이 연기도 배우고 드라마에서 엑스트라도 하면서 감각을 익혔다. 간혹 단역이 주어지면 최선을 다해 몸을 날렸다. DJ도 하면서 재능을 마음껏 쏟아냈다. 그의 영업 실력을 눈여겨본 삼학소주 총판 사장이 그를 불렀다.

"박 군아, 넌 영업에 타고난 재능이 있다. 영업팀을 맡아봐라." 이 한마디에 그는 매일 소주 서너 병씩을 손에 쥐고 다니면서 미친 듯이 소주를 팔러 다녔다. 영업에 천재적인 소질을 발휘했다. 그리고는 돈 3,000만 원을 모은 뒤, 미련 없이 군대에 갔다.

훈련소에서 무작정 그는 특공대로 보내달라고 졸랐다. 악착같이 버텼다. 제대를 하고 부산으로 돌아와 다시 돈을 모았다. 아침에 일어나 구인 광고를 싹 훑었다. 새벽에는 떡 배달을 했다. 일거리가 떨어지면 금형 공장으로 달려가서 일을 배웠다.

"제 인생을 바꿔보고 싶었어요. 그런데 달라지는 게 없는 겁니다."

화물차 운전을 배웠다.

"운전을 하면서도 꿈은 늘 가슴속에 넣고 다녔어요."

화물차로 전국을 누비면서 김치배달을 했다. 하루에 딱 2시간 정도 남는 시간에 킥복싱을 배웠다. 틈틈이 익힌 킥복싱이었지만 실력이 꽤나 노련해졌다. 남들이 1시간을 자면 그는 아예 잠을 안 자고 버티면서 뭐든 배우고 치열하게 살았다. 그런데 남을 믿으며 열심히 살아온 게 잘못돼 돌아왔다.

"사기를 당해서 갖고 있던 전 재산을 다 날리게 됐어요. 정말 눈앞이 막막했어요."

이후 IMF가 그의 운명을 다시 덮쳤다.

"아, 정말 내 인생이 밑바닥까지 내려가는구나 생각했어요. 눈물이 펑펑 쏟아졌죠. 그런데 더 버티고 싶은 거예요. 꿈을 포기할 수 없었죠. 다시 서울로 가는 기차를 탔어요."

그리고는 은행 청원 경찰이 됐다.

"제가 일을 잘한다는 소문이 났어요. 제가 근무한 은행에서 계약직 사원을 정규직으로 전환해준 겁니다."

일 하나만큼은 똑 부러지게 잘한다는 소문이 났다. 그는 입출금 업무를 맡아서 하는 은행 직원이 됐다.

"앉아서 일하는 게 너무 좋았어요. '아 공부한 만큼은 얻게 되는구나'라는 생각이 들었고, 그때 잊고 있던 대학도 생각난 겁니다."

그는 늦은 나이에 동아방송예술대 방송연예과에 입학했다. 나이가 차이나는 동기생들과 어울리기 위해서 힙합 바지를 입고 귀걸이를 하고 다녔다. 당시 최고의 인기를 누리고 있던 가수 샵, 구피, NRG, 베이비복스 멤버들과도 같은 과 동기여서 함께 어울려 다녔다. 총학생회장까지 맡았다. 그는 졸업식을 마치고도 캠퍼스를 떠나지 못했다

"어머니가 암으로 고생하고 계셨는데 눈물이 막 흐르는 겁니다. 더 성공해서 찾아

뵙고 싶었거든요."

그런데 3년 후 어머님이 돌아가셨다.

"친구가 어머님 장례 비용에 보태 쓰라고 모아둔 돈을 선뜻 내놓더군요. 순간, 어금니를 깨물면서 더 버텨야겠다고 생각했고, 정말 이를 악물고 앞으로 달렸어요. 대한생명 교육방송 팀에서 합격 통보를 전화로 들었는데 눈물이 왈칵 쏟아지는 겁니다. 제 도전정신을 높이 평가했다는 사실을 뒤늦게 알았죠."

그는 회사를 집으로 삼았다.

"회사 소파에서 2년 동안 잠을 잤어요. 아무도 몰랐죠. 제일 먼저 일어나서 출근을 했으니까요. 정말 최고가 되기 위해서 앞만 보고 달렸습니다."

그는 틈나는 대로 자격증을 취득하기 위해 공부를 했다. 그 당시 취득한 금융 관련 자격증만 12개에 달했다. 회사에서 인정을 받게 될 무렵, 그가 근무한 부서기 이웃소싱으로 구조조정이 들어가는 바람에 하루아침에 백수가 됐다. 그와 함께한 부서 동료 15명도 구조조정에 포함이 됐다.

"너무 억울했고 하늘이 무너지는 줄 알았죠."

그는 법학과로 편입해 소송을 직접 준비했다.

"저 혼자 변론 답변서를 2년간 준비했어요. 대법원 판결에서 승소를 하고 나오는데 또 눈물이 흐르는 겁니다. 상대방 변호사가 변호사 생활 25년 만에 저 같은 사람은 처음 본다고 하면서 어깨를 두들겨 주는 겁니다. 깨끗하게 인정한 거죠."

그의 마술 인생은 다른 대기업 방송팀으로 자리를 옮기면서 본격적으로 시작됐다.

"수천 명이 모인 사원들 앞에서 마술을 하게 됐어요. 공연이 끝나고 회사 내에서 한마디로 스타가 된 겁니다."

마술 감각이 되살아나기 시작했다. 돈이 생기면 마술 도구를 구입해서 새로운 마술을 연구했다. 주말이면 전국을 누비면서 복지관을 찾아 무료 마술 봉사를 했다. 그렇게 시작된 마술 봉사 횟수만 1,000회가 넘는다.

"전국에 웬만한 복지관은 다 다녔어요. 어린 친구들이 마술을 보고 즐겁고 행복한 표정을 지으면 저는 더 큰 힘을 얻었죠. 마술을 통해 기쁨을 줄 수 있다는 것 자체가 행복한 게 아닐까 생각해요. 낮에는 회사원, 저녁에는 마술사 인생을 산 겁니다. 그때

길거리에서 만난 마술 할아버지가 제 인생에 마술을 부리신 것 같아요."

그의 인생 스토리는 '하루를 48시간 사는 남자, 박현식'이라는 방송 프로그램을 통해 세상에 알려졌고, 방송을 보고 그를 응원하는 사람들이 더 많아졌다고 한다.

"열정이 있다면 인생도 달라질 수 있다고 생각해요"

마술 봉사활동을 다니면서 만난 친구들과의 약속을 지키기 위해 2,000여 명을 초청해 마술 콘서트를 열었다.

"수천만 원이 들었지만 약속을 지키고 싶었죠"

마술을 부리며 전국을 누빌 때 교통사고를 당했다.

"병원에 있으면서 제 인생을 돌아보게 됐어요. 운명을 믿게 됐죠. 고통을 겪으면 반드시 큰 행복이 돌아온다고 저는 믿습니다."

그는 병실에서 마술과 노래를 접목해 사회에 공헌하는 가수가 되자고 결심했다.

"신나는 노래와 신기한 마술로 세상 사람들과 한판 신나게 소통하고 싶었습니다."

그는 마술을 접목해 트로트를 부르는 장르를 처음으로 선보였다. 반응은 뜨거웠다.

"'마수리'라는 제 예명을 정하기 전까지 20가지가 넘는 이름을 지었어요. 마수리… 왠지 신비스러우면서도 소원을 다 들어줄 것 같지 않나요?"

그가 천천히 노래를 부르기 시작한다.

"마술 같은 희망의 노래로 '수리수리' 주문을 걸면 행복하고 기뻐지는 노래, 기쁘고 행복해지는 노래를 부르고 싶어요."

그의 도전적인 자세와 삶에 대한 열정에 많은 작곡가들이 곡을 주고 노랫말을 붙여줬다.

"저에게는 그분들이 최고의 선물이죠"

국가자격증을 20개나 취득하고, 거쳐간 직업만도 수십 가지. 고려대학교에서 언론정보학 박사과정을 밟으면서도 그는 마술을 하며 노래하는 마수리 '박현식'이 제일 마음에 든다고 말한다.

"지금 제 인생의 후반전도 뜨겁게 시작하고 있는 것 맞죠?"

송림제화 대표 **임명형**

3대째 가업 잇는 송림제화 임명형 대표
평생 갖바치로 살아와… 그게 업이자 행복
기성화가 발 다 망쳐… 좋은 신발은 신고 있는지도 몰라야…

송림제화(松林製靴). 손으로 만들어내는 수제화 전문점으로는 국내에서 가장 오랜 세월을 버텨냈다. 1936년에 수제 양화 전문점으로 창업해 74년의 세월을 버텨냈다. 그렇게 송림은 신발 만드는 일을 업(業)으로 생각해 100년의 가업을 이어가고 있다. 세월을 지켜낸 것만큼 신발 만드는 기술 하나는 어느 누구도 송림과 견주기가 어렵다고들 말한다.

이 집 신발을 한번 신어본 정치인, 기업인, 연예인 들은 단골이 됐다. 1980년대 김영삼 전 대통령도 서울 상도동 자택에 감금된 시절, 그 마음을 삭히려고 집 마당을 많이 밟고 다녔다. 등산화가 닳자 비서를 보내 송림제화에서 밑창을 간 일화가 있다. 그만큼 신발이 편하다. 이렇게 세월을 버텨낸 송림제화도 곧 팔순이 된다.

신발 밑창이 닳아지면 수공으로 다듬어내는 신발 장인의 손끝도 갈라졌다. 손바닥이 갈라지면 세월도 변해갔다. 기계로 돌려대는 기성화가 거리에 쏟아져 나올 때도 송림은 수제화만을 고집했다. 74년 전, 송림제화를 창업한 창립주 고(故) 이귀석 옹(83세 나이로 1996년 작고)은 외조카인 임효성을 신발 기술자로 곁에 뒀다. 신발 하나 잘 만들면 돈을 벌던 시절이었다. 기술이 있으니 부러울 것이 없었다. 주문이 들어오면 밑창 틀을 만들고 형태가 잡히면 족창에 맞게 가죽 원단을 자르고 꿰매고를 수십 번 반복했다.

가죽을 손끝으로 매치는 망치소리가 작업실에 수천 번 리듬을 타고 울려대면 벽면도 그 소리를 받아 신발 한 켤레를 완성시켜 나갔다. 신발 잘 만드는 기술만큼은 국내 최고였다. 그렇게 완성된 신발 한 짝은 장인(匠人)의 성격과 마음을 고스란히 빼어 닮았다. 신 한 짝은 새로 만난 주인 발 곁을 떠날 줄 몰랐다.

1960년대에 들어서면서 기계로 찍어대는 기성화가 고개를 들었다. 당시 등산화 한 켤레가 한 달 봉급과 맞먹을 정도로 고가였다. 두 기술자는 등산 인구가 앞으로 많아질 것으로 예상했다. 그리고는 수제 등산화로 눈을 돌렸다. 세계 최초로 7대륙 최고봉을 등정한 산악인 허영호도 세계 곳곳을 누비며 산을 타고 오를 때 발을 어김없이 송림제화에 맡긴다.

이제는 등산화, 구두, 골프화를 수제로 만들어낸다. 임효성 옹 아들인 임명형 씨가 3대째 송림제화를 지켜낸다. 2호선 지하철을 타고 을지로 3가 역을 빠져 나와 큰 도로를 따라 500미터쯤 걸어 오른쪽 찻길 골목 안으로 들어서면 '송림제화' 간판이 한눈에 들어온다.

작년만 해도 이 송림제화는 1층에서 손님을 맞았다. 이제는 작업실을 3~4층으로 옮겼다. 들어서면 500여 족이 넘는 신발들이 빼곡하게 들어서 있다. 내걸려 있는 신발 하나하나가 장인의 손끝에서 태어났다. 평생을 송림만 찾은 한 백발의 노인은 "송림 신발을 한번 신으면 다른 것은 절대 신지 못한다."고 말했다.

점포의 외경만으로는 다른 신발 가게와 차이가 없어 보인다. 입구 왼쪽에 걸려 있는 등산화 한 켤레, 임명형 대표가 말했다.

"50년 된 등산화입니다. 저게 우리 송림을 말해주지요."

그 말을 듣고는, 작업실로 들어섰다. 7명의 구두 기술자들이 촘촘하게 앉아 있다. 낯선 사람한테 눈길 한 번 보내는 법이 없다. 오로지 그들의 시선은 손에 잡힌 구두에 집중된다. 구두를 만드는 소재와 재료들은 '툭툭텅텅'거리며 박자를 만들고 리듬이 된다. 기술자들은 그 소리로 마음을 쉬고 달랜다.

한 기술자가 가죽 원단을 자르면 다른 기술자들이 그것을 받아서 모양을 낸다. 구두를 만지며 세월을 버틴 노기술자의 두 허벅지는 신발 한 켤레를 꼼짝없이 붙들어 맬 만큼 굳었다. 검게 그을려진 두 손은 평생 구두 만드는 기술자로 이겨낸 살아있는 흔적이 돼서 피부색이 됐다. 갈고리처럼 생긴 송곳바늘로 밑창을 뚫고 굵은 실이 매달려진 바늘을 올리고 내리고를 수십 번 반복한다. 덩그렁거리는 선풍기 두 대가 기술자들 뒤편을 지킨다.

아직 작업실을 지키고 있는 임효성 옹이 작업실 안으로 들어섰다. 안경 너머로 보이는 눈빛은 젊은 기술자 못지않게 예리하게 움직인다. 신발 한 켤레를 집어 들고는 모양이 잡히지 않는 곳을 가리킨다.

"망치로 가죽을 좀 더 쳐. 이쪽을 더 촘촘하게 꿰매고 신발 앞쪽 부분에 더 신경을 써야 해."

7명 중 가장 오랜 세월 송림제화의 작업 공간을 지켜낸 기술자는 김무웅 씨다. 40여 년을 신발 하창 작업만 해왔다. 이제는 신발 바닥만 봐도 신발 주인의 성격을 꿰뚫을 정도가 됐다. 다른 기술을 배우고 익히는 거에는 눈길 한 번 안 주고 평생을 신발 만드는 것을 업(業)으로 여겼다. 이 분야에서 구두 수공(手工)으로는 그가 장인(匠人)이다. 기술자들의 평균 연령이 40이 넘는다. 43세 장현창 씨가 가장 어린 기술자다. 이제는 눈빛으로 마음을 읽어낸다. 그 마음은 기계보다 더 정확한 속도를 낸다. 기술자들은 정성을 다해 세상에서 단 한 켤레인 신발을 밖으로 내놓는다.

송림제화에서 구두를 만들려면 스펀지 재질로 개발된 족형 기구에 발을 맡기고 족형을 뜬다. 기술자들이 발 흔적이 고스란히 박혀 있는 족형을 보고 정성스럽게 손끝을 옮겨놓는다. 족형을 뜨고 발 모양을 잡고 가죽 제본 작업을 한 다음 틀을 만들어 가죽과 밑창이 맞닿을 수 있도록 촘촘하게 재봉을 한다. 밑바닥을 붙이는 하창 작업을 끝내고 가죽에 못질을 수천 번 해야 구두 한 켤레가 완성된 형태로 드러난다. 임명형 대표의 말이 이어졌다.

"세밀하게 나누면 천 가지 공정을 정성스럽게 해야 구두 한 켤레가 세상에 나옵니다. 그만큼 편안한 신발을 만드는 게 어려운 일이지요. 이제는 문을 열고 들어서는 손님의 발 모양만 봐도 단박에 건강 상태까지 알 수가 있어요."

그가 신발 한 켤레를 집어 올렸다.

"신발 만드는 것 중에 제일 중요한 것은 정성입니다. 이 정성이란 놈이 신발에 꾹 눌러서 들어가지 않으면 절대로 편안한 신발을 만들 수 없거든요. 그렇게 만들어진 신발 한 켤레가 평생 손님을 단골로 만들어놓지요."

그는 처음부터 구두 만드는 구두 기술자가 되고 싶지는 않았다. 군대를 제대하고 그의 부친인 임효성 옹에게 기술을 배우라는 말을 듣고는 25세 때부터 신발 만드는 기술을 배웠다. 그리고는 3대째 송림을 지키고 있다.

"기술을 배우겠다고 마음 먹고 처음으로 송림제화에서 한 일이 손님 발 형태를 보는 거였어요. 세상에는 똑같은 발 모양은 없죠. 다 다릅니다. 그 다른 차이를 찾아내는 것이 중요한 겁니다. 발 모양의 차이를 직감적으로 정확하게 알아차리는 데만 해도

20년의 세월이 걸렸어요. 편안한 신발 한 켤레 만드는 게 그만큼 쉬운 일이 아닙니다."

송림제화는 이미 틀을 짜놓은 신발 목형에 발을 맡긴 손님 신발을 만들지 않는다. 발 차이 때문에 늘 목형은 손님 발 모양에 맞는 것으로 새롭게 짜낸다.

"돈을 벌자고 하는 게 아닙니다. 뭐랄까, 제가 이런 일을 안 하면 그동안 송림을 찾은 손님은 다른 신발을 신지 못하십니다. 그분들을 위해 더 편안한 신발을 만들자는 사명감이라고 할까요."

신발 한 켤레를 주문하면 빠르면 5일 정도가 걸린다. 더딘 것은 두 달 넘게 기다려야 신발을 만져볼 수 있다. 이렇게 장인의 손길로 만들어진 신발은 하루에 10족 내외로 만들어져 송림 문을 나선다. 그의 말을 듣고는 궁금한 게 떠올랐다.

"하루에 손님을 찾아 나서는 신발이 예상 밖으로 적네요. 많이 만드셔야 좋은 것 아닙니까?"

그가 손사래를 치면서 웃는다.

"기계로 찍어내는 게 아니라 손으로 하는 겁니다. 하루 열 켤레 안쪽으로 만드는 것으로 족합니다. 아흔이 넘으신 분이 아직도 우리 집 단골이라면 이해하시겠어요."

그는 오래 전 국내 정형외과 의사들을 찾아다녔다.

"정형외과 의사들이 신발 들고 찾아가면 좋아하던가요?"

"처음에는 이상하게 생각하죠. 그런데 제가 편한 신발을 만들고 싶은데 어떻게 하면 발이 편한 신발을 만들 수 있는지 의학적으로 도움이 될 수 있는 얘기를 해달라고 졸랐죠. 많은 의사 분들이 제화점에서 발을 다 혹사시켜놨다고 하더군요. 그만큼 발에 맞지 않은 신발을 만들고 그것을 신고 다니셨던 겁니다."

그는 수많은 정형외과 의사들과 만난 결과, 신발 깔창에서 힌트를 얻었고, 더 편한 신발을 만들기 위해서는 발의 모양을 고스란히 담아낼 수 있는 족형 기구를 개발해야겠다고 마음먹게 됐다.

"수제화를 맞추려고 가면 발을 얹어놓고 펜으로 모양을 따라 선을 그어가면서 모양과 사이즈를 재잖아요. 전 다르게 생각했어요. 모양을 긋고 하면 발의 형태는 잡히는데 더 편하지는 않을 것 같더군요. 찰흙에 발바닥을 그대로 찍어 눌렀다고 생각해보세요. 자기의 발 모양이 똑같이 나오잖아요. 그것과 같은 원리로 개발한 것이 스펀지로 발 족형을 뜨는 기구입니다. 그 틀을 갖고 신발을 만드는 거죠. 거기에 장인들의 정성을 담아냈는데도 그 신발이 편하지 않다면 이상한 일인 겁니다."

한쪽에 걸려 있는 여성 힐(heel)을 그가 집을 올렸다. 표정이 달라졌다.

"디자인만 생각하면 발은 절대로 편안할 수 없어요. 자신에게 맞는 디자인을 고르고 발을 맡기는 게 중요합니다. 힐 앞쪽이 뾰쪽하죠?"

갑자기 '신발 형태론'을 배우는 강의실 분위기가 돼버렸다. 그가 말한 한 쪽 힐 끝을 잡았다.

"앞쪽을 꾹 눌러보세요. 손이 아프죠."

당연하다는 듯이 되물었다.

"딱딱하니까 당연히 아프겠죠?"

"그런 신발을 오래 신으면 발이 변형됩니다. 20대에 힐을 많이 신으시는데요. 40~50대 되면 발이 변형돼서는 우리 가게로 찾아오십니다."

그가 다시 질문을 던졌다.

"신발이 편하지 않고 오래 신으면 불편한 게 왜 그런지 아세요?"

그가 구두 한 켤레를 집어 들더니 말을 이어간다. 그가 구두를 너무 높이 들고 쳐다보고 있는 것처럼 느껴져 순간 몸이 움찔됐다.

"오래 걸으면 발은 다 아픈 거 아닙니까?"라고 되물었더니 그가 씩 웃으며 신발 안쪽을 펼쳐보였다.

"발을 감싸고 있는 안쪽의 형태와 가죽이 발과 맞닿게 되는 2~3mm 차이 때문에 그런 겁니다. 기술자들이 그 차이를 잡아내지 못해서 발이 더 불편하게 느껴지는 거죠."

송림의 기술자들은 그가 말한 대로 2~3mm의 섬세한 차이를 발견해낸다고 한다.

"발의 원형을 고스란히 족형 기구로 담아내서 수제로 만든다고 끝나는 게 아니군요." 이 한마디에 그는 "족형 뜨는 것만으로는 기술이 아니죠. 그건 그저 손님 발에 꼭 맞는 신발을 만들려고 하는 겁니다. 기술은 그 족형을 뜨고 나서부터 시작된다고 할 수 있습니다."

"신발 만드는 게 까다롭군요."

"까다롭게 만들어야 사람과 같이 움직이는 신발이 됩니다. 좋은 신발은 신고 있다는 생각이 안 들 정도로 가죽이 발을 감싸고 있게 됩니다. 걷고 뛸 때 맨발로 움직이는 느낌이 들 정도로 발의 감각을 느껴야 최고의 신발입니다."

그가 구두 한 켤레를 신어보라고 내놨다. 머뭇거렸다. 두 발에 신겨진 구두를 반 강제로 벗겨냈다. 그가 만들어낸 신발을 발에 구겨넣었다. 걸어보라고 한다. 발의 피부와 맞닿은 구두 가죽의 촉감을 느낀 발은 구두가 아니라 슬리퍼를 신은 것과 같았다.

"편하죠? 움직여 보세요."

그가 신나게 교통신호를 보내고 있는 것처럼 두 손은 공간 곳곳을 움직여 보라고 가리킨다. 몇 발자국 움직이자 발은 누워 있는 것처럼 편안하게 느껴졌다.

"신발 때문에 고생을 하시다가 전국에 소문난 신발 장인들을 다 만난 손님이 계세요. 송림에 오시더니 다른 수제화집하고 차이가 있냐고 물어요. 그래서 신고 있는 신발을 봤더니 다 잘 만들어 놨는데 10%쯤 더 차이를 두면 좋은 신발이 될 텐데 그 차이를 놓쳤더라고요. 일단 저희 집 신발을 신어보라고 했죠. 신발이 완성되고 주인을 찾아갔는데 신발을 신고는 우시더군요."

그 말은 사실이었다. 그렇게 신뢰와 정성으로 신발에 박음질을 하며 달려왔다. 한번 고객은 평생 단골로 이어진다. 송림을 만난 발은 다른 구두에는 적응을 못 한다. 그만큼, 고집 하나로 세월을 버틴 수제 기술 장인들이 만들어낸 구두는 차이를 냈다.

"좋은 신발 만드는 데 차이가 뭡니까?"

"무엇보다 재료가 중요합니다. 저는 좋은 가죽을 구하려고 전국을 누비고 다닙니다."

그는 신발 장인들이 더 좋은 신발을 만들 수 있도록 전국을 돌아 좋은 재료들을 구한다. 그가 구해온 재료를 갖고 기술자들은 편한 신발을 만들어낸다.

"좋은 가죽을 쓴다고 해도 완성된 신발을 보면 손님들이 가죽의 차이를 모르는 경우도 많죠. 가장 예민한 것이 발입니다. 그런 발을 절대 속일 수가 없어요. 좋지 않은 가죽을 쓰면 발이 단박에 적응을 못 합니다. 그것은 손님이 송림을 믿는 것뿐이 없습니다. 그렇게 100년 가까운 세월을 신뢰 하나로 버텼어요."

그는 말가죽과 악어가죽을 최고로 친다.

"많이 쓰는 가죽이 송아지 천연가죽입니다. 참 편안하죠. 하지만 말가죽하고 악어 가죽에는 당할 수 없습니다. 한번 이 재료로 신어본 손님은 다른 가죽으로 만든 신발을 신지 못해요. 가죽이 늙지 않아요. 주인 발에 평생을 적응하면서 편안하게 해드리죠. 신고 다닐수록 편안해지는 게 좋은 신발이잖아요. 중국에서 들어오는 가죽 중에서 식별하기 어려운 것들이 있습니다. 그래서 저는 직접 육안으로 보고 만지고 감각으로 느껴서 가죽을 선택합니다."

그는 하루에 열 켤레만 만들어도 돈을 벌 수 있다고 한다. 송림에서 내놓은 신발 가격을 속으로 계산해봐도 욕심을 내지 않은 매출이다.

"딱 그 정도만 돼도 먹고 사는 데는 지장 없어요. 적게 판다고 해서 지금까지 우리 기술자들한테 월급 밀린 적도 없고요. 그 정도면 됩니다. 주문 많아지면 돈이야 벌겠지만 손님 발이 불편해집니다. 그래서 우리 기술자들이 하루에 소화해낼 정도로만 신발 주문을 받아요. 이젠, 이게 업이라고 생각해요. 우리나라의 신발 기술력은 참 좋아요. 양화 기술은 식민지 때 일본 사람들한테 어깨 너머로 배웠다고 들었어요. 우리 양화의 역사는 100년도 안 됩니다. 미국이나 유럽에는 400~500년 된 제화점이 있어요. 참 부러운 일입니다. 평생을 갓바치로 살아간다는 것은 큰 행복이죠."

『경국대전(經國大典)』에도 화장과 혜장의 기술을 가진 갓바치들이 활동이 고스란히 드러나 있다. 예로부터 전통 가죽신을 만드는 장인이나 기술자를 화혜장(靴鞋匠)이라고 불렀다. 목이 있는 신발인 화(靴)를 만드는 장인을 화장(靴匠), 목이 없는 신발인 혜(鞋)를 만드는 장인을 혜장(鞋匠)이라 해 별도의 장인으로 구분했다. 두 가지 기술을 통칭해 주피장(周皮匠)이라고도 한다. 조선의 마지막 왕실 갓바치를 지낸 황한갑(黃漢甲)은 1971년 중요 무형문화재 화장 기능 보유자로 지정됐으나, 1978년 사망하면서 전통 가죽신을 만들던 갓바치의 명맥이 끊어졌다.

문을 열고 한 손님이 들어섰다. 그가 예리하게 발을 살핀다.

"제가 권해드리는 신발을 신으세요."

이 한마디에 손님은 그를 쏘아본다. 손님과 그의 대화가 이어졌다. 그는 손님한테도 물러서는 법이 없다.

"신발만큼은 우리에게 믿고 맡겨야죠. 그만큼 자신 있습니다. 처음 오시는 분들은 다양한 것을 선택하시는데 그러면 발이 아파서 다시 오십니다. 발을 수만 번 만져본 우리가 손님에게 꼭 맞는 신발이 어떤 것인지 단박에 아니까요. 그것을 신어야 발이 편안하죠."

"수제화 하나만으로 100년을 채울 수 있겠습니까?"

이 말 한마디에 숨을 뱉지도 않고 소리가 파고든다.

"당연하죠. 우리 아들 녀석이 이제 고등학교 3학년인데 신발 만드는 기술을 배우겠다고 해요. 기특하죠. 이놈이 이어받아서 25년이 조금 넘는 세월만 버티면 100년은 넘죠. 이세 제대로 된 수제화 기술은 대한민국에 우리 송림만 남았습니다."

그가 신고 있는 신발을 내려다봤다.

"신발집 주인이 되면 신발은 원 없이 만들어서 신으시겠어요?"

그가 어이없다는 표정을 지어 보인다.

"예? 전 이 신발 한 켤레뿐입니다. 이거 신다가 닳으면 제가 직접 만들어서 신어요. 좋은 신발은 한 켤레면 충분합니다."

작업실에서 가죽을 내리쳐 벽면을 울리던 망치질 소리가 멈췄다.

"오늘은 몇 켤레나 만드셨나요?"

"다섯 켤레요. 그것만으로도 행복합니다."

이렇게 말하면서 짓는 그의 미소는 100년 가업을 이어가는 송림제화의 흔들림 없는 장인(匠人)의 혼(魂)을 담아내고 있었다.

김건표가 만난 사람들 / **17**

사진작가 **이재봉**

월간 《춤판춤북》 발행인 이재봉 사진작가

사진에 빠지니 춤판에 흘딱 미쳐…

전국 흩어진 무용 공연 정보 담아 무료 배포, 무용 전문 스튜디오도…

무용에 미쳐 무용 사진만 전문적으로 촬영하는 이재봉. 그의 별명은 재봉틀이다. 무용 공연을 한번 본 뒤로 그의 인생은 180도 바뀌었다.

그의 직업은 시인 지망생을 거쳐 요리사, 컴퓨터 프로그래머에 이르렀다. 한 가지 더 있다면 사비를 몽땅 털어 무용계 소식을 담아내는 《춤판춤북》 발행인이자 관련 인터넷 사이트 10여개를 운영하는 운영자다.

2010년에 개정된 초등학교 3~4학년 체육 교과서에 그가 찍은 사진 6컷이 실렸다.

"사진 찍는 일에 죽도록 매달리니까 죽으라는 법은 없데요. 교과서에도 제 사진이 실리고…"

돈이 안 되는 일에 죽도록 매달리며 신들린 사람처럼 무용을 사진으로 담아내며 살아가는 인생이 즐겁다고 말하는 괴짜 재봉이.

"아버지한테 늘 감사하다고 생각합니다. 왜냐하면 제 이름을 한번 들으면 재봉틀로 바로 기억해 주시는 분들이 많거든요."

그가 만나기로 한 장소로 들어섰다. 이내 전화 한 통이 걸려 왔다.

"어디 계시는데예?" 그의 구수한 사투리에 맞춰 핸드폰이 반사적으로 울려댔다.

한 손으로는 카메라를 움켜쥐고 있었다. 큼지막한 가방은 어깨에 걸려 있는 가방줄이 끊어질 듯 매달려 있다. 주변을 두리번거리는 것을 보고 그를 단박에 알아봤다. 땀을 손수건으로 씩씩하게 훔쳐 대며, "조금 늦었지예." 한다. "누굴 닮은 것 같습니다" 그가 웃었다. "가수 윤도현을 닮았다고…" 반응이 없자 소리가 커진다. "한마디로 살찐 윤도현이라예."

그가 앉자마자 들고 있던 종이 더미를 테이블에 내려놓는다. 월간으로 발행하고 있는 《춤판춤북》 책들이 수북하게 쌓였다.

"무용을 전공하셨습니까." 그의 대답이 바로 날아왔다. "아니라예.", "그럼?", "이놈 때문에…" 그의 시선이 카메라를 향한다. 무용과 전혀 인연이 없던 그였다. 사진

하나로 무용과 인연을 맺게 됐다. 한국무용, 현대무용, 발레 등 가릴 것 없이 무용 공연이 있는 날이면 그는 카메라를 메고 어김없이 공연장을 향한다. 돈이 안 되는 것은 뭐든 안 가리고 다하는 것이 그의 특기가 된 지 오래다.

그것도 부족해 결혼하면 쓰려고 조금씩 모아둔 통장 잔고를 몽땅 털어 《춤판춤북》 발행인이 됐다. 주변에서는 미쳤다고 수군거렸다. 하지만 재봉이를 필요로 하는 곳이 있다는 사실에 신이 났다.

그는 더욱더 무용 사진을 찍고 편집하는 일에 매달렸다. 무용 공연이 있는 날이면 어김없이 공연장으로 달려가 미친 듯이 셔터를 눌렀다. 곧장 집으로 달려와 컴퓨터를 켜고 사진 편집을 하면서 글을 달고 전국 팔도에서 일어나는 무용 소식을 전해주고 싶었다. 그렇게 《춤판춤북》을 만들었다.

1,000부로 시작해 현재는 3,000부를 발행한다. 제작 비용이 월 500여 만 원이 들지만 다 자비로 해결한다. 무용 관련 인터넷 사이트도 10여개를 개설했다. 그중 하나인 '춤판닷컴(chumpan.com)'에서는 전국에서 일어나는 무용 소식을 한눈에 볼 수 있도록 해놨다. 좋아서 매달렸다.

고등학교 시절에는 시인을 꿈꿨다. 그가 책 한 권을 내려놓는다. "뭡니까?", "제가 그동안 쓴 시입니다. 부끄러운데…"

300여 페이지 분량에 담긴 500여 편의 '시'는 세상을 향해 날지 못하고 그의 마음속에 멈춰 있었다. 그의 시는 공모전에는 특별상을 수상했을 정도로 인정을 받았다. 시인으로서 살아보는 것도 괜찮다고 생각했던 그는 마음을 틀었다.

"오래도록 벼르다가 카메라 한 대를 질렀습니다. '룰루랄라'거리며 전국 축제를 다 찾아다녔어요. 그런데 축제 공연에 현대무용을 봤는데 저도 모르게 손끝이 셔터를 누르고 있더라고요. 압도되는 느낌… 무용에 홀딱 반했어요. 그 뒤로는 무용 사진만 찍고 있습니다."

군대를 제대하고 요리와 컴퓨터 일을 하던 중에 가야산으로 등산을 갔었다. 그곳에서 놀고 있는 꼬마 한 명을 우연하게 마주친 것이 그의 인생 항로를 바꿔 놨다.

"꼬맹이 한명이 계곡에서 물을 퍼 흙으로 성을 쌓고 노는 겁니다. 참 예쁘데요 그래서 사진 몇 컷을 찍고 다시 등산을 하고 내려오는데 그 녀석이 보고 싶은 거예요

인연인 거죠. 동네에서 그 녀석하고 신나게 놀았어요. 사진도 찍어주고요"

그때 만난 동네 꼬마가 잊힐 무렵, 컴퓨터 자격증 강좌 사이트를 운영하고 있던 그의 홈페이지에 글이 하나 올라왔다.

"그 녀석이 글을 남겨 놓은 겁니다. 가야산 해인사 근처에서 부모님이 여관을 운영하시는데 보고 싶다고 놀러 오라고 말이죠. 그렇게 다시 찾은 꼬마하고 인연이 됐어요. 해인사로 달려가서 그의 부모님하고도 깊은 인연을 맺게 된 게 저한테는 제2의 인생을 시작하게 했습니다. 그 꼬마 아버지하고는 형님 동생하면서 지냈죠"

하는 일마다 풀리지 않았다. 다니던 회사는 문을 닫았고 그가 개설해둔 컴퓨터 관련 사이트도 신통치 않았다. 수중에 있던 돈은 바닥이 났다. 버스도 간신히 타고 다닐 정도가 됐다. 그래서 스님이 될까 고민도 해봤다.

"흔히 들을 수 있는 '힘들어 죽겠다'는 말이 처음으로 와 닿았습니다. 한마디로 빈털터리, 알거지가 된 겁니다"

쫄딱 망하자 그는 갈 곳이 없었다. 그때 그의 머리를 스치고 지나간 것이 해인사에 있던 꼬마와 형님, 그리고 '해인장여관'이었다.

"진짜로 죽으라는 법은 없는 것 같아요. 꼬마 아버지가 여관방 하나를 덜컥 내주시는데 억수로 감사했습니다. 남은 재산은 컴퓨터 두 대가 전부였어요. 여관방에 책상과 컴퓨터 2대를 놓고 해인사 인근에 사는 학생들 컴퓨터 공부시켰어요. 당시에는 워드 자격증 바람이 불어서 신나게 가르치면서 지내니 살 것 같았습니다"

그의 컴퓨터 기술은 동네에 소문이 났다. 학생들이 하나 둘 몰려오고 인근 학교까지 잘 가르친다는 입소문이 퍼졌다. 돈이 조금 모아지자 그는 중고 카메라 한 대를 구입했다. 그리고는 미친 듯이 다시 무용 공연을 찍으러 다녔다.

"무용 공연을 촬영하고 사진을 보면 기가 막힌 겁니다. 제가 잘 찍은 게 아니고 무용하시는 분들한테 감탄을 한 거죠. 그래서 주인한테 구경이라도 시켜줘야 예의가 아닌가 싶어서 들어와서 무용 사진 실컷 보시고 가시라고 홈페이지를 차렸어요"

그리고는 미친 듯이 무용 공연만을 찍으러 다녔다.

"제가 무용 계통을 잘 모르잖아요. 무용 쪽 일을 하시는 분들을 수소문해서 찾아다녔어요. 교수, 연출가, 전문 무용단들, 공연장 가리지 않고 찾아다니면서 사진을 촬영해서 보여드리니 주변에서 '아하 이놈 봐라 참 희한하게 무용 사진 잘 찍네' 하는 겁니다."

그는 카메라를 들고 무용 관계자들을 만나고 다녔다. 수중에 돈은 없어도 마음은 행복했다.

"사진 찍는 게 억수로 재밌데요. 마음이 행복해지니까 돈 생각은 안 하게 되더라고요."

무용 사진만 전문으로 미친 듯이 5년 정도 찍고 다니자 주변에서 그를 찾기 시작했다. '재봉이가 있어야 무용 공연이 산다'는 얘기가 돌았다. 그는 신이 났다. 전국에 흩어져 있는 무용 공연 정보를 담아 무료로 배포했다. 그렇게 5년 동안 셔터를 누르고 미친 듯이 버티자 어느새 그는 이 분야에서는 최고의 전문가가 돼 있었다. 그가 찍은 무용 사진만 100만 컷에 달했다.

"제가 촬영한 것 중에 마음에 드는 사진은… (생각) 100장도 됩니다."

"사진을 촬영하는 것보다 선택하는 과정이 더 힘들군요?"

"기준이 엄격해야 합니다. 사진 촬영 나가면 3,000~4,000장 정도 찍고 오는데 제가 최종적으로 선택해서 사진 주인공한테 전해드리는 것은 70장 정도 됩니다. 평균 40장 내외입니다. 억수로 재수가 좋으면 더 되고요."

그가 운영하는 사진, 무용, 디자인, 공연 정보를 관련 사이트만 10개 여가 된다. 특히 워드 강좌와 한자 교재를 볼 수 있는 사이트(day55.com)는 하루 방문객이 30만 명이 넘는다. 사이트를 운영해서 수중으로 조금 들어오는 돈은 다시 《춤판춤북》을 발행하는 데 다 털어 넣는다.

"이제는 돈이 좀 들어옵니까?"

그가 웃는다.

"일에 묻혀 지냅니다. 그게 좋고 그것이 행복인데… 돈이 없더라도 다 투자라고 생각합니다. 가늘고 길게 갈 겁니다. 사이트 운영해서 한 달에 400~500만 원 정도 들어오는데 무용에 다시 투자하는 겁니다."

그는 3개월 전에 조금씩 모아둔 사비를 털었다. 무용가들을 위해 프로필 사진도 전문적으로 촬영할 수 있도록 스튜디오를 꾸미고 싶었다. 월세 40만 원 정도 낼 수 있는 사무실을 얻었고 직원도 2명 채용했다.

"막상 사무실을 얻고 직원을 채용하니까 월급을 줘야 하는 게 털컥 겁이 나데요.

하지만 걱정하지 않습니다. 죽으라는 법은 정말 없는 것 같습니다."

컴퓨터 몇 대와 사무 책상 몇 개가 그의 사무실을 지키지만 그는 여전히 행복하다.

"앞으로 무용만 전문적으로 촬영하는 스튜디오로 꾸밀 겁니다."

"돈 들잖아요?"

"아하, 다 됩니다. 천장에 조명을 달고 벽면에는 다양한 배경을 집어넣어서 그럴싸한 스튜디오로 반드시 만들 겁니다. 그래서 좋은 무용가들 프로필 사진 찍어서 소개하고 그분이 잘 되면 제가 잘되는 거라고 생각해요. 전, 무용가들을 존경합니다."

"돈도 벌지 못하고 무용 사진에 미쳤다는 얘기를 들어도 행복해요?"

"제가 무용 사진을 촬영하기 위해 공연을 보면 감탄스럽습니다. 한국무용은 정적입니다. 느린 듯하지만 그 안에는 빠르고 살아있는 클라이맥스의 정점이 보입니다. 장단에 맞춰 움직이면서 무용수의 손이 천천히 펼쳐지면 그 춤사위에 저도 전율을 느낍니다. 제게 말을 하는 느낌입니다."

"몸짓으로 말하는 소리가 들립니까?"

그의 표정이 다시 밝아졌다.

"감동을 주는 몸짓이 중요한 것 같아요. 감동을 전하지 못하는 몸짓을 보면 참 난해하다는 생각을 해요. 뭘 의미하는지 모르겠어요. 젊은 사람들이 안무에 대해 고민하는 것은 바람직하지만 객관화되지 못할 때 안타깝죠. 스토리가 있고 그 얘기를 몸으로, 마음으로 전해줘야 감동이 생깁니다."

"일부 사진작가들은 국선에 출품해 상을 받는데 욕심을 부리죠."

"한국사진작가협회 주최 대전에 출품해본 적이 있어요. 그런데 회의가 들더군요. 이미 대상은 정해져 있잖아요. 뉴스에도 보도가 된 사실이고요. 논란의 여지는 있는 겁니다. 예술작품이 주관적이잖아요. 운도 따라야 하구요. 앞으론 국선에 제 사진을 출품해 볼 생각은 전혀 없고 상금에 욕심도 없어요. 제 사진이 예술이라고 생각하진 않습니다."

그의 말이 끝나기가 무섭게 그가 촬영한 사진을 펼쳐봤다. 사진 한 컷, 한 컷이 무섭고 매서웠다. 몸짓으로 예술을 표현하는 무용수와 이를 사진에 담아 또 다른 예술로 승화시키는 그. 그 순간만큼은 두 사람이 한 몸짓을 하고 있었다.

배우 **김병춘**

드라마 〈글로리아〉 삼류 밴드마스터 역 김병춘

작은 배우는 있을 수 있지만 작은 역할은 없어…

과한 표현 버리니 세포가 바뀌는 경험… 데뷔 30년 만에 영화 주연도…

배우는 등장인물이라는 가면을 쓴 채 표정으로 말하고 몸짓으로 표현한다. 소리로 내뱉어지는 언어는 감정으로 폭이 달라져 절묘하게 등장인물의 마음상태를 담아낸다. 그래서 배우는 가면을 통해 진짜와 가짜의 경계를 허물어야 한다. 그 경계를 허무는 것은 어렵고 고독하고 외로운 수련의 과정이다. 배우가 시청자들과 교감하기 위해서는 자신 자체로서가 아니라 등장인물로 철저하게 살아 숨 쉴 때 박수를 받는다.

무대에서 평생을 살아가도 늘 부족함을 느끼는 것이 남을 표현해야 하는 배우다. 그것이 배우의 숙명이다. 데뷔 30년차 배우 김병춘은 서로 얼굴을 대하고 끝내는 순간까지 눈빛 하나하나가 흐트러지는 법이 없다.

"배우의 연기는 인물의 세포가 내 몸 안으로 전이되어야 진실한 거죠 또 작은 배우는 있을 수 있지만 배우에게 작은 역할은 있을 수 없습니다."

그의 연기 철학이다. 약속 시간은 정하지 않았다. 대략 오후 4~5시 사이에 보자고 한 것이 전부다. '부산국제영화제' 참석 후 이제 출발한다고 전화가 걸려왔다.

"고속도로가 좀 막힌다. 어어… 갈수록 더 막히네. 최대한 빨리 갈 테니까… 도착 즈음에 다시 전화할게."

배우 김병춘의 얘기를 담는다는 것, 부담으로 다가왔다. "형 얘길 한번 담아야겠어." 말이 없었다. "데뷔 때부터 잘 알고 있는 사람이 솔직하지 않겠어?" 수화기로 그의 굵직한 음성이 날아온다. "왜 하필 나냐?"

그가 약속 장소에 들어섰다. 달라지는 표정은 이내 말로 바뀐다. 그만큼, 표정 하나하나에 섬세함이 숨겨져 있다. 모자를 눌러 쓰고 있었다.

"어때 잘 어울리지 않아?"

MBC 주말 드라마 〈글로리아〉(극본 정지우, 연출 김민식, 김경희)를 통해 그를 본 시청자들은 그의 능청스러움과 익살스러움에 '저 배우 누구냐' 하며 궁금해한다. 영화와 드라마에서 종종 얼굴을 비췄지만 마음고생도 많았다.

〈글로리아〉에서 클럽 '추억 속으로'의 기타리스트이자 밴드마스터 이윤배 역을 맡고 있는 배우 김병춘. 극단 '목화'에서 수많은 작품으로 탄탄한 연기를 보여줬던 그. 전도연 주연의 영화 〈해피엔드〉에서 전기 수리공으로 등장한 것이 무대를 떠나온 첫 외출이었다. 영화 〈말죽거리 잔혹사〉에서는 날카롭고 매서운 교련 선생으로 분해 강렬한 인상을 남겼고, 이성재가 주연한 〈바람의 진설〉에서는 자이부의 대가 박 노인 역할을 맡으며 영화에서의 연기폭도 넓혔다.

드라마 〈패션70S〉, 시트콤 〈못 말리는 결혼〉, 사극 〈천추태후〉 등 다양한 작품에 얼굴을 내밀었지만 그는 현재 방송되고 있는 드라마 〈글로리아〉에서 밴드마스터 이윤배 역을 맡고부터 생활연기의 참맛을 알았다고 했다.

배우 김병춘은 진짜와 가짜라는 배우의 경계에서 역할을 맡으면 끈질기게 가만 놔두질 않는다. 너무 등장인물에 집착해 가짜 이상의 가짜가 되는 순간도 있었다.

"〈글로리아〉를 하면서 생활연기의 참맛을 알았죠. 그동안은 너무 드라마틱한 캐릭터를 해왔어서 주로 강렬함을 표현했거든요."

무대에서의 김병춘은 명배우다. 그가 출연한 연극 작품을 데뷔작부터 모조리 보고, 그가 출연한 TV, 영화를 지켜봤다. 언젠가는 이 배우가 관객들의 감정을 뜨겁게 달굴 것이라는 강한 믿음과 신뢰가 생기게 하기에 충분했다. 그만큼 그는 무대에서 성실한 배우였고, 그 기대를 저버린 적이 없었다. 소위 말하는 촌(村)에서 자란 김병춘은 코미디 프로 '웃으면 복이 와요'를 보면서 꿈을 키웠다.

"지금은 고인이 된 코미디언 이기동, 배삼룡, 이주일 선생님을 보고 코미디언이 되기로 마음먹고 서울로 왔어요. 무조건 코미디언이 되고 싶어 달려왔죠. 그리고는 곧장 아동극단 딱따구리에서 배우로 첫 발을 디뎠습니다."

그는 중학교 시절부터 간혹 연극과 TV, 영화에 출연했다. 현재 서울시의회로 사용되고 있는 세종문화회관 별관에서 열린 아동극 〈그림 없는 그림책〉의 무대를 밟은 게 첫 데뷔다. 음식 솜씨가 뛰어난 그의 모친은 어린 배우 김병춘이 연극공연을 할 때면 출연 배우들이 배불리 음식을 먹을 수 있도록 극장으로 음식을 실어 날랐다.

"우리 어머니 음식 솜씨가 끝내 주거든요. 아들놈이 출연한다니까 배불리 먹으면서 공연하라고 직접 푸짐하게 음식을 해오셨거든요. 잘살지는 못했지만 어머니가 내게

품어주는 마음만큼은 늘 넉넉했어요. 당시에 절 가르쳐 주신 분이 현재 연극배우이시고, 배우협회장을 지낸 허현호 선생님입니다. 선생님의 공명이 잘 된 음성과 소리가 압권이었거든요. 그분을 보면서 '난 코미디언이 아닌 연극배우가 돼야겠다'고 생각했어요."

김병춘은 연극배우가 되기로 마음먹은 후 공부에 매달렸다.

"죽도록 공부만 했어요. 외우는 과목은 책 통째로 외워 버렸어요. 연극배우는 공부를 해야 한다니까 무식하게 공부를 한 겁니다. 아, 그런데 늘 바닥을 치던 성적이 쑥쑥 올라가는 거예요. 그래서 농구 명문인 용산고등학교에 들어갈 수 있었어요. 고등학교에 들어가서도 공부 못 한다는 소린 안 들었으니까 성공한 셈이죠. 하하하. 연극을 하려면 다음엔 대학에 들어가야 한다고 해서 전공도 연극을 택한 겁니다."

앞에 놓인 냉수 두 잔을 그대로 입속으로 털어 놓고는 손목에 찬 시계 자랑을 늘어놓는다.

"드라마에 같이 출연하시는 이영하 선생님이 주신 겁니다. 제 캐릭터를 보고 '병춘아 이 시계 한번 차봐' 하시는 거예요. 그게 얼마나 감사해요. 시계라는 소품을 차는 순간, 내가 맡고 있는 인물이 확 살더라고요. 기타리스트로서 더욱 몰입이 됐어요. 시청자들에게는 소품 하나하나의 섬세함이 안 보일 수 있지만 저는 배우로서 소품의 가치를 느낀 무서운 체험을 한 겁니다."

사극 〈천추태후〉를 하면서 그는 마음고생이 심했다고 했다.

"연기가 너무 강했어요. 주변에서 얘기도 많이 들었습니다. 표현이 좀 과하다고요. 마음이 찢어지고 타들어가는 심정일까요. 과한 표현을 하면 저도 부담스러운데 그것을 보는 분들도 많이 부담됐을 거라고 생각해요."

그는 주어진 역할을 철저하게 준비한다. 연극을 통해 몸에 밴 습관들과 표현의 설정들이 간혹 연기에 지장을 줄때도 있었다고 솔직하게 털어놨다.

"〈글로리아〉이전 작품까지는 주로 제가 많이 설정해서 표현했어요. 거기에서 좀 과부하가 걸렸던 것 같습니다. 이 드라마를 하면서 너무 많이 편해졌죠. 어느 날부터는 대본을 보고 철저하게 이해만 합니다. 그러니까 자연스러운 말이 나오고 대사는 이미 제 몸속으로 들어와 있더군요. 그다음에는 제 자신을 그냥 내버려둡니다. 이제 제 표현에 대해서 전혀 설정하지 않고, 상대 배우의 감정과 생각, 그리고 다른 표현들에 대해서만 집중하고 반응을 하니까 제 연기의 색깔이 보이고 그것이 그대로 표현되는 겁니다. 주어진 역할에 그냥 저를 툭 하니 놔두니 비로소 제가 아닌 등장인물이 되더군요."

배우들은 주어진 역할을 소화해내고 극 속에 다른 인물을 담기 위해 '버린다'는 표현을 많이 쓴다. 배우는 철저하게 버리고 새로운 것을 담아내야 한다는 것이 그의 지론이다. 그것이 쉬운 일은 아니다. 20년을 연극무대에서 강렬한 인물이 되고 그 인물의 호흡을 익혀온 배우가 새로운 연기 영역의 환경을 담기 위해 그동안 쌓여 있던 습관들을 다 벗어던지기가 쉽지 않았다.

"연기를 하고 있는 제 자신이 너무 행복해요. 무엇을 담아내고 더 표현해야 하는지 이제는 정확히 몸속 깊숙하게 빨려들어 왔으니까요."

드라마 〈글로리아〉에 캐스팅 될 때의 얘기를 꺼냈다.

"정지우 작가와 김민식 감독님께 정말 감사하죠. 절 믿고 역할을 맡기셨으니까요. 리허설을 하면서 제 연기 톤이 습관처럼 조금 높았어요. 저는 못 느꼈죠. 휴게실에 앉아 있는데 감독님이 찾아온 거예요. 그러더니 저한테 '형, 그 장면에서는 좀 넘친 것 같은데 조금만 줄여주세요'라고 말하는 겁니다. 그때 얼마나 고맙던지요."

배우 김병춘은 어떤 역할이 주어져도 반드시 해내는 배우다. 그만큼 몸속으로 인물을 집어넣기 위해 몸부림치면서 서서히 등장인물을 살아 움직이는 세포로 만들어간다. 〈글로리아〉에서 그는 감칠맛 나는 연기로 시청자들의 시선을 사로잡고 있다. 기타를 한 번도 만져본 적이 없는 그는 일상생활에서부터 철저한 삼류 기타리스트가 되기 위해 잠에서 깨면 기타를 잡고 연습하며 하루 일과를 시작한다.

"제가 전혀 기타를 못 쳤어요. 삼류 밴드마스터가 되기 위해 하루 8시간씩 두 달을 연습했어요. 손에서 진물이 나올 정도로 연습했죠. 연습에서 오는 고통은 이루 말할 수 없어요. 하지만 고통보다 더 중요한 것은 꼭 해내야 한다는 겁니다. 첫 촬영날 저를 20년 정도 기타를 친 사람처럼 보시더라고요. 배우로서 그때의 희열은 이루 말할 수 없죠. 이제는 버리면 버릴수록 더 좋아진다는 것을 느끼고 역할에 집중하려 합니다."

주어진 등장인물을 철저하게 소화해내는 것이 배우의 역할이다.

"더 쉽지 않는 것은 배우다운 배우로 인정을 받은 것이죠. 직업 배우라는 이 고유명사 앞에서 자유로워질 수 있는 배우는 없을 겁니다. 배우는 늘 이 지점에서 철저하게 자신과 싸우고 몸부림치면서 수련을 거쳐야 합니다."

그 수련은 '나'라는 배우를 '너'라는 등장인물로 몰입시켜 두 인물이 합을 이루기 위한 과정이다.

"타고난 배우라도 해도 대본이 주어지고 역할이 주어지는 순간부터 자유로운 배우는 없을 겁니다. 내가 아닌 다른 '너'가 된다는 것은 쉽지 않은 거죠. 남의 말을 들어주고 이해하는 과정도 힘든데 다른 사람이 된다는 것이 쉬운 일이 될 수 없죠."

배우는 이러한 진짜와 가짜라는 경계를 자유롭게 오고 가야 한다. 때로는 왕이 될 수도 있고 신하가 될 수도 있다. 수백 가지의 등장인물로 살아가는 배우. 진짜와 가짜라는 경계는 참 묘하다. 등장인물이 가짜라고 해도 배우의 표현에는 진실함이 요구된다. 내가 아닌 다른 사람인데도 보는 이들로 하여금 진실성이 묻어날 수 있도록 배우는 감정을 섞어 온몸으로 담아내고 표현해야 한다. 그것이 배우에게 주어진 역할이자 임무이고 평가의 기준이 된다.

"배우가 되고 싶은 사람은 늘어가는데 진정한 배우는 많지 않습니다. 저도 늘 더 좋은 배우가 되기 위해서 수련할 뿐입니다. 늘 지금, 여기에 있을 뿐이죠."

그의 배우 인생 중 극단 '목화'에서의 생활은 빠질 수 없는 대목이다. 영화와 브라운관에서 활발하게 활동하고 있어 지금은 이름만 대면 알 수 있는 배우 성지루, 정은표, 박희순, 김수로, 유해진, 손병호, 황정민 등이 극단 목화 시절부터 함께해온 동료 선후배들이다.

군 제대 후 그는 곧장 연극 연출가 오태석 선생이 이끄는 극단 목화에서 배우로 다시 태어나게 된다. 극단에서 궂은일을 도맡아 오던 그는 하루에 포스터 1,000여 장을 대학로 곳곳에 붙이고 나서야 연습을 할 수 있었다. 극단 목화에서 그의 첫 연극무대는 〈백구야 껑충 날지 마라〉였다. 그가 맡은 일은 연기가 아닌 막잡이였다. 너무 긴장한 탓에 막을 잘못 올려 무대 뒤에서 배우들이 의상을 갈아입는 장면이 관객들에게 그대로 노출된 적도 있었다. 지금은 웃으며 얘기하지만 그때는 온몸이 굳어졌었다고 했다.

이러한 과정을 거친 뒤, 〈심청이는 왜 인당수 물에 몸을 던졌는가〉, 〈부자유친〉, 〈자전거〉, 〈도라지〉, 〈서푼짜리 오페라〉, 〈로미오와 줄리엣〉 등 목화의 다양한 작품을 통해 배우로서 진짜와 가짜의 경계를 넘나들며 강렬한 인상을 남겼다.

그의 나이는 올해로 44세. 30년째 배우로 살아가고 있다. 하지만 그의 배우 인생 계산법은 조금 다르다. 〈해피엔드〉로 첫 스크린에 등장했으니까 영화 데뷔는 12년차다. 특히 배우로서 전율을 느낀 〈아침 한때 눈이나 비〉를 기점으로 하면 18년이라고 했다.

〈아침 한때 눈이나 비〉에서 배우 김병춘은 서너 장면 등장하는 염꾼 노인 역할을 맡았다. 이 역할을 통해 김병춘은 존재감을 각인시켰다. 주어진 역할을 잘근잘근 씹고, 배우의 마음 깊숙이 담아 진짜 염꾼으로 표현했다는 찬사를 받았다. 그는 이때 비로소 온몸이 등장인물의 세포로 뒤덮여지는 아찔한 순간을 경험했다고 했다. 등장인물이 온몸으로 들어와 머리에서 발끝까지 짜릿한 전율을 느꼈던 것이다.

"전 그저 비중이 작은 단역이었어요. 하지만 이 작품을 통해 작은 배우는 있을 수 있지만 배우에게 작은 역할은 있을 수 없다는 것을 알았죠. 역할이 주어지고 병원과 장의사들을 훑고 다녔어요. 두 달 공연했는데 제 세포가 염꾼으로 완전히 바뀌었던 것 같아요. 가장 편안하면서도 철저하게 등장인물화 됐었죠."

그는 당시의 공연을 회상하며 독백처럼 말을 이어갔다.

"전 그때 김병춘이 아니었어요. 머리에서부터 발끝까지 장의사 염꾼이었던 겁니다. 배우로 인정을 받는 것은 등장하는 장면 횟수나 분량 차이가 아니라 무대에 단 몇 초만 나오더라도 등장인물의 세포가 배우의 몸으로 전이돼야 한다는 것을 깨달았습니다."

그의 배우 인생에서 연출가 오태석 선생도 빠질 수 없다.

"오태석 선생님과 연극을 같이 하고 싶었어요. 굉장히 실험적이고 강렬한 연극을 하셨거든요. 그분과 함께하며 철저하게 훈련하고 다양한 인물을 토해냈습니다. 제게 배우는 따로 연습을 하는 것이 하니라 늘 삶속에서 지속적으로 연습해야 하고, 하루 24시간을 배우로 살아가야한다고 깨우쳐주신 분입니다. 늘 그 인물로 살아버리는 것, 실로 목화 단원들 전체가 그랬습니다. 그것이 목화 연극의 힘이고 그래서 오 선생님이 만드시는 연극은 폭발적이었어요."

극단 목화 시절 연극 〈부자유친〉에서 사관 역할을 맡고 일본으로 첫 해외 공연을 떠난 배우 김병춘에게 평생 잊지 못할 일이 생겼다. 극단 막내이자 막잡이에서 배우 김병춘으로 주목받을 만한 사건이 일어난 것이다. 공연 도중 극장에 전원이 나갔지만 김병춘은 전원이 나간 것이 아니라 연출자의 의도라고 생각하고 대사를 읽어 내려갔다.

"이날 공연은 일본의 연극계 지성인들이 다 와서 객석에 앉아 있었어요. 2분짜리 반교문(頒教文) 독백을 읽어 내려가는 장면이었는데 무대가 컴컴한 겁니다. 전 속으로 오 선생님이 또 장면을 바꾸셨구나 생각하고 아주 강렬하게 대사를 토해냈어요. 공연이 끝나고 나서야 전원이 나간 것을 알았죠. 그런데 극 흐름상 아무 문제없이 넘어갔고, 조명이 없는 상태지만 선생님이 의도한 것처럼 비춰진 겁니다. 그때 처음으로 칭찬을 받았어요."

연극무대에서 그의 연기는 강렬함을 넘어섰다. 그러나 드라마와 영화를 하면서 그의 힘있는 연기는 때때로 조절이 요구됐다. 극적인 연기에서 자연스런 일상생활의 연기를 표현하는 것은 연기 영역을 넓히기 위해 주어진 큰 숙제였다.

"연극배우로서는 등장인물을 표현할 수 있는 최고의 극적 순간도 맛봤어요. 몸짓, 소리와 발성, 발음 등 모든 표현들이 배우가 밖으로 토해낼 수 있는 최대의 경지까지 가도록 말입니다. 연극무대의 특성도 있고, 제가 한 작품들이 실험성이 강한 작품들이었으니까요. 그런데 드라마나 영화를 하면서는 반대되는 연기를 해야 했죠. 그 힘을 빼는 시간이 힘들었고, 지금도 여전히 제겐 중요한 숙제이지만 이제는 어떤 역할이 주어져도 자신 있습니다. 그동안 해왔던 모든 것을 다 집어던지고 다시 채워 넣어야 한다는 것을 알아요. 소리와 몸짓을 과하게 했던 강렬함에서 이제는 편안한 일상연기를 해야 하니까요. 표정도, 소리도, 몸짓도 작고 섬세할수록 좋다는 것을 느꼈습니다. 연극은 배우의 표현을 최대한 확장해서 전달시켜야 하지만 TV나 영화는 그 반대니까요."

배우는 고독하다. 철저하게 등장인물화 되기 위해 자신과의 훈련 과정을 겪어야 한다. 관객이나 시청자 앞에서는 내가 아닌 극의 인물 즉, 다른 사람이 돼 있어야 한다. 그가 갑자기 답답한지 물 한 컵을 가져다 달라고 했다. 그와 마주한 지 꽤 시간이 흘렀다.

"그동안 연극무대에서 매체로 이동하면서 제 연기에 대해 많은 고민을 했어요.

'아… 더 덜어내야 하는구나'라고 말입니다. 덜어낼수록 연기가 편안해진다는 것이 드라마〈글로리아〉를 통해 더 구체적으로 몸에 입력된 겁니다. 관객이나 시청자에게 잘보이려 할수록 배우의 존재는 없어지는 겁니다. 부담이 되죠. 저도 어느 순간 이 범위에 있었던 것 같아요. 좋은 평가를 기대해 그 기준에 맞추려는 연기. 그래서 안 좋았던 겁니다. 연기를 하려고 하니까 연기가 더 안 되는 거죠. 그냥 인물 자체로 살려고 하면 되는 겁니다. 연기의 본성이 그런 겁니다. 이제는 남의 평가에 기대지 않고 주어진 역할에 제 몸을 툭 떨어트려 놓으려고 합니다. 인물의 세포가 내 몸으로 전이돼서 저절로 움직여 주도록 말입니다. 마치 신내림을 받는 무당처럼 말이죠. 18년 전 제가 배우로서 느꼈던〈아침 한때 눈이나 비〉이후로 배우로서 등장인물의 세포가 바뀌는 강렬한 경험을〈글로리아〉에서 한 겁니다."

이제 그는 더욱 활동 영역을 넓히고 있다. 예능 프로그램인 '자기야'에 아내와 출연했고 이금희, 김재원 아나운서가 진행하는 '아침마당'에도 스스럼없이 나왔다.

"한동안 제 연기가 왜 이렇게 정체돼 있는 건지 많은 생각을 했어요. 저 스스로가 정한 틀에 갇혀 있었던 겁니다. 뭘 하려고 하면 속으로 '병춘아! 그건 해서는 안 돼'라며 절 붙잡은 겁니다. 이제는 주어진 상황에서 최대한 진실되게 저질러보자는 생각이 듭니다. 내 마음을 그냥 흐르는 대로 놔둬보자고 말이에요."

그리고 많은 변화가 있었다고 했다.

"배우 김병춘으로 살아오면서 제 몸속에 쌓여 있던 이끼들이 서서히 변화한 겁니다. 마음을 열고 그냥 놔두니까 편해지고 연기도 더 자연스럽게 되더군요."

배우 김병춘은 올 12월 개봉하는〈죽이러 간다〉에서 첫 주연을 맡았다.

"스토리 중심에 있는 첫 주연인 셈입니다. 블랙 코미디라고 할까요. 이 시대에 생각해볼 만한 얘기를 던지면서도 웃음은 잃지 않습니다. 아주 재밌는 작품이죠. 이 작품을 하면서도〈글로리아〉때와 마찬가지로 생활연기가 몸속으로 완전히 빨려 왔다는 느낌을 받았어요. 배우에게 이완된 표현이 얼마나 중요한지를 다시 느끼게 해준 영화죠. 배우 김병춘으로서 제 몸에 숨겨진 일부를 찾은 셈입니다. 더 큰 배우가 되기 위해 또 제 몸의 세포가 등장인물로 완전히 전이될 때까지 노력해야죠. 그게 배우의 숙명 아닐까 생각합니다."

그는 지금 이 순간 배우로 살아가고 있다는 것이 행복하다고 말했다.

"행복한 내가 사는 세상을 살고 싶습니다. 내가 행복해야 세상도 행복하게 보이는 거라고 생각해요. 세상은 행복한데 내가 행복하지 않으면 안 되잖아요. 내년부터는 제 생일날 제가 번 돈으로 직접 미역국도 끓이고 술도 골라서 지인들에게 대접하고 싶어요. 그게 행복이죠 뭐. 전 '지금 여기에 내가 있다'라는 말을 늘 가슴속에 새겨 넣습니다. '지금'은 시간을 말해주잖아요. '여기'는 공간이고요. '있다'는 것은 현재와 미래를 포함합니다. 과거를 안고 미래를 바라보며 지금의 배우 김병춘으로 행복하게 살고 싶은 겁니다."

배우 김병춘. 이만큼 솔직한 배우가 있을까. '지금 난 여기에 있다'라고 말하는 사람. 그는 앞으로 40년을 더 배우로 더 살아갈 것이라고 했다. 평생 배우로 살다가 극 속의 등장인물처럼 퇴장하고 싶다고 했다.

철저하게 자신을 조각내고 다시 배우로서 조각을 맞추려는 사람. 그의 이름 앞에 명배우라는 수식어를 붙이는 것이 아깝지 않다. 그와 얘기를 끝내고 소주잔을 부딪쳤다. 입으로 털어 넣은 막창이 더욱 맛있고, 소주의 쓴맛을 느끼지 못했던 것도 그의 진실됨이 달짝지근한 안주로 돌아와서다. 그것이 명배우 김병춘의 힘이고, 그가 지금 행복한 이유다.

김건표가 만난 사람들 / **19**

다큐멘터리 사진작가 **성동훈**

코피노 담는 다큐멘터리 사진작가 성동훈

한국 증오하는 1만 명. 그들은 절반의 한국인, 코피노

한국인 아빠가 버리고 한국 – 필리핀 양국에 외면당한 그들을 아는지…

다큐멘터리 사진작가 성동훈. 사비를 털어서 카메라 한 대를 들고 필리핀 세부로 날아갔다. 코피노(kopino, 한국인 Korean과 필리핀인 Phillippino의 합성어)들의 삶을 카메라로 담고 싶었다. 3개월 전에 필리핀 세부로 들어 갈 수 있는 항공료만 챙겨서 날아갔다.

비행기에 몸을 싣고 떠날 때는 한 달만 있다가 돌아올 계획을 세웠다. 세부 현지에 도착해서는 사정이 달라졌다. 코피노 가정을 어렵게 수소문했다. 카메라로 그들의 삶을 앵글로 찍어내고 싶었다. 셔터를 누를 때는 가슴이 떨리고 손가락이 움직이질 못했다. 뷰파인더로 떨어지는 눈물이 많아졌다. 카메라를 들수록 다시 내려놓을 수가 없었다.

사진의 주인공들도 울고, 그도 울었다. 이들을 두고 다시 비행기를 탈 수가 없었다. 자신의 작품 사진을 찍으러 갔다가 마음이 달라졌다. 사진 속 주인공들인 이들을 위해서 다큐멘터리로 사진을 남기겠다고 마음을 고쳤다. 돈은 바닥이 났다. 이들을 그냥 두고 나올 수 없었다. 돈을 마련해 세부로 다시 들어갈 준비를 하고 있는 그를 만났다. 그는 피곤한지 표정이 밝지 않았다.

"3개월 동안 코피노 가정을 찾으러 곳곳을 누볐습니다. 내 작품을 위해서 갔지만 이들을 보고서는 마음을 바꾸었습니다. 아이들을 두고 떠날 수 없었어요. 이제는 그들을 위해서 사진기를 들고 다시 들어가려고 합니다. 버티려면 기본 생활비라도 있어야 하는데 급하게 돈을 좀 구하려고 나온 겁니다."

그는 며칠 후 다시 세부로 돌아간다.

"비행기도 가장 저렴한 항공료로 타고 가려면 좀 더 기다려야 할 것 같아서 대기하는 중입니다."

그는 목이 말랐는지 들고 있던 생수통을 들었다.

"한국인 아빠에게 버려진 코피노 아이들이 어떻게 생활하고 있는지 직접 눈으로 보시면 누구나 저와 같은 생각을 할 겁니다. 그만큼, 말로 표현을 못합니다. 이 아이들의 아빠들은 지금 한국에서 뭐하고 있을까요? 한숨만 나옵니다."

작은 눈매에서 흐르는 절망의 빛이 표정과 절묘하게 맞물린다. 눌러쓴 모자로 표정을 가린다. 그가 말하는 필리핀은 이렇다. 섬으로 이루어진 필리핀. 지형의 특성상 코피노들의 통계는 추산하기가 어렵다. 대략 1만 명가량 될 것이라는 예측뿐이다. 세부에서만 1천여 명의 코피노들이 힘겹게 살고 있다. 코피노 가정은 유독 극빈층들이 많다. 분유 구할 돈이 없는 가정도 어렵지 않게 만날 수 있다고 한다. 젖을 물리지만 모유도 마른 지 오래다. 아이들은 엄마 젖가슴을 만지작거리면서 배고픔을 잊는다. 아이의 울음소리를 달래주는 유일한 방법이다.

아빠의 빈 존재감은 무감각해졌다. 그래도 아이는 방안에서 놀면서 하루에 수십 번씩 아빠를 소리 내서 부른다. 그 소리가 다시 빈 메아리가 돼서 아이들의 마음을 휩쓸고 간다. 그만큼 이들의 삶은 절박하다.

"이들의 삶이 절박합니다. 살다가 애가 태어나면 한국으로 돌아갑니다. 애가 있다는 것을 알면서도 생활비는 고사하고 모든 연락처를 끊고 잠적합니다. 이들을 두 번 죽이는 거죠."

반드시 돌아온다고 말한다. 아이들의 엄마는 그 말 한마디에 희망을 놓지 않고 아이들을 키운다. 소식이 끊긴 지 몇 년째. 근근이 부쳐오던 생활비도 바닥이 났다.

"떠날 때는 문제가 생길까 봐. 몇 달 동안은 생활비를 보내주는 사람들도 있습니다. 그런데요. 한국서 결혼해 가정을 꾸리고 아이가 태어나면 필리핀에서의 기억이 무서워지는 겁니다. 잠적하는 겁니다."

아이의 엄마는 전자우편과 핸드폰으로 여러 차례 통화를 시도했다. 신호음이 울리지 않는다. 보낸 전자우편 주소는 몇 년째 주인의 손길이 닿지 않고 있다. 불안했다. 아이의 엄마는 한국인 남편이 떠날 때 손에 쥐어준 편지 봉투를 들었다.

"이 여성들이 힘겹게 현지 코피노 모자 가족 후원회를 찾아요. 남편이 떠날 때 주고 간 편지봉투를 손상될까 봐 뜯지도 않고 소중하게 간직합니다. 연락이 안 되니까 이상하다는 생각에 찾아오는 겁니다. 그런데요. 적힌 편지 내용을 보면 기가 찹니다. 입으로 담기 힘든 욕설을 섞고 자신을 찾지 말라는 내용입니다. 참 기가 막히죠."

편지를 읽어본 후원회 직원은 눈물을 삼켰다.

"그런 내용을 어떻게 말해 줍니까? 주소가 바뀌었으니까 편지를 태워 버리자고 설득하면 딸의 아버지가 남긴 흔적인데 태울 수 없다고 울면서 말합니다. 도저히 그 편지를 쥐어서 보낼 수 없어 설득해서 태워버리잖아요. 이 장면을 지켜보는 사람도 울고 가슴이 갈라집니다. 아이의 엄마인 필리핀 여성은 그래도 한국인 남편을 어렵게 살아가면서도 만날 수 있다는 희망을 놓지 않고 살아가고 있어요."

한국으로 떠난 버린 코피노 아이들의 아빠는 대부분 유학생 신분으로 만났거나 관광객. 그리고 사업차 현지에 머물면서 필리핀 여성과 관계를 맺고 한국으로 떠난 사람들이 대부분이다. 그는 이들의 고단한 삶을 카메라 앵글로 담고 싶었다. 그가 이들에게 해줄 수 있는 유일한 것은 카메라를 들고 이들의 삶을 담아내서 세상에 내놓고 싶었다.

"제가 이분들에게 해줄 수 있는 유일한 방법은 세상에 더 알리는 것이라고 생각했어요. 그래서 카메라만 달랑 들고 필리핀 세부로 날아온 겁니다. 한국에서 생활을 잘하고 있는 아이들의 아빠들이 이런 참혹한 현실들을 보면 어떤 생각이 들까요. 자식이 아빠가 보고 싶어 매일 울고 있다는 것을 알아야 합니다."

아이들의 엄마 대부분이 세부와 떨어진 마닐라의 클럽에서 양육비를 모은다. 클럽에서 벌어오는 돈으로 힘겹게 생활을 해 나간다. 그게 이들의 유일한 수입이다. 아이는 그대로 방치되거나 할머니가 아이들을 키우는 가정이 많다.

다섯 살의 코피노 아이가 장난을 치다가 코 속으로 50원짜리 크기의 수은 건전지가 들어갔다. 할머니는 수술비 800페소(2만 원)가 없어서 병원으로 달려가지 못했다. 손으로 빼보려 하면 건전지는 더 깊숙이 멀어져 갔다. 그렇게 3주 동안 아이의 몸속에는 수은 건전지가 그대로 남아 있었다.

"수은 건전지의 누액이 흘러서 아이의 코 속에 타들어가는 지경이 되어서야 코피노 봉사 단체를 찾아온 겁니다. 다행히 수술을 받고 건강해졌지만, 이들의 삶의 현실을 그대로 보여주는 것 같아 마음이 아픕니다. 국민의 70%가 하루 42페소로 생활을 합니다. 우리 돈으로 1,100원입니다. 필리핀에서 물 한 병이 12페소 하고 인스턴트 라면이 9페소 정도 한다고 가정했을 때 이들은 생활을 이토록 어렵게 이어갑니다. 코피노 가족들은 이 중에서 더욱 심각한 극빈층으로 살아갑니다. 떠난 한국 사람들에게 화가 많이 났습니다."

그가 말하는 얘기는 이렇다. 10년 전, 전라북도에 위치한 작은 마을에 국제결혼으로 시집을 온 필리핀 여성이 한국 남성과 결혼해서 아이를 출산했다. 남편의 폭력으로 견디지 못한 여성은 필리핀으로 돌아갔고, 남편은 필리핀으로 와서 그 아이를 빼앗아 갔다. 그것으로 끝나는 게 아니라 그 여성을 다시 임신을 시키고 그 아이가 필리핀 현지에서 아빠와 떨어져 처참한 생활을 하고 있다고 말한다.

"그 여성이 결국에는 당뇨병을 얻게 됐어요. 한국으로 가버린 아이 생각에 가슴이 미어진다고 하더군요. 필리핀에 남겨둔 아이를 보면 더 이상 살고 싶다는 생각이 안 든다고 말을 합니다."

그는 긴 숨을 내쉬더니 말을 이어간다.

"한국 가족으로 전화가 걸려왔답니다. 경비 일체를 부담할 테니 배 속의 아이를 지우라고 협박을 했답니다. 그 여성은 당연히 그 요구를 거부했겠죠. 다섯 살 된 아이를 양육하기 위해서 왕복 4시간 걸리는 거리를 왕복하면서 전화 상담원으로 힘겹게 생활을 하고 있습니다."

듣는 사람도, 말하는 사람도 눈을 감았다.

"어떤 분들은 저한테 혼자 고귀한 척하지 말라고 해요. 한국에도 배고프고 어려운 아이들이 수없이 많은데 왜 들춰내지 않아도 될 일을 거들먹거려서 국가 이미지에 왜 먹칠을 하느냐고 합니다."

말하는 도중 감정이 견디기 힘들었는지 상의를 벗는다.

"우리들의 무책임으로 내팽개쳐진 코피노 가족들의 고단한 삶을 단 한 시간만이라도 그분들과 생활을 해 본다면 그런 말을 할 수 있는지 반문해 보고 싶습니다. 저도 부족한 다큐멘터리 사진작가지만 이것으로 그분들을 위해 따뜻한 발자국을 남기고 싶어서 시작하게 된 겁니다."

아이들이 눈에 그려지는지 그는 팔짱을 끼고 천장으로 시선을 옮긴다.

"우리가 필리핀에 남긴 흔적들이 어떻게 존재되어 있는 흔적들을 카메라로 담을 생각입니다. 버려진 코피노 아이들과 가족들의 고통받는 삶을 정직하게 보여드리고 싶을 뿐입니다."

물었다. "필리핀의 시선은 어떻습니까?"

"한국으로 도망가는 한국인들을 처벌할 현실적인 법률도 없어요. 규제는 가능하지 않습니다. 한국 남성들은 성매매 여성뿐만 아니라 한국인 거주 지역 주변의 미성년자, 대학생 등 필리핀 모든 여성에게 접근을 합니다. 이런 현실을 누가 규제할 수 있습니까? 필리핀, 한국 정부도 들추어내는 것이 달갑지 않을 겁니다."

그는 정부가 이 문제에 대해서 더욱 심각하게 받아들여야 한다고 말한다.

"심각하게 받아들여야 합니다. 한국인 남성들의 무책임만 떠들어서는 안 된다고 생각합니다. 규제할 수 있는 방안을 생각해야 됩니다. 코피노 1세대들은 이미 필리핀에서 사회인으로 살아가고 있습니다. 떠나버린 아버지의 나라를 떠올리면 어떤 생각을 하겠습니까? 지금도 필리핀에서 버려진 아이들은 아빠에 대한 증오심과 정부에 대한 무책임에 대해서 증오할 것이고 국가 이미지는 더 추락되겠죠."

그는 밤낮으로 필리핀 세부를 카메라를 들고 누빈다. 위험한 지역도 마다하지 않는다. 목숨을 잃을 수도 있는 순간들도 있었다.

"이 지역에서는 슬럼가라고 부르고 곳이 있습니다. 이곳을 카메라 장비를 들고 들어간다고 하니까 동행한 분들이 어이가 없던지 웃더군요. 갱단도 있고 간혹 총소리도 들리는 곳입니다. 이렇게 많은 코피노 아이들이 이런 위험 지역에서 노출된 채 살아가고 있어요, 그것을 담아내야 한다는 생각으로 미친 듯이 카메라를 들고 거리를 활보합니다."

"목숨을 잃을 수도 있는데도?"

"제가 할 수 있는 것은 먼저 웃는 것밖에 없습니다. 웃음이 통하지 않을 때는 사고가 난다는 생각으로 늘 웃는 표정으로 다닙니다. 코피노 가정에 들어서서 설명을 하면, 사진을 찍어서 우리를 돕느냐고 의아해하면서 말을 합니다. 정말 우리를 돕고 싶다면 카메라 장비를 내려놓고 돌아가라고 합니다. 전 제가 전쟁을 겪어보지 못해서 잘 모르겠지만, 굶주린 사람들의 절망적인 눈빛이 가득한 이곳이야 말로 진짜 삶의 전쟁터가 아닐까 생각됩니다."

다음날 일찍 필리핀으로 돌아가야 한다며, 그는 자리에서 일어섰다.

김건표가 만난 사람들 / **20**

칼국수집 아들 **조정희**

20년 손맛 잇는 칼국수집 '한 남자'
자동차 자격증 9개 따낸 칼국수집 아들 조정희
손맛은 손님들과 약속한 신용… 밀가루 반죽도 예술이죠

검은콩을 넣고 뽕잎으로 만든 칼국수 하나로 최고의 주방장이 되고 싶어 하는 조정희. 칼국수를 잘 빚는 기술 하나만 갖고서는 새삼스러운 일이 아니다. 밀가루와 물만 잘 혼합해 반죽해 썰고 모양 내서 끓는 육수에 넣기만 하면 칼국수는 손쉽게 식탁에 오를 수 있다. 그렇지만 그가 만들어내는 칼국수는 예사롭지 않다.

자동차와 관련된 국가 기술 자격증만 9개를 소유하고 있는 그에게 칼국수는 아주 특별하다. 젊은 나이에 자격증이 많으니 오라는 곳도 많았고 할 일도 많았다. 자동차 전문 기술자의 꿈을 접을 수도 없었다. 그의 나이 27세 때, 20년째 부모님이 이어오고 있는 칼국수집의 대를 이어 가며 '밀가루 반죽도 예술'이라고 말하는 사람. 그는 칼국수 하나로 국내 1인자가 되고 싶다고 말한다.

가족들의 역할 분담도 칼국수를 중심으로 이뤄진다. 20kg 나가는 밀가루 두 포를 반죽하고 홍두깨로 얇게 밀어 넣으면 그의 모친(이영희)이 경지에 가까운 솜씨로 칼국수 모양을 내기 위해서 일정한 크기로 썰어놓는다. 마지막에는 부친(조병식)이 장작불을 피우고 가마솥에 면을 넣고 삶으면 그의 막냇동생이 메뉴판을 들고 손님을 맞는다. 뽕잎과 검은콩을 넣어 만든 칼국수로 사랑을 이어가는 '네 식구 칼국수집' 풍경이 훈훈하기만 하다.

달구벌대로를 타고 성주 방향으로 주행해 가다 보면 고갯길에 동곡본길이라고 쓰인 안내판이 보인다. 좁아진 그 옆길을 따라 방향을 두세 번 틀어 가다보면 '동곡 옛날 검은콩 뽕잎 손칼국수집'을 안내하는 허름한 팻말이 보인다. 입구부터 빼곡히 늘어선 차량에 놀란다. 그 옆으로 작은 능선처럼 쌓여 있는 장작더미가 손님을 반긴다.

이 특별한 칼국수를 만들기 위해 네 식구 가족 전체가 오늘도 총출동했다. 주방에서 밖으로 이어지는 통로 한쪽에 자리하고 있는 대형 가마솥에서 힘있게 뻗어 올라오는 누런 연기가 침샘을 잡아당긴다. 38℃를 웃도는 폭염에도 그의 부친은 아궁이 곁을 뜨지 못한다. 수북하게 쌓아올린 장작더미를 한 움큼 잡고서는 손을 연신 아궁이로 밀어 넣으면 분구(焚口) 안은 벌겋게 달아오르고 면(麵)은 2~3분 만에 제 색을 띤다. 뜰채로 수십 번을 반복하면 부친 얼굴은 칼국수 빛을 띤다.

구수한 대구 사투리가 면을 더 쫄깃거리고 꿈틀거리게 만든다. 육수 물에 산멸치, 무, 양파 등 15가지 재료가 담기고 푹 삶으면 개운하고 깔끔한 맛을 낸다. 모친이 한약 다루듯 정성스럽게 달이면 부친이 불을 지핀다. 가마솥 옆에 턱하니 주저앉으니 1분도 채 안 넘기고 땀이 흐른다. 연신 아궁이 속으로 장작을 밀어 넣으며 말을 한다.

"장작불로 가마솥을 확 지펴야 면이 제 맛이 난다 아입니꺼. 불이 순간적으로 팍 높아오를 때 면을 넣으면 덜 퍼지고 면 맛이 달라지지예. 옛날 맛 내기 위해서 노력합니더"

문을 열고 식당 안으로 들어서면 조정희 씨가 "뽕 하나! 콩 하나! 칼 하나! 25번 테이블에 칼 셋입니다." 한다. 이집 주메뉴인 '암뽕', '칸구수', '콩국수'를 신들린 사람처럼 소리쳐 대면 그 소리가 흥겨운 장단소리가 된다.

두 시간이 흘렀는데도 빈 자리가 보이질 않는다. 칼국수 한 그릇을 시원하게 비워 놓는 손님 박순규 씨 옆에 앉아서 뭐가 그렇게 맛있냐고 물었다. "면 맛이 다릅니다. 검은콩도 들어가고 뽕잎도 들어가서 건강식도 되고예. 옛날 맛 그대로라예"라고 한다. 그 구수한 소리에 웃었다.

수박 서너 덩어리를 앞에 놓고는 미안해할 것도 없는데 조정희 씨가 머리를 연신 긁적이며 첫 마디를 연다.

"오후 3시가 넘으면 좀 한가해집니다. 한 시간 정도 쉬었다가 다시 반죽해놓은 거 밀어야 돼요. 그래야 다음 손님 받습니다."

그의 이력이 특이하다. 고등학교 시절, 그에게 국가기술 자격증은 기술자로 인정받을 수 있는 유일한 수단이자 삶의 목표였다. 취업은 걱정할 것도 없었다. 뜯고 부수고 조이면서 자동차를 훤히 꿰뚫었다. 졸업할 무렵, 담임선생님으로부터 자격증이 하나 더 있으면 좋겠다는 얘기를 듣고 지게차 정비사 자격증까지 손에 넣었다. 학교에서 주는 최고 기술상도 받았다.

졸업과 동시에 자격증이 네 개가 됐고, 대학 시절에는 자동차 정비, 기능사 1급과 검사 기능사 1급을 포함해 4개를 더 땄다. IMF 때 선배가 갈수록 높아지는 대기환경으로 인해 자동차 검사원 자격증이 필요하다는 말을 듣고 이 자격증까지 손에 넣었다. 그래서 자격증만 9개가 됐다. 자동차 검사원으로 근무할 무렵, 부모님으로부터 손맛을 다 전해준다는 말을 듣고는 대를 이어서 칼국수를 만들어보자고 결심했다고 한다.

"꿈이 한순간에 바뀐 셈입니다. 칼국수로 제대로 된 손맛을 낼 수 있으면 그것도 행복한 삶이죠."

그는 5년 전부터 본격적으로 칼국수 잘 만드는 비법을 전수 받았다. 어머니가 이어 오던 식당을 현재 식당 자리로 옮겼다. 그가 태어난 집터를 개조해서 칼국수집으로 만들었다. 30명 정도 앉을 수 있는 탁자 10개로 시작한 게 1년에 탁자가 4개씩 늘어나 게 됐다고 한다. 그는 2년 동안 꼼짝없이 주방에서 밀가루 반죽하고 싸웠지만 아직도 칼국수 모양으로 썰어놓는 기술은 없다.

"칼국수의 두께는 일정해야 해요. 얇거나, 두꺼우면 면이 맛이 없어져요. 서로 일정 하게 조화가 맞아야 합니다."

칼국수는 썰어놓은 두께에 따라서 뜨거운 물의 온도와 건져 올리는 시간이 중요하 다고 한다.

"온도도 중요하고, 두께에 따라서 면을 건져 올리는 시간이 아주 정확해야 면발이 쫄깃해질 수 있어요. 수백 번의 경험과 손의 감각으로 얻어지는 것 같아요."

칼국수 얘기를 꺼내면서 그는 아직 경지에 이르지 못한 게 아쉽고 더 배워야 한다 고 말한다. 경지에 오르기 위해서는 밀가루 반죽하고 더 친해지는 방법밖에는 없다고 말을 하면서 사뭇 표정이 진지해진다.

그는 밀가루와 물의 양 그리고 손의 힘과 조절 하나로 칼국수의 면은 수백 가지의 맛으로 변화될 수 있다고 말한다. 그것을 조절해서 최상의 반죽을 해야만 칼국수 맛으 로 이어진다고 한다. 처음에는 밀가루 반죽하고 친해지기 위해서 밀가루 수백 포를 뜯어 손으로 묵묵히 주무르면서 울기도 많이 했었다고 털어놓는다.

"적응이 잘 안 됐어요. 반죽을 하면서 울기도 많이 울었어요. 제가 택한 거지만 정말 힘이 들었어요. 처음 시작하면서 분풀이를 반죽에다 했어요. 반죽은 손길이 갈수 록 면이 달라지잖아요. 반죽을 하고 홍두깨로 밀면서 마음을 달랬습니다."

밀가루 20kg짜리 한 포를 반죽하는 데 두세 시간 정도 소요되고 홍두깨로 반듯한 큰 원을 만들어 놓으면 20인분의 면을 만들 수 있다. 다시 두 시간이 걸리고 써는 데 25분이 소요된다고 한다. 하루 평균 그가 반죽을 하는 시간으로 따지면 거의 한나절에 가까운 셈이다.

"밀가루 일만 포를 반죽해보니 비로소 반죽 기술이 완성되더라고요. 마음이 편안해지면서 반죽도 예술이라고 생각하게 됐어요."

그의 모친이 칼국수 모양을 내기 위해 썰면 자리를 뜨지 않고 써는 법을 눈으로 읽고 배운다.

그가 칼국수집 대를 이어가면서 가게 운영도 많이 바뀌었다. 오로지 그는 칼국수 주방장으로 성공하고 싶었다고 한다. 손님들 입맛을 잡아당기는 '국민 건강식' 칼국수를 개발하기 위해서 새료가 될 만한 미나리, 쑥, 시금치 등의 채소로 다양한 실험들을 했다고 한다.

"밀가루 국수로 시작했어요. 음식은 성성인 것 같아요. 정성스럽게 손님상에 내놓으니까 맛도 달라지고 손님도 늘어나기 시작했어요. 칼국수로 건강 음식을 만들어보자고 생각해서 처음에는 검은콩을 넣고 해봤어요. 그런데 다른 데서 만들고 있다고 하는 거예요."

그는 무섭게 달려들었다. 자격증을 하나둘씩 얻을 때처럼 마음을 다시 잡았다. 웰빙 칼국수를 개발해 보기로 마음먹고는 무섭게 집중하고 실험해서 만들어진 게 이 집만의 특별한 음식이 된 '검은콩 뽕잎 칼국수'다.

"첨가된 것은 비슷할 수 있지만요. 분명히 다릅니다. 검은콩은 그냥 분말로 넣으면 되지만요, 뽕잎은 다릅니다. 결정적인 노하우가 필요하죠. 3박자가 칼국수 하나로 완성돼야 해요. 면, 칼국수 모양, 물의 온도, 그리고 제일 중요한 것은 손맛입니다. 손맛으로 이 모든 것을 조화를 이루어야 하니까 쉬운 일이 아닙니다. 그리고 변하지 않는 손맛은 손님들과 약속한 신용이자 신뢰인 거죠."

그가 반죽해야 할 시간이 다 됐다면서 주방으로 같이 들어가자고 한다. 카메라를 챙기고 두 모자가 서 있으면 딱 알맞은 공간에 들어가서 선풍기부터 켰다. 밀가루 포대를 뜯자 구름 모양이 천장을 두드린다. 큰 양동이에 물을 붓고는 만지고 치고, 다듬기를 해나간다. "국수를 미는 게 아직 완벽하지 않아요." 면을 밀고 다듬고 두드리기를 수천 번. 뜻밖의 말을 한다.

"반죽이 잘못될 수 있다고 생각해서 늘 긴장합니다. 밀 때는 두께를 맞추기 위해서 집중하고 반죽할 때는 손에 척 달라붙어서 쫀득쫀득해질 수 있도록 마음을 온통 밀가루하고 대화합니다. 밀가루의 반응은 손맛으로 알아챕니다."

그는 200~300인분의 면을 반죽하고 둥그렇게 밀어도 두께를 못 맞춰서 한두 개는 틀린다고 한다. 뽕잎 칼국수를 하게 된 얘길 꺼낸다.

"당뇨병이 있는 손님이 국수를 드시러 오셨어요. 당뇨와 간에는 뽕잎이 좋다고 한 말에서 힌트를 얻어 가공을 하게 됐어요."

뽕잎 칼국수를 국수로 완성시키는 과정에는 노하우가 있다고 한다. 그는 첨가된 재료는 같을 수 있지만 맛만큼은 뒤지지 않는 뽕잎 칼국수를 만들기 위해 주방에서 밤을 새며 주방을 지켰다고 한다. 그가 뽕잎 칼국수 예찬을 한다.

"밀가루하고 검은콩, 뽕잎하고 양이 딱 떨어지게 맞아야 해요. 섞는 비율인 거죠. 이게 잘못되면 국수 면발이 끊어지고 길이가 일정하지 않아요. 파는 것하고 테스트하는 것을 달리하면서 1년 동안 고생을 하니까 아주 좋은 국수가 나오더라고요."

칼국수 얘기를 하는데 그는 진지함을 넘어선다. 그가 바라는 국수가락이 나올 때 그는 눈물을 흘렸다고 말한다.

"성공했다고 생각하니까 눈물이 주르륵 흐르는 거예요. 이제부터는 뽕잎을 넘어 다른 것을 개발해야죠."

손님들의 반응도 뜨거웠다. 여름철에 손님 식탁으로 내놓는 칼국수는 미온(微溫)으로 국물을 낸다. 그 맛과 면이 최적의 상태가 손님들의 입맛을 사로잡고 있다. 손님들도 독특한 색을 띤 면발을 신기해하더라고 말한다.

"검은콩과 뽕잎이 혼합된 면발을 보고는 궁금해 하시는 거예요. 첨가된 재료를 말씀드리면 자네가 더 성공할 수 있도록 도와준다고 말씀을 들을 때 더 행복해집니다."

시골길 한 편에 나지막이 있는 이곳에 하루 평균 300명이 넘는 손님들이 전국에서 몰린다. 일손을 거드는 식구들도 더 늘었다. 모든 재료도 직접 농사를 지어서 식탁에 내놓는다. 뽕잎은 식탁과 500m 떨어진 곳에 심고 4월 중순에서 5월 중순까지 한 달 동안 수확해 최상의 재료로 가공해 놓는다. 뒤뜰에는 온갖 채소를 심어 정성으로 다듬는다. 20여개 되는 장독대에는 진한 간장향이 주변을 감싼다. 장작불 고집은 쫄깃한 면발을 삶기 위한 이유도 있지만 가족들의 장작불 고집만큼은 눈물겹다.

"장작불을 보면서 국수 삶는다는 생각을 해요. 음식은 정성입니다. 음식만큼은 내 것과 손님 것이 다를 수 없잖아요. 쉽게 생각할 수 있지만 지켜내는 것이 더 어려운 게 음식이라고 생각해요. 처음 시작하면서 장사 안 된다고 원망하지 말고 잡비를 줄여서 좋은 음식 만들자고 다짐했어요. 장작불로 하면 에너지 소비도 확 줄잖아요."

그는 장작불로 생겨지는 에너지를 생각해 굴뚝에 원통을 하나 더 대고 순환 펌프를 이용해서 방과 홀에 온풍기를 돌릴 정도로 알뜰하다. 한 가지 더 있다. 공사장 철거를 하면서 얻어진 장작들에 박혀있는 못들을 빼고 장작불 지피는 것은 그의 부친의 몫인데 거기서도 큰 수확이 있다. 한 1년 정도 지나면 아궁이 속에 새까맣게 타들어간 못들이 수북하게 쌓인다. 옆에 있던 그의 부친이 수줍게 웃으며 말한다.

"절약하고 살아야 됩니다. 작년 추석날은요. 아궁이 속에서 나온 못들을 팔았는데 60만원가량 주데예. 세상에는 버릴 게 없습니다. 절약하고 검소하게 살면요. 행복이 거기 있는 거지예."

부모님하고 대를 잇기로 결심한 마당에 포기할 수도 없다. 후회되지는 않는지 물었다.

"친구들하고 마음껏 놀지 못할 때 그런 마음 들 때도 있어요. 모임 시간을 맞추기가 어렵거든요. 가족들 모두 행복해하니까 대를 잇기로 한 게 잘했다고 생각해요."

그는 3,000원짜리 칼국수 한 그릇에서 행복을 찾는다고 한다.

"피곤해도 하루가 바쁘게 돌아갈 때 정말 행복해요. 3,000원짜리 칼국수지만 저한테는 3만 원이 넘는 행복입니다."

그의 부친은 장작더미를 내리고 아궁이에 불을 집히고 쫄깃한 면발 내면서도 독학으로 3개 국어를 한다고 한다.

"영어, 독어, 일본어를 잘 하세요. 늦은 나이지만 남들하고 뒤처지지 않으시려고 늘 책을 손에서 놓지 않으세요."

국가 자격증 9개를 손에 쥐고도 2대째 칼국수 집을 이어가는 그한테 취업 전쟁은 어떤 시선으로 보일지 물었다.

"젊은 구직자들 눈높이가 너무 높다고 생각돼요. 적성도 사회 환경에 맞추어서 적응되어 있다 보니까 자기 재능과 진정한 자기 계발은 없는 것 같아서 아쉽죠. 월급의 높낮이도 중요하지만 진정으로 자신이 원하고 해야 할 일을 찾아야 오래가고 마음으로 견디어낼 수 있지 않을까요?"

그는 작년에 결혼도 했다. 예쁜 신부를 얻은 게 그저 고맙고 행복하다고 말한다.

"이제 국수만큼은 국내 1인자가 되고 싶어요. 한 분야에서 일가(一家)를 이룬 사람이 되고 싶죠. 특이한 면을 개발해서 먹으면 먹을수록 건강한 음식을 개발하고 싶은 생각뿐입니다."

그의 아이가 태어나 다시 대를 잇기로 원한다면 계속 이어나갈 생각이라고 한다.

"손님들이 맛있게 칼국수 드시는 모습 보는 게 제 삶이고 쉼이죠. 답답한 거 그런 것 없어요. 24시간을 손님들을 통해서 뉴스를 들어서 좋아요. 후회 절대 없습니다. 백발이 다 되도록 국수 사랑은 영원히 이어갔으면 하는 게 제 바람입니다."

말이 끝나기가 무섭게 그가 다시 반죽을 하고 손으로 만지고 펴고를 수백 번 반복한다. '탁' 소리가 들리기가 무섭게 반죽이 탁자에 쏟아지며 모양을 내고 표정을 만든다. 태어난 집터를 개조해 허름한 식당을 만들어 대를 이어가는 그 마음에 네 가족 행복이 다 담겨 있다.

김건표가 만난 사람들 / **21**

한의사 **양승엽**

'현대적 재해석 작업' 괴짜 한의사 양승엽
『동의보감』과 한판 제대로 붙어볼 것
『대한약전』에도 서양 의학적 약용식물 실려 있어… 한의사가 나서야…

전화 한 통이 걸려왔다. "『동의보감』으로 제대로 한판 붙고 알아주는 사람 없으면 이제 자폭하려고요. 한의사로서 부끄럽지 않게 세상 살고, 제 도리 할 것 다 했으면 그게 끝 아닙니까?" 공격적이다. 쉴 새 없이 퍼붓는 그의 소리로 수화기가 금이 갈까 걱정이 됐다. 울려대는 소리에는 자신감이 배어 있어 전화기를 내려놓을 수 없게 했다.

"20년 전, 한약 분쟁이 일어났을 때도요. 제대로 된 우리 한의학 서적이 있었다면 그렇게 난리가 나지 않았을 겁니다. 우리 한의학 서적은 아직도 체계가 잡혀 있질 않아요. 거참. (씩씩) 『대한약전』의 구속이나 받고 중국, 일본 한의학 서적을 보고 이것저것 보면서 베껴서 공부한 게 답니다. 답답하지 않나요?"

허준 선생의 『동의보감』에 목숨을 건 괴짜 한의사 양승엽 원장 이야기다. 이 한의사는 두 달 동안 골방에 틀어박혀 『동의보감』을 갖고 자연 원리에 맞게 약초를 구하고 탕을 쓰는 법을 재해석했다. 『동의보감』을 갖고 세상의 한의사들한테 한판 제대로 붙어보자고 시비를 건다. 종종 싸움닭으로 비쳐지는 것도 그런 이유다.

"정말 소중한 우리의 한의학서 아닙니까? 그런데 허준 선생님이 말씀하신 대로 약초를 구하고 약을 쓰는 법을 현대에 맞게 재해석하고 우리말로 쉽게 정리해놓은 사람이 아무도 없다는 겁니다. 제 말 듣고 계세요?"

전화를 끊고도 그의 소리가 떠나질 않았다. 그를 수소문했다. 들려오는 소리다.

"그 사람, 피부질환을 전문으로 하는데, 평생 가는 아토피(습선) 질환에 시달리는 환자들 중에서 병원에서 손을 쓰지 못하는 환자들을 『동의보감』 처방으로 꽤 많이 고쳐냈답니다. 다른 환자는 잘 받지를 않아요."

문을 열고 들어서자 약초 냄새가 밀려왔다. 실내는 한산했다. 마룻바닥에 빼곡하게 누워있는 약초들이 몸을 꿈틀거리게 만든다. 그 가운데 장정 한 명이 손바닥으로 약초들을 털고 매만진다. 훤칠한 키에 눈매는 날카롭다. 장정 한 명이 손바닥으로 약초들을 털고 매만지더니 바구니에 옮겨 놓는다. 그리고는 구부정한 몸을 세운다.

만성피부질환 아토피(습선) 환자만을 보는 이 한의사는 철저하게 『동의보감』 처방 원리에 따른다. 틈틈이 배낭 하나 메고 허준 선생이 얘기한 순수 국산 약초를 찾으러 산으로 들로 떠나는 게 그의 취미이자 특기다. '괴짜 한의사'라는 별명은 그때부터 생겼다.

"『동의보감』이 오랜 세월 이어져 내려왔는데, 이 책 하나를 제대로 잡아놓은 한의사 한 명이 없어요. 한의사로서 참 부끄러운 얘깁니다. 학계나 한의학 관련 단체들은 지금까지 뭐 했냐는 겁니다. 한의사로서 마지막이라고 생각하고요. 이 책 세상에 던져놓고 앞으로 한의사를 계속하든지 아니면 지구를 떠나려고요."

그는 두 달 동안 꼼짝 않고 『동의보감』을 안고 살았다. 전화기 소리로 들리던 감정은 식지 않았다. 공격적인 말투에 웃는 표정이 섞여 있어 묘한 감정을 준다.

"제가요. 아토피(습선) 피부질환 환자만 진료를 하고 한방으로 다스리는 것도 나 동의보감 때문입니다."

이유가 있다. 『동의보감』에 나와 있는 약재를 다스리는 원리(수치법제)와 탕약을 쓰는 방법 중에 그가 제대로 약재를 구해서 처방을 할 수 있는 것이 이 아토피(습선) 피부질환이라는 것이다. 그의 너무 간단한 논리다. 환자 한두 명을 더 받는 것보다도 『동의보감』 원전을 제대로 지켜내는 것이 그의 역할인 듯, 그는 한의학 서적으로 빼곡하게 쌓인 서재로 끌고 가다시피 안내했다. 그가 펼쳐 보이는 『동의보감』 복사본에도 약재 냄새가 진동을 한다.

그가 담배를 물더니 "교수님도 담배 피우십니까. 얘기하려면 우선 담배부터 피우고 얘길 하죠." 일방적이다. 표정도 뿜어내는 담배 연기 속도와 같이한다. 기다렸다. 그는 골방에 틀어박혀 세월이 바뀌어도 변하지 않을 『동의보감』 이론을 알기 쉽게 670쪽 분량으로 재정리를 했다.

"『동의보감』은 옛날 책이 아닙니다. 당시에 지구의 자전과 태양 둘레를 공전하는 운기 현상을 기초로 해서 쓰인 것이 바로 『동의보감』입니다. 그 어떤 한의학서를 갖다 놔도 이만한 책이 없습니다."

허준 선생이 『향약집성방』과 『의방유취』 등을 참고해 광해군 3년(1611)에 완성하고 그해 5년(1613)에 간행한 『동의보감』은 목활자본으로 총 23권으로 되어 있다. 한의사가 『동의보감』 처방에 따른다는 것이 새삼스러울 것은 없다. 그러나 이 한의사의 얘기는 다르다.

"요즘 서양의 자연과학 쪽에서 지구의 자전과 공전이 생물에 미치는 영향을 연구하는 쪽이 천체물리학입니다. 현재 지구의 온난화는 인간을 포함한 생명체에 많은 문제를 야기하고 있습니다. 우리 한의학의 운기 법칙은 요즘의 천체 물리학 쪽과 많은 연관이 있습니다. 지구의 자전과 공전은 옛날이나 지금이나 바뀌지 않았죠. 그렇기 때문에 『동의보감』도 바뀔 수 없다는 것이 제 생각입니다."

감정이 누그러졌다. "『동의보감』이 소중하다는 것은 다 알고 있는 얘기 아닙니까? 차이가 있나요?" 그가 내 얼굴을 한 번씩 내려다보더니 소리의 톤이 갈라진다.

"재해석을 했다는 얘기죠. 우리는 4계절이 있어요. 자연의 법칙에 맞게 약재를 감별하는 방법을 정리하고 탕제로 다스리는 법을 다시 정리한 겁니다. 허준 선생이 이 책을 쓰실 때와 지금의 자연현상은 거의 바뀐 게 없습니다. 다만 인간이 화석 연료를 많이 씀으로써 지구의 온난화가 우리에게 미치는 영향이 더 커졌다는 얘기죠. 중국 사람들이 가장 존경하는 『본초강목』보다도 한의학의 원리를 정확하게 쓴 책이 바로 이 『동의보감』입니다."

그가 『물고기 동의보감』이라고 제목이 붙은 책 한 권을 내려놨다. 표지에 그려진 눈이, 죽어가는 물고기의 눈을 하고 있다.

"저는 말라가는 웅덩이 속의 물고기처럼 죽을 것을 깨닫지 못하는 그런 물고기(한의사)가 아니라, 넓은 바다와 강을 마음대로 다니는 물고기(한의사)가 되고 싶다는 뜻으로 죽어가는 물고기를 그려놓고 책 제목을 단 겁니다."

『동의보감』하고 큰 차이가 없는 것 같다는 표정을 드러냈다.

"한의학 관계 단체나 기타 관련 단체에서는 『동의보감』에 적힌 약재의 가짓수를 1,400개라고 이야기하는데요. 제가 다시 한 가지씩 번호를 넣으면서 코드를 매겨보니까 정확히 1,403개가 됐어요. 우리 한의원 홈페이지에다가 다 올려놨습니다. 환자들 입장에서 생각해 보세요. 몸속으로 들어가는 약재들을 확인할 수 없잖아요. 한의사들이 처방해주는 대로 몸을 맡기질 않나요? 전부 한문으로 표기된 『동의보감』 내용을 순우리말로 이해하기 쉽게 정리하고, 약초와 효능에 대해서도 우리말로 재해석해 놓은 겁니다. '환자들이 아~ 이 약재를 이럴 때 쓰는 거구나', '이 병에는 이런 음식을 섭취하면 안 되는구나', '물 하나에도 이렇게 종류가 많구나', '닭고기 하나도 종류가 많고 그 효능도 각기 다르므로 골라서 먹어야 되겠구나', 이 탕액이 내 몸속으로 들어갔을 때 이러한 효과를 볼 수 있도록 전부 검색해서 확인하고 눈으로 볼 수 있도록 해놓은 거죠."

물었다. "이렇게 한다고 한의원을 찾는 환자들이 늘어납니까?"

"환자 한 명 더 받자고 이 짓을 하는 게 아닙니다. 제가 한의학 공부를 한 지는 30년이 됐고, 한의사 생활은 25년째입니다. 처음에 한의사 생활을 시작하면서 대략 5년 간은 한의학에 대한 정체성이 없어서 방황도 많이 했어요. 그러다가『동의보감』 공부를 시작했는데 당시『동의보감』의 원리대로 하니까 오류도 생기고 많은 시행착오가 생기는 겁니다."

"어떤 시행착오죠?"

"전부 한자로 된『동의보감』 원리를 제대로 공부하지 않고 단순히 거기에 들어가는 처방만 써서는 안 되겠더라고요. 한의사로서 고민을 많이 했습니다. 그래서 다시『동의보감』을 공부하기 시작했어요. 거의 매일 종교처럼 하루에 한 번씩은『동의보감』을 들여다보니까요."

"달라진 게 있나요?"

"중요한 것은 약재입니다. 국산 약재는 전부 씨가 말랐어요. 그래서 대부분 중국에서 들여오거나 다른 나라에서 수입한 약재를 쓰는데요. 그렇게 하면『동의보감』 원리대로 처방을 한다 해도 한방으로 다스려서 효과를 볼 수가 없습니다."

한의사들이 병을 다스리기 위해서 쓰는 약재는 거의가 풀로 된 약재나 나무로 된 약재인 초근목피를 주로 쓴다.『동의보감』에는 풀로 된 약재가 267종이고 나무로 된 약재가 158종이라고 쓰여 있다.

"요즘은 산에 나무가 너무 울창해 풀로 된 약재는 거의가 멸종된 상태입니다. 이젠 잡목만 무성해져서 나무로 된 약재도 점점 말라 없어지고 있는 실정이죠. 농촌 사람들도 전부 도시로 떠나고 있어서 산을 누비면서 약초를 캘 일손이 없어요. 생각해 보세요. 예를 들어서 허준 선생님은 아프면 그걸 고쳐주는 약재가 있다고 해요. 그런데 지금은 세상이 변해서 그런 약재를 구할 수가 없어요. 약재가 완전히 바닥이 난 겁니다."

"수입 약재라도 써서 처방을 하면 되잖아요. 약재의 효능은 다 똑같을 텐데요"

그의 표정이 싹 달라졌다.

"(눈살을 찌푸렸다) 허참, 그게 그렇지 않아요. 허준 선생은 당시의 자연법칙 즉 운기에 맞추어서 약재를 쓰신 겁니다. 우리나라 토질과 기운, 그리고 태양과 지구의 자전과 공전에 따른 운기 법칙에 따라 약재를 쓰라는 겁니다. 아무리 이름만 똑같은 약재를 쓴다 한들 병을 다스리지 못한다는 얘깁니다."

그가 자리에서 일어났다. 표정은 갈라지고 움직임은 커져갔다.

"생각해 보세요. 아무리 일본이 김치를 잘 만든다 해도 우리 입맛에 맞나요? 뭔가 빠진 것 같죠. 똑같은 원리입니다."

"약재 구하기가 힘들다면 어떻게 『동의보감』대로 환자를 보나요. 약재가 없다면서요?"

그는 자리에 다시 주저앉더니 담배를 피워댄다.

"그러니까 저는 다른 환자는 잘 안 봅니다. 제가 『동의보감』대로 약재를 구해서 잘 고칠 수 있는 한 가지병만 진료한다는 겁니다."

"다른 한의원에서도 피부질환(아토피 습선)을 한방으로 다스리는 곳도 많이 있잖아요."

"있죠. 문제는 낫게 하느냐는 겁니다. 여기 오는 아토피(습선) 피부염 환자 대부분이 암보다 더 무서운 만성 피부염에 시달리는 분들입니다. 피부질환이 뭐길래 암보다도 더 무섭냐고 하겠지요. 그러나 피부질환이 심해지면 나중에는 온몸의 피부가 얇아지면서 없어지게 됩니다. 그러면 환자는 외출은 고사하고 낮에는 햇빛도 볼 수가 없습니다. 피부가 얇아져 있어서 가려워도 긁지도 못합니다. 고통스럽습니다."

다른 진찰실로 안내를 한다. 극심한 아토피(습선) 환자가 들어섰다. 컴퓨터 화면을 켜더니 2년 전 앞에 있는 환자의 사진을 보인다. 차마 눈을 뜨고는 볼 수 없을 정도로 피부가 손상되어 있다.

"아토피(습선)로 죽지는 않습니다. 그러나 피부가 다 녹아 없어지면 옷도 입지 못하고 밤에는 이불을 덮고 잠을 못 잘 정도가 됩니다. 나이 들어 노환으로 사망할 때

이 피부병 환자는 발가벗고 죽어야 하는 경우도 생깁니다. 결국에는 한센병 환자처럼 지문이 녹고 손발톱이 썩으면서 빠지게 되는 거죠. 밖에 다닐 수 없을 정도는 문제가 안 되고 거의 폐인 상태로 집에만 있으면서 절망 속에서 살아야 합니다. 끔찍한 일 아닙니까?"

피부로 내 시선이 멈춰 섰다.

"만약, 3~5년 동안 한약을 복용하라고 하면 복용하겠습니까? 지겨워서라도 복용 안 합니다. 그냥, 병원에서 수술하고 양약으로 다스리려고 하죠. 그런데 여기 오는 환자들은 다릅니다. 다른 데서 모든 방법을 써보아도 안 고쳐지니까 오는 겁니다. 서양 의학에서는 완치의 개념이 없고 평생 관리만 하는 병으로 이야기하고 있습니다. 그렇지만 『동의보감』대로만 하면 고칠 수 있습니다."

평생 가는 아토피(습선)는 환자와 의사에게는 긴 싸움이라고 말한다.

"저를 믿고 따라오는 환자는 끝까지 치료합니다. 지금까지 1,000명 이상의 환자를 봤는데 절 끝까지 믿고 따라온 환자는 100여 명 정도 됩니다. 그동안 평생 가는 아토피(습선) 환자와 피부의 당뇨라는 건선 환자 80명을 제가 고쳤습니다."

"어떻게요?"

"『동의보감』대로요."

"환자들이 신뢰를 합니까?"

더 이상 말을 하지 않는다.

"『동의보감』에 나와 있는 대로 지금 순수하게 구할 수 있는 약재가 몇 종이나 됩니까?"

"구할 수 있는 초근목피 약재가 30종이 안 됩니다. 사람의 기운을 도와주고 땀구멍을 열어주는 효능을 가진 백출이라는 약재가 있는데요 우리 할머니들이 예전에 삽주(국화과의 여러해살이풀로 어린잎은 식용으로 쓰이고 뿌리는 한방에서 백출이라는 약재로 쓰임)라고 불렀던 구하기 쉬운 약재였습니다. 지금 산에는 잡목이 무성해지고 그늘이 져서 풀이 자랄 수 없기 때문에 풀로 된 약재는 거의 멸종 상태로 생각하시면 됩니다."

그는 약재를 직접 구해 말리고 다듬고 한다. 손이 수십 번 약재를 훑고 지나가야 약재도 효능이 살아난다고 한다. 그렇게 말려진 약재를 따로 모아서 그만의 저온창고로 옮겨 보관해둔다.

"제가 구할 수 있는 약재만 저온창고에 모아두었습니다. 정성스럽게 말리고 손이 수십 번 오고가야 약초도 정성을 알아차립니다."

그에게 피부를 맡긴 환자가 완치된 뒤로 그와 함께 약초를 구하러 다닌다.

"운불련 택시기사 하시는 분인데요. 피부의 당뇨라 하는 건선을 얻은 지 30년 됐는데 여기 와서 3년 전에 고치셨어요. 그 후로는 같이 약초를 보러 다닙니다. 그 양반, 이제는 『동의보감』 팬이 됐습니다."

그가 다시 『동의보감』을 들었다.

"한의사가 『동의보감』의 진정한 가치를 일반 분들에게도 알려야 한다고 생각해서 책으로 낼 생각을 한 겁니다. 제대로 된 『동의보감』을 세상에 내놓고 싶었어요. 뿔뿔이 흩어져 사분오열이 된 우리의 한의학을 제대로 정리하고 싶었어요. 약재에 관해서 한의사들 스스로 정리해 놓은 우리말로 제대로 된 책이 없습니다. 책이 없어요. 부끄러운 얘깁니다. 『동의보감』은 세계가 인정한 겁니다. 중국도 감히 『동의보감』만큼은 시비를 걸지 않아요. 『동의보감』의 진정한 가치를 알려야 하는 게 제 소임이라고 생각합니다. 우리 한의학의 진정한 철학과 가치가 담긴 책이 예전에 한 권이라도 있었더라면 한의사들이 삭발하고 투쟁하는 한약 분쟁은 안 일어났을 겁니다."

그는 일어나더니 『대한약전』이라고 적힌 책 한 권을 툭 하니 던진다.

"『대한약전』 한약(생약) 규격집으로 나와 있는 『한약약전』이 이겁니다. (표정이 어두워졌다) 이 책에는 무늬와 이름만 한약인 서양 의학적인 약용식물들이 실려 있거든요. 약사들은 그것을 보고 자신감을 얻은 겁니다. 약재에 관해서 한의사들이 스스로 정리해놓은 게 있었더라면 그러한 일은 일어나질 않았겠죠. 전부 일본 약물학 서적들을 베낀 것 아닙니까?"

그의 말대라면 충격이었다.

"제가 꼼꼼하게 정리해 보니까요. 『대한약전』에서 얘기한 것보다 더 자료가 많더라는 겁니다. 약재의 채취 시기와 형태, 건조 방법, 수치 방법(약재의 독을 빼는 방법이나 약재의 효능을 높이기 위한 한의학적인 공정 과정), 효능이 좋은 약재 선별법(상품

혹은 진품)에 대해서 정의를 내린 것이 『대한약전』에 없는 내용이 많더라는 얘기입니다."

그의 감정은 식지 않는다. 손동작도 커지고 대화가 막히면 그는 방안을 서성거리다가 한마디씩 꺼낸다.

"중요한 것은 허준 선생의 말씀을 이해하고 있느냐는 겁니다. 지구와 태양 간의 공전, 그리고 자전의 원리를 통해서 우주가 돌아가는 법칙을 통해서 약재를 언제 말리고 언제 거두어들이고 어떻게 처방하라고 하는 것을 정확하게 이해하고 있느냐는 겁니다."

손 하나로 천장을 가리킨다.

"왜냐하면요. 세상의 해가 뜨고 지는 것은 바뀌지 않았으니까요. 그것이 중요한 열쇠입니다. 허준 선생은 기존의 한의학 서적과는 다르게 4계절의 자연법칙을 철저하게 분석해 우주 순행 질서에 맞게 약을 짓고 처방하는 방법을 써 놓은 겁니다. 그러니까 시비 거는 사람들이 없는 겁니다."

책 표지를 들어 보인다.

"전 물고기의 눈이, 살아있는 물고기 눈으로 동그랗게 그려질 때까지 세상과 싸울 겁니다. 한의사로서 제 인생은 지금부터가 진짜 인생이 되는 셈입니다. 이대로 직진입니다."

인장(印章) 전문가 권영근

인장에 혼 불어넣기 20년 외길, 인장 전문가 권영근
서명이 인장 대신하는 세상… 인장은 신용인데 아쉬움 남아…

대구시내 한복판. 약전 골목길을 들어서는 초입에 '누리공방'이라는 팻말 하나가 한약재 냄새를 입구부터 막아선다. 장정(壯丁) 세 명이 서 있으면 딱 알맞은 공간에 스탠드 불빛 그림자가 벽면을 지켜 선다. 그 빛을 받아 대추나무로 몸통이 되어준 원형목 하나가 조각대 받침 위에서 몸을 맡기고 낯선 이름을 기다린다.

둥근 그 자리에 사포로 수십 번을 움직인다. 입김으로 쌓여 있는 나무 가루를 날리자 제법 원이 반듯해 보인다. 왼손으로는 조각대를 잡고 조각칼을 쥔 집게손으로 빠르게 움직이는 조각대 리듬에 조각 칼날이 박자를 맞춘다. 조각칼을 쥔 사람의 시선은 다듬어지는 이름에 집중된다. 칼날이 움직일 때마다 쌓여가는 나무 가루도 향을 낸다. 꼼짝없이 서너 시간을 두 손에 맡겨 놓으니까, 원형목 안에 세 음절이 쌓여 낯익은 이름을 만들어놓는다. 20년 동안 전부 수작업으로 이름을 새겨 넣은 인장 전문가 권영근. 그가 수놓은 인장 하나에 감탄해 한 달가량을 벼르다가 그의 작업실로 찾아갔다.

컴퓨터 버튼 하나로 기계를 움직이고 5분도 채 안 걸리는 시간에 인장 하나가 만들어지는 세상이지만 그는 여전히 수조각으로 이름을 새겨 넣고 있다. 나무, 돌, 상아, 물소 뿔 등 수십 여 종이 넘는 재료들이 그의 조각을 기다린다. 벽면에는 벽지 무늬가 안 보일 정도로 수천 여 종이 넘는 재료들이 빼곡하게 들어서 있다. 20년 동안 그가 새겨 넣은 인장만도 100만 개가 넘는다. 세월이 바뀌어도 인장 전문가로서의 그의 마음은 변함이 없다. 오로지 그의 두 손으로 빚어내는 인장 조각품만이 그의 마음을 달래줄 수 있다.

문을 여는 소리가 많아져야 그의 손놀림도 바쁘게 움직일 텐데, 그 또한 그를 조급하게 만들지는 못한다. 조각을 하기 위해 몇 안 되는 재료들이 그의 인생에 든든한 버팀목이 돼 준다. 조각대는 그의 손때가 묻어 누런 황금빛이 돼 있다. 나이로 치면 그도 어른인 셈이다. 조각대를 들어 올리며 첫마디를 꺼낸다.

"몇 번 바뀌었어요. 나무도 세월에는 장사가 없는 것 같아요."

군에 있을 때 인사행정관으로 근무한 그는 글씨하고 친숙했다. 인장을 처음 접하게 된 것은 외삼촌 때문이라고 말한다.

"외삼촌이 인장을 하셨어요. 그 곁에서 나무를 다듬고 이름을 새겨 넣은 것을 배운 셈입니다."

그는 인장을 도장이라고 부르는 것은 잘못된 표현이라고 말한다. 인장이라고 말하는 게 옳다고 한다. 인장을 조각으로 옮기는 것은 예술작품을 창작하는 것과 같다. 그만큼 수작업으로 새겨 넣은 이름은 간단하지가 않다는 얘기다.

이름 석 자를 파내는 데 긴 공정이 필요하다. 글자를 앉히고 조각을 하고 다듬는 시간은 조각칼로 글자를 옮겨내는 사람의 정신을 담아내야 한다. 그래야 주인의 마음을 닮고 같이 살아가며 숨을 쉬고 내뱉을 수 있는 인장이 되는 것이다.

우리나라 국민 중에 인장이 없는 사람은 없다. 쓰임새에 따라서 다르겠지만, 평생을 쫓아다니는 게 인장이지만, 소중함에는 차이가 있기 마련이다. 세월이 바뀌어서 확인 과정도 간단해졌다. 펜 하나만 있으면 서명으로 모든 절차가 마무리될 때도 있다. 그렇지만 뭔가가 허전하다. 붉은빛 인주(印朱)에 인장을 깊숙하게 눌러서 옮겨놔야 마무리가 될 것 같은 게 변하지 않는 우리네 마음이다. 그가 생각하는 인장의 깊이는 그가 조각을 하는 삶의 이유이기도 하다.

"인장을 조각하는 게 쉬운 일이 아니에요. 그것을 지켜내는 것은 살을 깎는 것이나 다름없어요. 옛날 어른들은 인장 조각이 하나의 소우주를 공간에 담아내는 것과 같다고 말씀하셨습니다. 인장을 조각하는 것으로 장사를 해서 돈으로 따질 수 없는 일이지요. 남의 이름이지만 그것을 완성하고 표현해낸다는 것은 장인 정신이 요구됩니다. 작품을 만든다는 것은 저한테는 즐거움입니다. 쉽게 떠날수 없는 이유이기도 하죠."

1979년도, '경북인파사'에서 외삼촌한테 인장을 배운 그는 대구역 쪽에 '대영인파사'를 차리면서 2년 만에 독립을 한다. '신화인파사'를 거쳐 몇 해 전에 '누리공방'으로 새로운 이름을 달면서 지금 터로 옮겨 왔다. 옥편과 사전을 수백 번 읽고 또 읽으면서 한자하고 친숙해져 갔다. 글씨와 한자 연습으로 그가 버린 종이만도 그 수를 헤아리기 어려울 정도다.

"왜 누리공방이라고 이름을 지었나요"

이 물음에 그의 겸손함이 묻어났다.

"누리는 순수한 우리말로 세상이라는 뜻말을 가졌잖아요. 원래는 장인 공(工)자를 쓰고 집 방(房)자의 한자를 써야 하는데 제가 장인도 아니고 해서 그 한자음을 안 썼어요. 이 세상 장인이 모여 있는 방이 아니라 즐기는 사람들 만남의 장소라는 뜻말로 '누리공방'이라고 이름을 지었습니다."

그에게 인장을 부탁하는 사람이 많다. 워낙 꼼꼼하면서 정성스럽게 작품을 만드는 그의 손놀림 때문에 단골손님도 많고 소문 듣고 찾아오는 사람들도 끊이질 않는다. 그가 쏟아 붓는 정성에 비해 가격도 저렴하다. 인장을 대구 시민 수만큼 세상에 내놓았지만 생활이 크게 달라진 것은 없다. 그가 인장 하나하나에 마음을 담고 조각하는 것만큼 경제적인 것도 쌓이고 닮아가야 하는데 그렇지 못하다고 한다.

"다른 사업에 비해서 큰 성과가 없어요. 허무하죠. 노력하고 정성을 다한 것에 비하면 아주 작은 편입니다. 돈을 생각하면 이 일 못합니다. 배운 것을 지켜가야 한다는 생각에 자리를 지키고 있는 겁니다. 그게 더 행복합니다."

의자를 앞쪽으로 돌리고는 두 팔을 가슴 사이로 넣는다. 그는 인장 조각을 할 때 글자의 구도를 잡는 게 중요하다고 말한다.

"글자 구도를 잡는 게 어렵습니다. 그게 막힐 때는 조각이 안 될 때도 있어요. 낙관을 조각할 때가 더 중요하죠."

그가 인장 조각을 하나 완성하는 데 걸리는 시간은 다섯 시간에서 길게는 며칠 밤이 걸리기도 한다. 인장 하나를 파달라고 맡겨 놓으면 그는 이 세상에 단 하나뿐인 조각품으로 만들어 놓는다. 인장을 쉽게 파내는 기계가 원망스러울 법도 한데 그는 오히려 좋은 점을 얘기한다.

"기계로 인장을 파낸다면 시간이 절약될 수 있잖아요. 오히려 편하지 않을까요. 하지만 손의 장점도 있습니다. 쉽게 파내는 게 아니라 획을 하나 긋고 이어갈 때마다 창작을 한다고 생각합니다. 그러니까 작품이 될 수 있는 겁니다. 지금까지 이 일을 이어온 선배들의 장인정신을 밟아가는 거죠. 저한테는 그게 장점이 되어 주네요."

그의 손을 살폈다. 두툼한 손등과 손바닥 곳곳에 상처가 있다. 조각칼이 스쳐간 흔적들이다. 두 손으로 그의 손을 잡았다.

"고생이 많으셨나 봐요"

그가 손을 바라보면서 웃는다.

"우리 배울 때는 참 어렵게 배웠어요. 이 일은 꼼꼼하지 않으면 안 됩니다. 옛날에는 잘해야겠다는 의욕만 앞섰지 체계적인 공부가 부족해서 늘 아쉬웠습니다."

그는 참고 서적을 뒤지고 인장협의회에서 발행하는 『인보』를 보면서 독학으로 그만의 창작 작품들을 개발해 나갔다. 그는 당시에 관련 서적들이 부족했던 게 아쉬웠다고 한다.

"아! 정말 인장을 제대로 해봐야겠다고 생각하고는 관련 서적들을 죄다 뒤져봤지만 많지 않았어요. 인장이 대어난 오랜 세월만큼 자료들이 많지 않아서 아쉬웠어요. 자기 문화를 만들기 위해 오랜 시간 동안 정성을 다해 이어오고 있는 나라들이 많잖아요. 임진왜란은 인장의 전쟁이라고 할 정도로 중요했습니다. 도자기와 마찬가지로 인장 하나로 우리나라의 역사를 얘기할 수 있을 만큼 중요합니다. 그걸 이이겠으면 하는 바람이 큽니다."

인장이 빠지는 곳은 없다. 인장이 중요한 만큼 이름이 새겨 있는 인장만큼은 소중하게 다뤄야 한다고 말한다.

"인장에 대해 바르게 이해하는 분들이 적어요. 인장을 소중하게 생각하시는 분들 중에 부자가 많습니다."

그의 말을 듣고 앞에 놓인 인장 하나를 올려다봤다.

"객관적으로 보면요, 중요한 서류에 인장을 찍는다는 것은 마지막 확인이잖아요. 자신을 나타내는 절차인 거죠. 그 확인으로 상대방한테 믿음을 주는 거잖아요. 인장을 소중하게 생각하시는 분들은 믿음과 신용을 압니다. 자신의 소중함이 담겨 있는 게 인장입니다."

"20년 외길, 후회스럽지는 않습니까?"

"후회할 생각이었다면 이 자리를 지키고 있지 않겠죠. 한 가지 뒤돌아보면 생각이 드는 게 있어요. 독학으로 공부했기 때문에 전 야인인 셈입니다. 더 좋은 작품을 만들기 위해서 다양한 활동을 하지 못한 게 늘 마음에 걸립니다."

"인장을 담아내는 선생님의 마음을 대물림하시죠."

"그럴 생각은 없어요. 제가 경제적으로 풍요롭지 못해서 늘 마음이 걸립니다."

"앞으로 계획도 많으시죠"

"제 주변에 비슷한 친구들하고 모임을 갖고서 작품 전시회를 좀 해야겠다고 생각합니다. 이제는 다양한 대회도 참가해 함께 즐기고 싶은 마음뿐입니다. 앞으로는 나무에다가 조각을 하는 '서각'을 하고 싶어요. 칼하고 망치만 있으면 할 수 있잖아요"

이 말을 끝내고 사진 몇 장을 촬영하자고 했더니 다음에 더 많은 얘기를 하자면서 정중하게 사양을 해 난감했다. 간신히 그가 조각하는 장면을 사진으로 담아낼 수 있었다. 웬만큼 사진 촬영을 하고 그의 작업을 지켜봤다. 종이 위에 한자로 이름을 적고서는 한참을 쳐다본다. 가느다란 붓으로 이름이 들어갈 자리에 옮겨 넣는다. 조작대와 조각칼이 맞물리면서 빠르게 움직여진다.

등을 피고 굽히고를 수십 번 반복한다. 그가 이 시대에 인장 전문가이자 장인이다.

Snow Queen

MON.TUE. 9:55P

연극 연출가, 연기 교육자 **조승암**

지칠 줄 모르는 거침없는 연극 연출가, 조승암

연극에 미쳐 살고, 배우 훈련에 신명난 사람

연기자 양성, 내 손안에 있소이다…

대구 한국방송연극영화방송예술원 100석 규모의 연극 소극장에 뮤지컬 〈그리스〉를 연습하는 소리가 울린다. "감정을 실어서 대사를 제대로 표현해봐." "멈추어 있지 말고 움직여 가면서 말해!" "네 마음을 움직여. 뭘 표현하고 싶은 거야?" 연극 연출가이자 연기 교육자인 조승암. 뮤지컬 〈명성황후〉에서 '고종' 역할을 맡아 열연했던 뮤지컬 배우 조승룡 씨가 그의 친형이다.

형은 뮤지컬 배우, 동생은 연극 연출가로 인생의 절반이 넘는 세월을 연극과 싸워왔다. 그를 거쳐 간 제자만도 수백 명에 이르고 이름만 대면 알 만한 스타나 유명 배우가 된 연기자들 중에 그의 손을 거쳐 배우가 된 사람들도 많다. 음악과 미술에 젖어 살다가 대한민국 남자로서 군대를 다녀온 후에 연극과의 첫 만남이 시작됐다.

고교 시절 시청에 위치한 마당쎄실극장에서 올려진 연극들을 거의 빼놓지 않고 보면서 연극인의 길을 걷겠다고 다짐했고, 헤르만 헤세의 소설을 탐독하면서 연극과 철학의 마음을 단련시켰다고 말한다. 그는 이제는 뒤로 물러설 수 없는 연극인이 되었기 때문에 무대가 더 무섭고 아름답다고 표현한다.

"연극을 만나면서 정신적인 방황을 정리할 수 있었어요. 예술을 만나면서 쌓였던 고민들이 한꺼번에 정리가 될 수 있었던 겁니다."

스타 산업이 국내를 넘고 한류를 타고 세계를 향하고 있다. 제2의 '욘사마'를 찾아내는 일이란 쉽지 않다. 우리나라에서 배출된 세계 스타 한 명이 차지하는 비중은 크다. 외화 획득, 국제적인 이미지 상승 등 헤아릴 수가 없다. 세계적 스타 한 명이 해외에서 차지하는 역할은 웬만한 기업 매출과 같은 맞먹는다.

스타나 배우가 될 재목(材木) 있는 배우와 가수를 찾아내는 일이란 쉽지 않은 일이지만 배우의 재능을 더욱 키워내기란 더 어려운 일이다. 스타의 꿈은 타오르지 못하는 꿈으로 꺼질 수도 있다. 전문 매니지먼트사와 배우 훈련 양성소도 해마다 늘어나고 있지만, 거품에 가라앉아 오래 버티지 못하고 문을 닫는 경우도 허다하다. 그러나 세월의 변화에도 아랑곳하지 않고 10년이 넘도록 서울과 대구를 오가며 한 자리를 우둑하니 지켜내고 있는 것만으로 그가 해낸 역할은 너무나 크다고 말한다. 그가 배우 훈련을 시키는 과정에는 특별한 철학이 담겼다. 털털하면서도 유머러스한 그이지만, 한마디씩 옮길 때는 날카로운 시선이 매서워진다.

"연극과 뮤지컬을 통해서 연기 교육을 시키고 있어요. 배우의 꿈은 모든 사람들이 한 번쯤 생각해 봤을 겁니다. 그렇지만 아무나 배우가 될 수는 없는 거죠. 배우 훈련 방법이 중요한 이유가 여기에 있습니다. 바른 자세를 통해 자신이 연기를 왜 하는지에 대한 목적이 분명해야 합니다. 기술을 가르치기 전에 이 과정을 충분히 느끼게 해주는 게 더 어렵습니다."

그의 연극 정신은 남다르다. 연극영화의 해인 1991년도에는 하루에 두 편, 많게는 세 작품 이상 연극 관람을 하면서 연극 관극을 통한 연극 일기를 빠짐없이 썼다. 이때 본 연극만 수백 여 편이 넘는다. 연극을 하는 사람이 당연한 일 아니냐고 반문할 수 있겠지만 하루도 빠짐없이 몇 년을 관극의 자세로 관람을 했다면 그것은 일반적인 관객이 아니다. 그에게 연극 관람은 단순한 감상이 아니라 배움이다. 그의 관극에는 무대를 바라보는 연출가의 시선이 담겨 있는 셈이다. 관극을 통한 시각적 배움을 통해 그의 연극적 세계는 무르익어 갔다. 대학 시절 연극 얘기를 꺼낸다. 연극을 통해 그가 만난 세상은 더 넓어진 셈이다.

"대학 연극반에서 처음으로 연출로 맡았는데요, 전국대학연극제에서 금상을 받아 버렸어요. 최인훈 작 〈봄이 오면 산에 들에〉라는 작품이었습니다."

상을 받은 게 중요했던 게 아니라 꾸준하게 연극 세계를 키워온 그로서는 연극 인생에 대한 확고한 자신감을 가져다준 계기였다. 당시에 그는 연출가로서 한국적인 아동극을 만들어야 한다는 절박한 심정이 있었다고 말한다.

"춘천 인형극 제1회 때인가요. 연극을 보는 것에 목이 말라 있었으니까 달려갔습니다. 전 세계에서 넘어온 아동극들을 봤어요. 그런데 일본 극단이었는데요. 우리네 사물놀이를 갖고 일본식 아동극을 만든 겁니다. 충격이었어요. 일본 배우들이 한국 설화나 고전을 소재로 해서 이야기를 만들었던 겁니다. 민복을 입고 한국말을 뜨문뜨문 써가면서 사물놀이를 두드리면서 극장 안으로 들어오는 게 연출가로서 죽고 싶은 심정이었습니다. 아. 이래서는 안 되겠다. 아동극이 얼마나 중요합니까. 재미나 교훈을 주는 연극이 아니라 연극을 보면서 아이들이 창의성을 담고 개발해야 하는 중요한 극이거든요. 우리 아동극을 만들자 결심하고는 마음에 맞는 몇 사람이 모여서 사물부터 배웠어요."

돈 없고 배고팠던 시절이었는지 눈을 감고 하늘을 올려본다. 국내 아동극들이 변화되는 창의적인 무대를 수용하고 다듬어질 무렵, 그는 한국적 색이 담긴 아동극 한 편을 만들기 위해 1년 넘는 시간을 대학로 길거리에서 보냈다. 다행스럽게도 가로등 불빛은 멋진 조명이 돼 가능했다고 말한다.

"누군가는 해야 할 일이라고 생각했던 겁니다. 뜻과 오기 하나로 겨울을 이겨낸 셈이었어요. 연습실도 제대로 없고, 제작비도 충분하지 않았으니까 거리에서 연습한 날이 더 많았어요. 그런데 어렵거나 포기하고 싶은 생각은 없었어요. 10명 정도가 모여서 시작했는데 전부 뜻이 하나로 모이게 되니까 작품이 서서히 만들어지더라고요."

이때 모인 배우들은 사물놀이를 대학로 길 한복판에서 '떵떵떵' 울려대면서 피나는 연습을 했다고 한다. 작업 방식도 독특했다. 이야기가 되어주는 기본 텍스트만 갖추고서는 배우와 연출이 공동으로 작품을 발전시키면서 차근차근 완성해 나갔다고 설명한다. 연습 시작한 지 1년, 우리 전래동화 속 이야기가 완성도 있게 모양을 냈다. 작품명도 〈둥개둥개 이야기 둥개〉로 태어났다. 1993년도에 이 작품으로 서울아동연극제에 참가해 우수작품상을 수상하고 한국적 아동극의 가능성을 열었다는 평가를 받았다. 같은 해에 이 작품이 제1회 국제 오키나와 국제 청소년 연극 페스티벌에 국내 작품으로는 유일하게 공식 초청되어 뜨거운 반응을 얻었다고 한다.

"가슴이 뿌듯했습니다. 당시에 〈북어대가리〉라는 연극 작품과 함께 초청되어서 갔죠. 아동극으로서는 우리가 유일했고요. 오키나와 초·중·고등학교들을 순회하면서 공연을 했는데 그렇게 좋아할 수가 없었어요. 이때, 정말 우리 것만큼 소중한 게 없구나 하는 생각을 하게 됐습니다."

이 작품을 만든 지 십 년이 넘는 세월이 흘렀지만, 그가 해낸 역할은 크다. 이제는 국내 아동극 수준이 많이 달라졌다. 세계 무대에 내놔도 손색이 없는 작품들이 해마다 공연되고 있기 때문에 비교가 가능하다는 얘기다. 아동극을 전문으로 있는 '교육극단

사다리'는 창의적이고 실험적인 무대를 통해 세계 무대에서도 인정받는 극단이다. 그만큼, 주 관객층인 아동들의 관객 수준이 세계 수준으로 올라간 셈이다.

"고통이 없이는 세상을 바꿀 수 없다고 생각합니다. 연출가로서 목적이 분명하다면 자신한테 치열해질 수밖에 없어요. 그 과정을 동료 배우들과 이겨내니까 많은 것을 얻어서 새로운 연극 정신세계를 만들어준 것 같습니다. 이때 같이한 배우들과 동료들이 지금은 너무나 다들 잘됐거든요, 고마운 일입니다."

"연출가로서 아동극에 대한 남다른 철학이라는 게 뭡니까?"

커피 한 잔을 마시면서 얘기를 하자며, 종이컵에 담아 내온다. 미온의 열기가 종이를 더 푸근하게 감싼다.

"어린이들의 수준이 높습니다. 말을 잘 하지 못한다고 해서 이해 못하는 것은 아닙니다. 세계 명작 위주의 공연도 좋지만 아동극은 난순한 감상용 차원을 넘어서야 한다고 생각해요. 어린이들이 연극을 보면서 개발될 수 있어야 하는 거죠. 보면서 즐기고 웃으면서 왜 저럴까 상상하고 생각해 볼 수 있도록 무대를 만들어야죠. 일방적인 이야기 전달은 무의미해요. 동화책을 보면 되잖아요. 그래서 아동극은 정말 중요한 겁니다. 어린이들이 정서적으로 커가는 시기잖아요. 말을 잘 못하지만 예민한 시기죠. 본 대로 다 믿을 수 있기 때문에 그럽니다. 그래서 순수하잖아요. 아동극은 동심을 넘어서 새로운 무대를 통한 다양한 교육적 효과를 만들어낼 수 있는 방법들이 마련돼야죠. 책임감을 갖고서 아동극을 만들어야 한다고 생각해요, 연극인으로서 의식은 더 중요하고요. 연극을 한다고 다 의식 있고 연극 정신이 있는 것은 아니라는 얘기죠."

그가 시계를 들여다본다. 학생들과 연습 시간이 다 됐다고 소극장으로 이동해서 얘길 나누자고 한다. 그가 소극장 안으로 들어간 지 10분 정도 있다가 문을 열었다. 소극장 무대 중심에 서서 배우들을 혹독하게 훈련시키고 있다. 아동, 청소년 전문 배우들이다. 대학로 공연 무대에서 올려지는 프로 연극무대처럼, 그 열기가 가득하다. 어린 나이들이지만 익숙한 동작과 노래들을 곁들여 뮤지컬 연습이 뜨겁게 달아오르고 있다. 대학로 소극장에서 연극 관람을 하고 있다는 착각이 들 정도로 능숙하게 등장인물들을 표현해낸다. 화려한 경력은 없지만 드라마, 영화, 연극들을 두루 섭렵를 해봤으니 전문 배우들이라고 불러도 손색이 없다.

프로 배우처럼 무대를 향해 뿜어내는 감정들은 겨울을 녹이기에 충분해 보인다. 한 마디라도 그의 말을 놓치지 않으려는지 배우들의 움직임이 빨라진다. 듣고 따라하기란 쉽지 않다. 이들에게는 그조차도 설득력이 없이 빠르게 변화되고 진행된다. 열기에 집중되고 즐거워진다. 아역, 청소년 전문 배우라는 말이 낯설게 들릴 수 있지만, 무대를 만나서 신명나고 즐겁다. 그들의 역할은 크다.

"연극 연출을 하다가 배우 교육을 한다는 게 쉽지는 않죠?"

잠시 쉬는 틈을 타고 물었다.

"연기 교육과 연출은 같다고 생각해요. 저에게는 연극 연출을 위해서 연기 교육을 하고 있는 셈입니다. 이들과 함께 작업을 하다보면 새로운 것을 발견할 때가 많아요. 그것도 연극에 대해서 더 집중할 수 있고 연극을 벗어나지 못하고 도망 못하게 꼼짝없이 붙들고 있다고 생각합니다."

아역 배우들을 필요로 하는 드라마나 영화는 너무나 많다. 혹독하게 배우고 훈련되어야만 표현력도 그만큼 달아오를 수 있다. 그래야 그들이 설 수 있는 무대도 넓어진다. 서울을 오가면서 방송 활동을 병행하고 있는 낯익은 청소년 탤런트들도 보인다. 80명이 넘는 청소년 배우들은 매주 토요일 이 소극장에서 일반 관객을 대상으로 뮤지컬과 일반 연극 공연을 선보인다. 〈그리스〉, 〈가스펠〉, 〈I love you〉, 〈광인들의 축제〉가 이들의 주요 공연 레퍼토리다.

2년 넘게 문화 봉사를 하고 있다. 프로 배우들도 쉽지 않는 일들을 청소년 배우들의 열기 하나로 똘똘 뭉치고 있다. 소극장 열기를 10년 넘게 달궈내고 있는 중심에 그가 있었다. 그의 인생 경력은 스타처럼 화려하지는 않지만 무대를 움직이는 그의 힘은 세상을 넘어선다.

"프로 배우들과 작업하다가 청소년 배우들을 훈련시키고 작업을 한다는 게 많이 어렵죠?"

"아직 성숙하지 않은 연기자들은요, 꿈과 현실에 대한 차이점을 많이 느낍니다. 당연하지만 그런 생각을 갖는 것도 다행스러운 일이라고 생각합니다. 가장 중요한 것은요, 이들이 훌륭해질 수 있다는 겁니다. 왜 연기를 배우는지에 대한 초심(初心)을 잊지 않고 더 노력해 나갈 수 있도록 끌어주는 게 어려운 문제죠. 다들 생각이 저와 같지는 않겠죠. 배우는요, 천재적인 배우를 요구하기보다는 부족한 부분을 노력으로 채워 가면서 완성된다고 생각해요. 그래서 연습이 무섭고 필요한 겁니다."

수많은 배우들이 그의 손을 거쳐 갔고 꽤 많은 작품들이 그의 손에 떠밀려 작품성 있는 예술로 거듭났다. 비슷함은 따라할 수 있지만 예술정신과 그의 독특한 연기 교육 방식은 흉내 낼 수 없는 일이다. 10년이 넘도록 서울과 대구를 오가며 한 자리를 우뚝 하니 지켜내고 있는 것만으로 그가 해낸 역할은 너무나 크게 다가온다. 이름만 대면 알 만한 아역, 청소년 스타들이 그의 배우 훈련을 거쳐 갔지만 그는 스타와는 무과한 사람이다. "연기 훈련을 시키고 또 시켜서 배우들을 만들어낼 뿐입니다." 한다. 세상의 변화에 따라서 꿈도 바뀐다. 예전에는 스타와 배우의 함수 관계에서 욕심을 갖고서 배우가 되고 싶어 하는 사람들이 많았지만 요즘은 뮤지컬 붐을 타고 뮤지컬 배우를 희망하는 학생들이 많아졌다고 한다. 그의 밀이 계속 이어진다.

"노래방이 보편화되어 가잖아요. 노래 잘 부르는 사람들이 정말 많더라고요. 웬만 큼 부른다 싶으면 가수가 되려고 하는 사람들이 많은데요, 자신의 타고난 재능도 중요 하지만 전문가의 판단도 중요합니다. 뮤지컬이 굉장한 문화 산업으로 떠올랐잖아요. 뮤지컬 배우가 되기 위해서 오디션을 받는 경우가 많아졌어요. 뮤지컬 시대라고 해도 틀린 말이 아닙니다."

교육 중에서 배우 훈련이 가장 힘들다는 말이 있다. 배우가 되어가는 과정은 끝없 기 때문에 그런 말들을 종종 꺼낸다.

"많은 배우들이 조 선생님을 거쳐 갔고, 훈련을 통해서 인정받고 있는 배우들이 많습니다. 특별한 배우 훈련법이 있습니까?"

"교육 방법은 그래요. 감정을 정확하게 느끼고 관객들한테 정확하게 표현해 가는 것에 중심을 갖고서 교육 방향을 정합니다. 춤, 노래, 연기를 통해서 본인이 느낀 다양 한 감정들이 섞여 말과 행동으로 밖으로 꺼내질 수 있도록 해야 합니다. 제일 중요한 것은 무대 참여고 공연을 통해서 얻어지는 게 크다고 할 수 있습니다. 배우 훈련에 있어 공연 작업은 배우들한테 연습 과정의 마지막 작업이면서 다시 처음으로 돌아가게 만들어주니까 중요한 거죠."

그는 말을 이어가면서 대구 경북의 배우 열기는 뜨겁다고 표현한다.

"스타 열풍이 강하다는 얘기네요?"

"그렇지는 않아요, 배우가 스타가 될 수 있는 조건이기 때문에 연관되는 것뿐입니다. 1996년도에 지역 민영 방송에 들어섰을 때는 최고조에 달했습니다. 스타가 되기보다는 배우에 목말라 있던 지망생들이 대거 몰렸으니까요. 배우는 표준어를 구사하잖아요. 하지만 이제 무대언어는 특정한 언어에 대한 한계가 없어졌어요. 즉, 어떤 언어든 무대에서 쓰이는 말이 연극 언어죠. 하지만 표준어는 배우한테 중요한 겁니다. 바르고 정확하게 전달해야 하니까요. 요즘은 배우 스타 열풍은 없어요. 거품이 꺼졌어요. 바람직한 현상이라고 생각해요. 예전에는 스타에 대한 막연한 기대심리가 존재했어요. 이제는 정보의 시대잖아요. 모든 정보가 인터넷을 통해서 열려 있어서 허황된 꿈보다는 현실적인 직업 배우가 되길 바라는 현상이 더 많아진 겁니다."

이 말이 끝나기가 무섭게 학생 하나가 그에게 다가온다. 즉석에서 뮤지컬 노래를 부른다. 망설임 없이 부르는 모양새가 훈련된 배우답다는 생각을 들게 한다. 이어서 날카로운 지적이 이어진다. 듣고 있는 학생 얼굴이 붉어질 만도 한데 연신 싱글벙글이다. 선생의 지적도 반갑고 고마운 모양이다.

"제가 학생들을 대하면서 늘 하는 말이 있어요. 어려운 것은 쉽게, 쉬운 것은 익숙하게, 익숙한 것은 반복으로 하고 반복 연습은 더 아름답게 실천하라고 해요. 이 말을 듣고 잘 극복하는 게 중요합니다. 배우 훈련은 수학공식처럼 될 수가 없어요. 배우는 사람이고 몸과 마음으로 옮겨지기 때문에 그런데요. 몸으로 체득되는 배우에게는 반복을 통해서 자연스러운 연기로 극복하는 게 중요하다고 생각합니다. 마음을 열고 아름답게 해 나가면서 즐겁게 즐기지 않으면 어려운 일이죠."

연습이 끝났는지 학생들이 흩어졌다. 4, 5층에 마련되어 있는 연습실로 대본과 뮤지컬 악보를 들고 약속이라도 한 듯이 삼삼오오 모여 흩어진다. 한 10분 흘렀을까. 사방에서 대사를 뱉고 뮤지컬 노래를 부르는 소리들이 소극장 천장을 울린다. 소극장 조명은 이 분위기가 익숙한가 보다. 불빛이 꺼지지 않는다. 무대를 바라보면 객석 중앙에 앉았다. 조명이 하나 툭 하니 꺼진다. "어! 또 전구가 나갔네. 참." 연습이 끝나고 조명 빛 하나가 사라져서 다행이라고 말한다. 배우와 연극 얘기를 본격적으로 꺼냈다.

"이 시대의 배우가 되기 위한 특별한 배우 교육이 있습니까?"

"배우 교육은 시대가 필요한 것은 아니라고 생각해요. 늘 감정을 느끼고 솔직한 표현을 만들어가는 과정이기 때문에 시대에 따라 배우에게 요구하는데 특별하게 달라지지 않는다는 얘깁니다. 일상생활에서 자기 개발을 하고 다양한 표현의 방법들을 연습하는 겁니다. 요구되는 변화는 있지만 올바른 배우의 기본은 정서의 진솔한 표현입니다. 세월이 변화돼도 바뀌지 않는 배우의 근본인 거죠."

그는 배우 훈련을 통해서 학생들을 무대에 직접 세운다. 입장료를 받고 공연하는 상품은 아니지만 연극 참여 과정을 통해서 끊임없이 배우로서 변화를 요구하고 연기스타일을 구체화시키는 중요한 작업이라고 말한다. 청소년들이 하는 뮤지컬 공연이라고 해서 얕보고 공연을 관람했다가는 억! 하고 나간다. 그만큼 작은 소극장 무대에서 그들이 쏟아내는 배우 열전의 열기는 식지 않고 상당한 퀄리티가 있기 때문에 자부심도 대단히다.

"뮤지컬 레퍼토리 공연은 실습인 겁니다. 한 작품으로 만족하는 게 아니라 다양한 작품들을 끊임없이 올려요. 등장인물이 수시로 바뀌기 때문에 매번 연습의 목표도 달라지고 있는 겁니다. 관객을 직접 만나면서 공연을 한다는 것은 이들의 잠재성을 한층 돋워줄 수 있는 거예요. 반응도 상당히 좋은 편입니다. 입장료 10만 원이 넘는 프로 무대 공연들보다 훨씬 반응이 좋은 건 있네요."

일주일에 서너 번을 서울, 대구를 오가면서 활동하기란 쉬운 일이 아니다. 거리도 그렇지만 지역마다 그가 연극 연출과 배우들 연습으로 소화해내야 하는 시간은 하루를 넘어선다. 그는 내년 공연 활동에 대해서 자신감 있게 얘기한다.

"가르친다는 것은 또 다른 배움을 느끼고 얻을 수 있어서 좋아요. 제 자신한테도 훈련이 되고 있는 겁니다. 내년에는 대학로에서 창작 뮤지컬 공연 의뢰가 들어왔어요. 바빠질 것 같습니다. 창작 활동의 폭이 지역을 넘어서고 있다는 것은 다행스러운 일입니다. 연극이라는 문화는 지역과 시대를 넘어야 된다고 생각합니다. 지역마다 그 차이가 있기 마련이지만 그 한 가지로 좋다 나쁘다고 평가할 수가 없어요. 대구 지역도 다양한 창작 활동을 하고 있어요. 서울로 올라간 좋은 연극인들이 다시 대구로 와서 많은 창작을 해 주었으면 하는 바람입니다."

"연극은 왜 했습니까? 연극 또한 모든 것에서 자유로워질 수는 없잖습니까?"

이 한마디 질문에 그는 숨소리가 넘어갈 듯 큰 소리로 웃어댄다. 숨이 멎고 다시 조용해진다. 그가 김동길 박사의 예전 인터뷰 장면을 말로 옮긴다.

"TV 인터뷰를 하셨어요. 그때 '다시 태어난다면 배우가 되고 싶습니다'라고 말씀하신 적이 있어요. 이 시대의 지성인 한 분이 그런 말씀을 하신 것에 적지 않은 충격이었습니다. '배우가 되고 싶다', '연극을 하고 싶다' 한 번쯤 사람들마다 선망의 대상이 됐던 적이 있잖아요. 제가 하고 싶었던 길을 그냥 걷고 뛰면서 가고 있는 겁니다."

"친형인 뮤지컬 배우 조승룡 씨에 대해 동생으로서 배우의 점수를 준다면요?"

성분이 다른 피는 섞일 순 없어도 같은 것은 같은 것으로 만들어질 수 있다는 진리는 사람 누구에게나 통한다. 연출자인 동생으로서 배우인 형한테 어떤 답이 나올까.

"무대에서 참 맑은 배우입니다. 좋은 느낌을 무대에서 주는 배우인 거죠. 그 점에서는 존경스럽습니다. 늘 최선을 다하는 배우라고 생각합니다. 무섭도록 한 곳을 꾸준하게 지켜가고 있으니까요. 무대를 화제로 서로 대화를 나눌 때는 치열하게 얘길 합니다. 연출가한테는 또 다른 빈 공간들이 보이거든요. 틀릴 수 있고 맞을 수 있는 말들이지만 듣고 또 들어줍니다. 연출적인 제 시각과 철학을 많이 믿는 편입니다."

영원히 풀리지 않는 연극 수수께끼를 오로지 배우와 무대를 통해서 얻고 발견해가는 연극 창작의 길은 쉽지 않고 만만하지 않다. 연극의 위대함은 끊임없는 창작의 고통을 안겨줘서 힘들지만 그만큼 아름다운 예술이 없다고 표현한다. 완전한 사람이 없는 완전한 연극도 없다. 그래서 늘 새롭고 변화를 요구하는 연극과 배우의 세계. 그는 마지막 말을 천천히 옮긴다.

"어려서는 누구나 정신적인 방황을 할 수 있다고 생각합니다. 음악을 좋아하고 팝아트에 미쳐 살았던 저에게는 예술이 주는 풀리지 않는 수수께끼에 늘 정신적 고민을 해야 했죠. 우연히 만남 연극. 내가 고민했던 모든 것을 무대가 가르쳐주었다고 생각합니다. 연극을 통해서 배우고 깨달은 만큼, 연극 연출과 배우 교육을 통해서 다 돌려주어야죠. 그 생각뿐입니다."

해현갱장
줄을 풀어 팽팽하게 다시 맨다.

기존과 다르게 완전히
새롭게 태어나는 것

解弦
更張

김건표가 만난 사람들 / **24**

교촌치킨 회장 **권원강**

소박한 꿈, 그리고 첫 출발… 국내 최고의 치킨업체로 성장한 교촌치킨 권원강 회장
땀범벅이 돼도 좋다! 고객이 만족한다면!
정직과 신용, 그리고 인연이 곧 나의 재산

1991년 3월 13일 처음 개점한 구미시 송정동에 위치한 치킨집 앞에서 권원강 회장을 만났다.

"처음엔 어떠셨어요?"

"작은 통닭집으로 시작해서, 당시에는 배달부터 조리까지 두루 했었죠. 그때는 소비자의 손에 들어갈 때까지 온 정성을 다했었습니다. 일례로 한여름에 여름 바람에도 통닭이 식을까 봐 에어컨은 물론 문도 열지 않고 배달을 했으니까요. 땀 흘린 건 말도 못합니다. 수건으로 감당이 안 될 정도였으니까요."

"20년 전에 이 조그만 통닭가게에서 성공한다는 생각을 하셨는지?"

"그 당시는 거창하게 성공이란 생각은 못했습니다. 그냥 생계수단으로 열심히 해오다가 보니 이렇게 되어 있네요."

"그 당시 가장 힘들었던 것은 무엇인가요?"

"영업이 부진했을 때, 그때가 가장 힘들었죠. 한 달 5만 원 정도의 전기요금 내기도 벅찼었으니까요. 초기에 가장 힘들었습니다. (하지만 그 사업이) 마지막 길이었습니다. 죽기 살기로 최선을 다해야 했죠. 제가 조금의 여력이 있었다면 아마 포기했을지도 모르죠."

권원강 회장은 이른바 자수성가한 사람이다 또 끊임없는 변화와 열정으로 성공을 예감하는 기업인이기도 하다. 탁자 세 개의 작은 통닭집으로 시작해 국내 최고의 치킨업체로 성공하기까지 그의 앞에는 수많은 우여곡절과 실패가 있었다.

"통닭 사업을 하기로 생각한 계기는?"

"처음엔 그야말로 생계의 수단으로 시작하게 되었습니다. 지금은 미국, 중국 등 해외 진출 성공의 큰 목표를 두고 있죠 치킨 사업이 국내 시장에서는 완전히 성숙기에 와 있으므로 지금부터는 한류 열풍을 기대하고 있습니다. 해외로 나가 보니 충분한 경쟁력도 있고, 특히 소스에 있어 숙성 과정이 없는 다른 나라의 소스에 비해 숙성

과정을 거친 소스로 맛을 내고, 또한 그들의 입맛을 만족시킬 수 있다는 것이 큰 경쟁력입니다."

"회장님께서 생각하시는 고향은?"

"대구 경북을 연고로 성장한 만큼 불편하지만 본사는 당연히 이곳에 두고 있는 게 그런 이유입니다. 타지역으로 옮기라는 말을 많이 듣지만 작은 힘이라도 성장한 이곳에 남겨두어야겠다고 생각했습니다."

"직업이 많으시던데요?"

"택시 운전기사, 과일 노점상, 해외 파견 근로자, 실내 포장마차 등 안 해본 일이 거의 없을 정도였습니다."

"잘사는 집안의 아드님이셨던데요?"

"가세기 기울면서 군대를 다녀왔었는데, 아버지의 사업 실패로 하루아침에 모든 것이 변해 있었습니다. 그때의 참담함은 형언할 수 없죠"

"과일 노점 행상을 할 때 장인어른을 만나셨다죠?"

"좁은 골목길에서 노점 장사를 하고 있었는데 좁은 골목이다 보니 피할 곳이 없어서 (그때 당시는 쥐구멍이라도 있으면 피하고 싶었어요) 할 수 없이 인사를 드리고 했었는데 장인어른께서 말씀 없이 잠시 계시다가 가시더라고요. 별 말씀은 없으셨지만 수많은 감정들이 교차했습니다. 근데 그런 것들로 인해 각오도 다지게 되고 했었죠. 애석하게도 제가 막 성공점에 갈 무렵 돌아가셔서 많이 안타깝습니다. 지금 살아계셨으면 그때 노점상 한 시절을 웃으면 말할 수 있을 텐데…"

젊은 시절 그가 가진 건 수많은 실패와 좌절에 대한 기억 뿐이었다. 하지만 그런 그를 믿어준 가족이 있어 그는 인생의 역전 만루홈런을 쏘아 올릴 수 있었다.

"택시운전은 얼마나 하셨나요?"

"3년 8개월 했습니다. 그 당시 택시 운전수들의 꿈이 개인택시를 받는 것이었는데, 10년 이상 무사고를 해야만 받게 되는 개인택시를 동료를 통해 국가유공자는 3년 무사고 운전시에 개인택시를 받을 수 있다는 걸 알게 되었습니다. 할아버지께서 독립운동한 기록으로 그 자격이 있어서 개인택시를 했었죠. 그런데 체력적인 사정으로 인해 새로운 사업을 시작했습니다. 첫 택시를 팔아 마련한 3천 300만 원으로 시작한 통닭집에서 처음엔 어려움이 많았지만 돌아갈 길이 없는 막다른 상황에 이르렀기에 무조건 해내야 한다는 생각밖에는 없었습니다."

"그 당시 홍보는 어떻게 하셨어요?"

"홍보에 얽힌 에피소드는 많습니다. 홍보를 하기엔 돈이 없어서 114에 집사람과 번갈아가며 문의전화를 했습니다. 목적이 안내원들의 머릿속에 가게 전화를 입력시켜서 소비자들이 찾을 때 바로바로 알 수 있도록 하는 것이었는데 그분들이 주문을 하셨어요. 네 분이 계신 전화국에 온갖 정성을 들여 배달을 마치고 돌아오니 참 맛있게 먹어주셨는지 저녁에 그 네 분이 집에 가져간다고 포장을 해달라고 하셨어요. 그땐 장사가 아주 잘 된 날이었어요. 낮에 두 마리, 저녁에 네 마리, 여섯 마리나 팔았으니…"

"서비스 정신이 남달랐네요?"

"교육을 따로 받은 것은 아니었는데 진정한 마음에서 우러나오는 친절로 대하다 보니 그럼 자연스럽게 서비스가 나옵니다."

"기억에 남는 손님은?"

"조인철 씨라고… 초창기 저희 치킨집에 오신 손님이신데 테이블이 세 개뿐인 집에 그분이 오셨을 때 단체손님이 오셨습니다. 남은 테이블이 두 개밖에 안 되어서 정중히 거절을 하고 먼저 오신 그분에게 신경쓰시지 말고 천천히 드시다 가시라고 했더니 그분께서 감동을 받으셨습니다. 알고 보니 구미 소재 대기업 노조 간부인 그분 덕에 배달 주문이 폭주를 했습니다."

"한마디로 감동 경영을 하셨네요?"

"그렇죠. 그 후로 그분이 너무 고마워서 꼭 한번 만나고 싶습니다."

"현재에 만족하지 않고 공격적인 경영을 계속 해나가는데…"

"기업이란 게 멈추면 쓰러집니다. 기업은 자전거 두 바퀴와 같습니다. 끝없는 성장만이 살 길이고, 또 전국의 점주들을 위해서라도 끝까지 책임을 져야 합니다. 혹시나 문을 닫는 가게가 생긴다면 어떠한 지원이라도 아끼지 않고서라도 본사에서 해야 된다는 게 제 생각입니다. 지금 현재 문을 닫은 가게가 하나도 없는 게 그 이유일 수도 있습니다. 해외 시장으로 눈을 돌린 이유도 조류독감으로 인해 불안한 국내 시장에서 대안을 고민한 끝에 서로의 대안이 될 수 있겠다 싶어 하게 되었습니다."

"(외국인들의) 입맛에 맞나요?"

"우리의 입맛을 외국인에게 길들여 가는 것입니다. 우리의 특성을 버리면 아무런 매력이 없지 않나요? 지금 미국에서 조금씩 길들여져 나가고 있는 상태입니다."

"또 다른 계획이 있다면?"

"초창기에 가장 차량이 많이 다니는 경부고속도로에 광고를 내겠다는 꿈을 꾼 적이 있는데 2004년도에 그 꿈이 현실이 되어 지금 경부고속도로에 저희 광고판이 세워져 있습니다. 현재는 미국에 진출하고 있으니 맨해튼 타임스퀘어 그곳에 저희 광고를 하는 것이 꿈입니다. 쉽지만 어렵고 어렵지만 너무 갈 길이 많은 것이 자수성가의 길이라 할 수 있습니다."

"마지막으로 한 말씀 부탁드립니다."

"세 가지 힘주어 말하고 싶은 것이 있는데, 첫째가 정직입니다. 모든 영입은 정직해야 합니다. 그리고 배려와 겸손입니다. 제 머릿속에는 이 세 가지가 항상 있고 그것들을 실천하면서 지금까지 왔다고 봅니다. 혼자가 아닌 '같이 성장'을 해야 하고 사업 이전에 사람이 먼저란 생각을 늘 하고 있습니다."

김건표가 만난 사람들 / **25**

대성그룹 회장 **김영훈**

세계 에너지 총회 대구 개최 주도한 대성그룹 김영훈 회장
위기는 곧 기회이다, 위기를 찾아다녀라

2008년 11월 엑스코에서 날아온 반가운 소식 대한민국의 대구가 2013년 세계 에너지 총회(WEC) 개최지로 확정되었다. 에너지가 미래 시장의 최대 화두로 떠오른 현재, WEC는 그야말로 세계 시장으로 뛰어들 수 있는 중요한 무대인 셈이다. 에너지 총회 유치를 위해 최전선에서 발로 뛴 에너지 기업가 김영훈 회장을 만났다.

"회장님 하면 많은 수식어가 있습니다. 만능 CEO, 에너지 리더 등등. 어떤 수식어가 가장 마음에 드시는지요?"

"그냥 저는 에너지 전문가란 말에 만족하겠습니다."

"주로 어떤 일을 하시는지요?"

"제가 하는 사업이 에너지 쪽의 일이다 보니 기타 에너지 쪽의 일을 몇 가지 하고 있습니다."

"세계 에너지 총회는 WEC에서 3년마다 개최하는 민간 부문 최대 에너지 국제회의 인데, 대구가 개최지로 확정되었다죠."

"인천, 부산, 제주 등과 경쟁을 했었는데 사실 저희 대구가 서울과 부산에 비해 많이 뒤떨어져 있었지요. 대구 자체가 경제적인 여러 가지 부분에 활력을 잃고 해서 WEC를 유치함으로써 여러 가지 도움이 되지 않나 하는 제 나름대로의 기대도 있고 해서 제가 심사의원들에게 많은 어필을 했습니다. WEC 부회장으로서 국내 여론 조성을 해서 '대구를 선택한다면 반드시 총회 유치로 보답하겠다'라는 말씀에 모두들 동의를 해주신 것 같습니다."

"총회 유치를 위해서 어떤 노력을 하셨습니까?"

"저는 정석으로 했습니다. 무엇보다도 WEC 부회장으로서 제 역할에 충실했고 유치하는 과정에서 덴마크(코펜하겐), 남아프리카공화국(더반)과 3파전이 된 것인데 덴마크는 에너지 기술 강국이지만 연이은 총회 개최 문제로 지적을 받았고, 남아공 역시 에너지 자연 부국이지만 신재생 에너지는 아시아(한국) 쪽이 우세라는 전략적 접근으로 유치에 성공할 수 있었던 것 같습니다."

"WEC 유치의 효과는?"

"일단 유치를 하게 되면 4~5천 명 정도, 거기에 중국을 포함하면 만 명 정도의 방문이 있을 것입니다. 거기에 부가되는 경제 효과가 약 5천억 원 정도가 되며 부가가치는 5조 원 이상 된다고 보고요, 거기에 곁들여서 중요한 것이, 전람회가 있어서 거기에는 전 세계에서 중요한 기업들이 자신의 최신의 기술을 다 전시를 합니다. 우리가 국가적인 차원에서 저탄소 녹색성장을 우리 산업의 기본으로 하고 있습니다. 2013년 정도 되면 우리가 보여줄 수 있는 기술이 상당히 많이 있지 않을까 하는 기대를 가지고 있습니다. 그 과정에서 대구가 우리 나름대로 에너지 신규 기술과 시장 개척 효과는 상상 이상으로 보여집니다. 당국에서도 대구를 신재생 에너지의 중심부로 부각시키고 있습니다."

"현 정부의 '저탄소 녹색 성장 정책'의 가능성은?"

"21세기 세계 경제의 큰 화두는 에너지입니다. 전 세계적인 문제로, 에너지 안전 확보 최근 에너지 가격 폭등으로도 그 심각성을 느낄 수 있고, 또 앞으로 100년 내, 화석 연료 부족은 불 보듯 뻔한 일이 되다 보니 그것을 어떻게 해결해야 되나 하는 것에 큰 화두가 되고 있는 것입니다."

"그린 산업에 대한 관심은 언제부터 시작되었나요?"

"1947년에 창업을 해서 2007년에 60주년 기념을 했습니다. 아까도 말씀드린 에너지가 길어 봐야 100년이면 모두 고갈이 되는데 에너지 회사가 맞이할 위기입니다. 그 대안으로 신재생 에너지에 대한 관심을 가지게 되었습니다."

60년 전 대구 칠성점에서 연탄 공장으로부터 출발한 대성그룹은 전통의 전문 에너지 기업이다. 빠르게 변화하는 세계 에너지 환경과 위기의식 속에서 태양과 매립가스 등 신재생 에너지 사업 부분에 과감한 투자를 하며 앞으로 세계무대에서의 활약을 예고하고 있다.

"죽음에 대해 고민하는 사람이 없지 않습니까? 춥고 어두운 시간이 기다리고 있는데 아무도 그걸 문제시 하지 않는다는 거죠 그래서 연료전지라든지 풍력, 태양광 등등 10년 동안 지속적으로 준비해 온 신재생 에너지 사업이 최근 에너지 위기를 맞아 부각이 되어버렸는데, 저희들은 지속적으로 고민하고 준비해온 부분입니다."

"2세 경영이라고 들었는데 과거의 칠성동에서 시작한 연탄 산업에 대한 추억에 대해 한 말씀 부탁드립니다."

"창업자인 부친께서 연탄 사업과 함께 칠판 사업을 시작하셨습니다. 한국전쟁이 터져 사업은 물거품이 될 상황이었답니다. 전쟁이 끝나 돌아오니 칠판만 남아 있는 상태였는데 마침 전국 학교에 칠판이 동이 나서… 칠판이 기업의 성장 발판이 된 셈입니다."

"대성그룹의 현재는 어떻습니까?"

"에너지, 금융, 문화 계열 등 총 24개의 계열사가 있고, 지금 현재 세계 안보의 핵이 FEW Security를 확보하라인데, 즉 식량과 에너지와 물 부족이란 거죠. 그래서 물과 유기 농 사업에도 관심을 가지고 있습니다."

"문화사업에도 관심을 가지고 계시다던데… 왜죠?"

"정신적으로 문화산업 또한 에너지 환경 산업이라고 생각합니다. 좋은 영화, 좋은 책은 사람들에게 마음의 에너지를 끌어낸다고 생각합니다."

실제로 수많은 한국영화의 제작 지원을 맡기도 한 김용훈 회장은 대표적인 독서가로도 유명하다. 실제로 지하 서고에는 그가 직접 수집한 6천여 개의 영화 DVD와 책들이 빼곡히 자리하고 있다.

"회장님께서 생각하시는 책읽기의 즐거움이란?"

"책은 내 자신을 비추는 거울과 같다고 생각합니다. 숲에서 나무만 보이듯이 역사를 보면 내가 어떤 숲에 어떤 나무를 보고 있는지를 알 수 있는 것 같습니다."

과거는 현재를 비추는 거울이다. 그의 이런 신념은 과거 영웅들에 대한 관심, 특히 칭기즈칸에 대한 관심으로 이어지고 있다. 몽골제국의 병법들을 통해 기업경영의 지혜를 배우기도 한다.

"위기에 강한 CEO! 특별한 이유가 있나요?"

"위기 때마다 회사는 오히려 성장했습니다. 위기에 강하다기보다는 위기가 항상 기회가 되었다고 봅니다. 지금도 좀 그런 시기인데 저희들이 준비하고 있었던 신재생 에너지 사업과 맞아떨어진 것도 그렇고 최초의 대구지열발전소 공사도 수주 받았고… 몽골에서…"

"몽골에서 사막화 방지 프로젝트의 의미는?"

"태양과 풍력 에너지로 지하수를 끌어올려서 식량을 생산하는 한마디로 FEW가 다 들어가는 사업입니다."

"왜 몽골입니까?"

"칭기즈칸에 대한 관심이 몽골에 대한 관심으로 이어져서 지금까지 오게 된 것 같습니다. 맥아더 장군이 '칭기즈칸의 전략을 알면 모든 전략을 알 수 있다'라고 했는데 그렇듯 칭기즈칸의 흥미가 직접적인 동기가 되었고, 또 하나의 이유는 몽골 FEW가 없는 나라입니다. 몽골의 현재는 미래의 현실이 될 수 있고 몽골은 미래 에너지를 시험하는데 좋은 무대가 될 수 있는 나라이기도 했기 때문입니다."

"회장님은 늘 준비를 해오신 것 같습니다."

"네, 늘 준비를 하다 보니 시기가 맞아 이렇게까지 된 것 같습니다."

"칭기즈칸의 전략 중 가장 마음에 드는 전략이 있다면?"

"기동성과 심리전, 그리고 글로벌 마인드, 이런 것들은 현대인이 갖춰야 할 덕목이기도 하다고 봅니다."

"대기업 회장님의 멘토는?"

"제 아버지께서 저의 멘토십니다."

'부모님으로서의 가르침, 아니면 기업인으로서… 딱 하나를 얘기한다면?"

"다산 정약용 선생의 유산이 '근검'이었다고 합니다. 저의 부친도 저에게 그걸 가르쳐 주셨던 것 같습니다. 근검과 검소"

"좌우명은 무엇인지?"

"제 명함에 항상 적어서 다닙니다. 보셨는지요? (하하) 'To give is more blessed than to receive.' 주는 것이 받는 것보다 더 복이 있다."

"기업하기 좋은 환경은?"

"위기는 곧 기회이다. 위기를 찾아다녀라. 즉 나쁜 것이 오히려 더 좋은 것입니다."

"지역에 대한 관심은?"

"대구 경제가 살아야 기업투자도 활발해집니다. WEC 유치는 대구도 살고 회사도 살기 위한 방편이기도 했습니다. 인지상정이지요"

"사회적 공익과 기업 이익 간의 갈등은?"

"저는 반대라고 생각합니다. 기업의 이익과 사회적 공익이 함께 충족될 때 가장 강력한 효과를 거둡니다. 대표적인 예가 방천리 쓰레기 매립장인데 대구시와 같이 쓰레기장에서 나오는 가스를 자원으로 바꾸지 않았습니까? 그 경우는 1석 3조가 아니라 1석 10조라 해도 과언이 아닙니다."

"앞으로의 계획이 있다면?"

"신재생 에너지의 중심이 된다면 대구의 미래는 밝다고 생각합니다. 근대화의 중심이 대구 아니었습니까? 세계화도 우리 대구가 주도할 수 있다, 그렇게 생각하고 믿고 싶습니다.

연극 〈세 친구〉

최익준·정승우·조성기

실직한 40대 '세 놈'이 관객 펑펑 울리다
연극 〈세 친구〉 최익준, 정승우, 조성기

혜화역 2번 출구로 나와서 마로니에 공원길을 따라 방송통신대학 후문 방향으로 넉넉하게 발품을 팔아야 동네 세탁소와 마주하고 있는 150석 규모의 '챔프예술극장' 간판을 볼 수 있다.

연극 공연을 전문으로 하는 이 소극장에서 40대 실직 가장(家長)의 이야기를 다룬 연극 공연이 2년째 관객들과 만나고 있다. 이 연극 공연에만 3만 명이 넘는 관객이 다녀갔다. 웃음으로 한판 승부를 하면서 호황을 넘어 불경기가 없는 셈이다. 연극을 시트콤 형식으로 재밌게 비벼 만들고 '세 친구'로 이름 붙여 친숙함을 더한다.

불혹의 나이에 실직을 하면서 겪게 되는 세 친구들의 웃음과 감동이 넘치는 버라이어티한 해프닝을 담아내면서 웃음 한방으로 무더위를 날리고 있다. 공연장 초입부터가 심상치가 않다.

40대 이야기를 다룬 이 연극을 보기 위해 줄을 서있는 관객들은 90% 이상이 20대다. 공연을 소개한 팸플릿에는 '정년퇴임의 나이가 낮아지고 젊고 유능한 20, 30대의 경쟁자들 속에서 불혹의 나이에 갖는 의미가 무엇인가를 한번쯤 생각할 수 있게 하는 연극'이라고 설명하고 있다.

40대의 이야기를 다룬 이 연극 한 편에 20대들이 더 열광하는가? 지하 계단으로 내려가 공연장 입구 문을 열자 한쪽에서는 배우들의 연습 소리가 들리고 분장실은 더 분주하다. 이 연극을 이끌어가는 주요 배우는 세 명, 사랑을 이루려는 놈, 유지하려는 놈, 극복하려는 놈이다. '놈놈놈'이다.

극중 인물만큼 경력도 다르고 개성도 다르다. 극중에서 전직 로드 매니저 출신의 '호성' 역을 맡은 정승우는 올해 배우 경력 17년차다. 그는 17년 동안 대학로 연극무대를 지켜오면서 직업도 많이 바뀌었다. 극단 '성로'를 이끌어가는 대표이자 작가면서 연출가지만 그는 배우로 무대에 설 때가 제일 행복하다고 말한다.

"글을 쓰고 연극연출을 하는 것도 좋지만요. 무대가 그리워 배우로 다시 무대에 서는 겁니다. 배우가 무대에서 관객들한테 박수를 받는 것만큼 행복한 것은 없는 것 같아요."

배우 얘기만 나오면 그는 얼굴 표정이 바뀐다. 배우로서 탄탄한 연기력과 오래된 경력에도 그는 끊임없는 무대작업을 통해 배우의 마음을 단련해 나간다고 말한다. 그는 이 작품하고 인연이 깊다.

"연극 〈천생연분〉 연출을 맡았을 때하고 다른 감정이에요. 〈세 친구〉 작품을 읽어보고 정말 마음에 들어서 친구와 공연하게 됐어요."

그는 연출가로도 꾸준한 활동을 하고 있다. 극중에서 독신주의자로 변호사라는 직업으로 살아가는 '승진' 역할을 맡은 배우 최익준이 그의 배우 경력과 함께 달려온 오래된 친구라고 말한다. 그는 연극을 넘어 영화, TV에서도 영역을 넓히고 있다. 연극 〈유리가면〉으로 대학로에서 데뷔해 〈쉬리〉, 〈태극기 휘날리며〉, 〈실미도〉, 〈공공의 적〉에 출연했고 영화 〈강철중〉에서는 강력반 박 형사로 나왔다. 〈식객〉에서는 '오 숙수'의 어린 시절로 나와 인상 깊은 연기를 보여줬다. 그의 굵직한 저음이 소극장을 울린다.

"배우는 활동 영역에 경계가 없어야 된다고 생각해요. 영화, 연극 모두 저한테는 중요합니다."

배우가 되는 것도 쉽지는 않겠지만 배우로서 극중 인물을 만나고 다시 비워서 새로운 인물을 창조해낸다는 것은 수행의 과정이고 고행(苦行)의 연속이라고 말한다.

"배우는 욕심으로 채워지는 게 아니라 버릴수록 더 큰 것을 채워 넣는다고 생각해요. 그것을 유지하고 지키는 것은 극중 인물로 무대에서 관객을 만나는 거라고 생각합니다."

이 연극에서 실직한 결혼 10년차 '조판수' 역할로 나오는 배우 조성기는 5년차 배우다. 이 팀에서는 막내지만 그가 해내는 역할은 막내를 벗어난다.

"어려서부터 배우를 너무 하고 싶었어요. 전 '꿈은 이루어진다'는 말을 너무 좋아합니다. 고향이 광양인데 무작정 상경해 연극배우로 살아가지만 무대에서 숨을 쉬고 있을 때가 가장 행복한 것 같아요."

공연이 시작되자 관객의 숨소리도 멎는다. 연극무대 속에서 살아가는 이 세 사람의 이야기가 빠른 속도로 전개된다. 정승우의 노련한 연기가 웃음을 만들어내고, 최익준은 극의 균형감을 유지해 나간다. 두 사람의 연기가 박자를 맞추고 조성기의 연기가 멜로디를 낸다.

관객의 웃음소리가 끊이질 않는다. 무대에서 이 세 사람의 연기가 관객을 움직이지 못하게 만든다. 관객은 표정으로 감정을 표현하고 웃음으로 기분을 낸다. 실직한 조판수의 독백 소리를 들으면서 관객은 웃음을 멈추고 세상을 내다보면서 미래를 그려 나간다.

2시간가량의 공연 동안 진행된 끊이지 않는 웃음소리는 보는 이의 마음을 적신다. 학생 한 사람이 자리를 뜨지 않고 무대를 바라보고 있다. 극중 배우 세 사람들과 자리를 옮겨 시작된 삶의 이야기는 유쾌했다. 세 친구의 이야기를 들어 봤다.

정승우가 먼저 이야기를 꺼낸다. 배우로서 무대에서 표현해낸 역할의 모습은 없어지고 연출가로서의 날카로움으로 말문을 연다.

정(승우) 세 친구가 시트콤 형식이잖아요. 연극을 생각하면 관객들이 무겁게 느끼시잖아요. 극중 이야기를 유쾌하게 그려져서 그런 것 같아요. 이야기가 우리 미래의 모습들 일수 있잖아요. 연극을 통해서 자신들의 40대의 모습을 설계 하는 거죠. 미래의 불안감들이 이 연극을 통해서 설계하고 해소하는 것 같아요.

최(익준) 이 작품이 신선하다고 생각해요. 실직이라는 자체가 많은 분들이 공감하고 겪게 되는 일들이잖아요. 이야기를 전달하는 과정도 무거운 주제를 슬랩스틱 코미디로 관객을 사로잡는 게 아니잖아요. 연극적 상황으로 웃음을 유발하고 주제의 균형을 유지하고 있다고 생각해요. 충분한 메시지를 담고 있으면서 즐거운 거죠. 기존 연극적 코미디하고는 형식과 표현 방식이 많이 다르니까요.

정(승우) 이 연극에는 가슴에 와 닿는 대사들이 많아요. 무대에서 대사를 해보면 관객들은 웃지만 그 의미에 대해서는 무거움으로 받아들이는 거죠. 말장난으로 끝나는 게 아니라 의미로 이해하고 무대를 바라보시는 거죠.

조(성기)　20대가 이 연극에 열광하는 이유는 편안하게 40대의 이야기를 듣고 볼 수 있어서가 아닐까요. 20대는 재미있다고 말하지만 40대분들은 마음으로 본다고 말해요. 마흔의 나이에 실직된다는 게 이제는 일상이 되었잖아요. 회사에서 늘 일어나는 일이구요. 20대들은 이 연극을 통해서 아버지의 마음을 읽어볼 수 있다고 말합니다.

이 세 사람은 무대가 아닌 일상에서도 호흡이 척척 맞는다. 이 연극 한편으로 40대의 인생을 무대에서 살고 있어서일까. 말을 꺼내면서도 조심스럽게 답한다. 먼저 배우로서 40대들의 실직 문제에 대해 공감하는지 물었다. 이 질문에 40대 실직 가장의 역할을 맡은 조성기가 등장인물을 맡으면서 배역을 소화하기 위한 과정을 얘기한다. 물한 모금으로 입안을 축이고는 말문을 연다.

조　배역을 맡고나서 역할을 이해하기 위해 40대분들과 많이 얘기를 나눴어요. 낮 시간에 공원에 계시는 분들 중에 많은 분들이 실직하신 분들입니다. 준비도 없이 갑자기 회사를 퇴사하니까 막막하고 정신적인 공황 상태로 이어진대요. 가족을 지키기 위해 열심히 일하신 죄밖에 없잖아요. 대부분 가족들한테 얘기를 못할 것 같다고 말씀하세요. 명절 때면 그 아픔은 더 말할 수 없죠. 일용직도 해볼까 생각했지만 그나마도 자리가 없다는 얘기를 듣고 마음이 굉장히 아팠습니다. 물가는 계속 오르고 일자리는 없잖아요. 실직한 서민들이 제2의 인생을 설계할 수 있는 제도적인 장치가 분명히 마련되어야 된다고 생각해요.

극중에서 변호사의 역할을 맡은 최익준 씨의 표정이 달라졌다.

최　전 생각이 다릅니다. 스포츠와 비교해 볼 수 있어요. 스포츠 경기에는 예선, 본선이 있잖아요. 살아남는 사람들만 경기에서 우승을 기쁨을 맛볼 수 있잖아요. 실직에 대한 것은 마음이 아프지만 자기개발이 필요하다고 생각해요. 오히려 실직을 통해서 한 번 더 인생을 생각하고 자신을 돌아보는 것도 중요하지 않을까요.

정   사회문제고 어두운 거죠. 내가 만약에 실직을 한다면 또 다른 기회와 희망이 필요해요. 연극을 하다보면 대박도 있고 쪽박도 있잖아요. 정신적인 공황은 심하겠지만 용기를 얻고 가족한테 알려서 새로운 희망을 얻었으면 합니다. 극중에서 실직한 성기도 그렇지만 자신도 모르는 새로운 재능을 발견하게 되잖아요. 실직하신 분들도 자신의 새로움을 발견해야죠.

최   정책이 바뀌면 분명히 발전하는 분야가 있고 도태되는 것도 있잖아요. 경쟁이라는 단어에 모두 포함시키면 더 어두워질 것 같아요. 서민들일수록 이런 아픔을 더 겪는 것 같아서 마음이 아픕니다. 제2의 인생의 전환점이 될 수 있는 제도가 많이 마련되어야 합니다. 국민들의 마음을 더 밝게 만들어 주었으면 좋겠네요.

이번에는 대학로 연극문화에 대해서 물었다. 3만 명을 돌파한 연극 〈세 친구〉. 영화로 말하면 대박이지만 투자에 비해서 넉넉한 살림은 아니라고 말한다.

조   〈세 친구〉 장기 공연을 하는 도중에 극장주가 전원을 내려버렸어요. 난감했죠. 관객의 발길이 끊이질 않아야 대관료를 내고 배우들의 출연료도 나눠줄 수 있는데 대관료 조금 밀렸다고 공연 중에 전원을 내려버린 거죠. 결국에는 극단 측에서 극장을 인수했지만요. 관객 숫자에 비해 대관료가 너무 비싼 겁니다.

정   대학로가 예술 도시인데 술집과 유흥가들이 너무 많아요. 그러다 보니 건물주들은 월세를 올릴 수밖에 없어요. 연극 극장으로 꾸며서 수익사업을 하는 것보다는 이익이 더 많이 남는 거죠. 상황이 이러니 대관료가 비쌉니다. 장기 공연해서 대관료를 지불하면 남는 게 정말 없어요. 예술 정책 지원이 마련돼야 한다고 생각해요. 젊은 예술가들을 위한 창작 지원도 필요하지만 균형 있는 대학로 문화가 다시 돌아와야죠. 대관료가 100석 기준해서 한 달 1,200만 원입니다. 남는 돈으로 연극을 하는 거예요. 영화나 뮤지컬처럼 투자를 받기도 힘들어요. 이런 상황에서 대학로의 연극문화를 장기적으로 기대하기는 어려운 게 사실입니다.

조 관람료가 비싸다고 하는데요. 그렇지 않다고 생각해요. '사랑의 티켓' 지원도 줄었잖아요. 지원이 줄어드니까 관객이 3분의 1로 줄어들었어요.

최 교통비 아끼겠다고 장안동에서 자전거로 출퇴근해요. 하하하.

〈세 친구〉의 극중 에피소드를 소개해달라고 했다.

정 40대 이야기를 다룬 시트콤 연극이니까 재밌는 요소가 많으니까요. 한 50번은 웃고 갈 수 있을 거예요. 연기를 하고 있는데 객석에서 엉엉 소리를 내고 우는 관객을 보면 무대에서 어떻게 해야 할지 고민하다가 대사를 잃어버린 적이 있어요.

최 관객분들이 배우들과 똑같은 대사를 따라 하는 거예요. 연기하다가 깜짝 놀라서 당황한 적이 한두 번이 아니에요.

정 실직한 사실을 극중 부인한테 들키는 장면이 있는데요. 그 장면을 보면서 관객들이 큰 소리로 '괜찮아, 괜찮아' 하시는 거예요. 무대에서 웃음을 주고 웃음을 참습니다.

최   관객 한 분이 너무 크게 웃는 거예요. 배우들 대사가 안 들릴 정도로요. 그럴 때는 정말 무대에서 막막합니다.

정   승진 대사 중에 '참 세월이 빨리 움직여. 그러니 오래 가는 게 없는 거야. 그나마 우린 아날로그에서 디지털로 넘어오는 과도기의 주체 세대니까 인간미에 대한 추억이라도 있는 거야. 우리 다음 세대들은 보다 빠른 속도로 영향을 받아서 의식 자체가 즉흥적이고 일시적으로 변할 걸. 물질적인 편안함과 문화적 자극만 조금 받을 뿐이지.'라는 대사가 있어요. 이 대사를 들으면서 너무 가슴에 와닿아서 다음 대사를 잊어버린 적도 있는데요, 익준이가 제 대사를 해준 거예요. 하하하.

최   숨 쉴 틈도 없이 대사 표현하는 게 있는데요. 갑자기 잊어버린 거예요. 그 비슷한 말들을 총동원해서 했는데 정말 진땀 흘렸어요.

배우의 아픔, 배우의 행복. 이 말을 어떻게 생각하는지 물었다.

정   작년 7월 13일부터 공연을 시작했는데요. 가장 좋은 것은, 공연을 보고 관객들이 너무 즐거워하시는 모습을 보면 배우로서 참 행복하죠. 암전과 박수소리 그리고 조명이 피부에 스며드는 느낌 때문에 무대에 올라서면 너무 편안하고 행복하죠.

최   돈 때문에 연극을 하시는 분들은 없어요. 자기의 행복과 일 때문에 연극을 하는 것 같아요. 연극을 하고 있다는 것이 행복이죠.

조   무대를 통해서 행복해지고 싶기 때문에 연극을 하는 거죠. 한 가지를 지키기 위해서는 다른 것을 버려야 하잖아요. 연극무대를 지키기 위해서 또 다른 생활을 포기하고 오로지 연극만 바라보는 겁니다. 무대에서 걷고 말한다는 게 행복이죠.

정　　의사가 실수하면 한 명이 죽고, 건축가가 실수하면 수백 명이 다칠 수 있잖아요. 예술을 하는 사람들이 잘못하면 문화가 바뀌니까 좋은 연극을 만들어야죠.

조　　진정한 선진국은 문화선진국이잖아요.

정　　그 시대를 이해하려면 건축과 연극 두 가지를 봐요. 건축은 시대의 계급을 말해주고 연극은 서민들의 생활이 담겨 있잖아요. 연극과 더불어 국민들의 마음도 더 풍요로워졌으면 좋겠어요. 연극을 통해서 그것이 가능하다는 것이 저로서는 연극을 지키는 가장 큰 이유입니다.

배우가 생각하는 배우에 대해 물었다.

정　　배우라는 직업은요, 저는 그렇게 생각해요. 자신을 버리면서부터 시작된다고 할 수 있어요. 다른 무엇을 채워 가는 겁니다. 내가 버린다고 그냥 없어지는 게 아니잖아요. 그런 느낌으로 등장인물을 향해 다가가는 겁니다. 배우의 정서는 투명 유리잔에 물이 가득 담겨 있고 그 밑에 조그마한 알맹이가 깔려 있어요. 그게 배우의 정서가 아닐까요.

최　　배우는 '숨'입니다. 배우로서 저의 숨도 중요하지만요. 상대 역할을 맡은 배우의 숨도 중요하죠. 연기는 혼자 하는 게 아니잖아요. 서로 내쉬고 마시는 숨소리가 하나가 됐을 때 좋은 연기가 된다고 생각해요.

조　　글쎄요. 배우라는 의미가 사람도 아닌 사람들이 사람 행세를 무대에서 한다고 할 수 있잖아요. 배우는 남의 기쁨과 행복을 위해서 내가 없어지는 거잖아요. 내가 없다는 게 슬픈 일이지만요 내가 없음으로 해서 희로애락을 줄 수 있다는 것은 배우의 큰 행복이죠

정 배우는 배우고요. 평생 공부해야 합니다.

조 그래서 배우인가요??

배우로서 꿈을 담는다면 어떤 꿈을 담고 싶은지 물었다.

최 만족하고 있어요. 무대에서 영원히 살고 싶다는 생각을 해요. 저는 뚜렷한 캐릭터가 없는 게 캐릭터의 장점인 것 같아요. 영화도 많이 하고 싶고요. 하얀 도화지에 새로운 세상을 그려 넣는 배우가 돼야죠.

정 배우라는 단어를 떠올리면 설렙니다. 글을 쓰고 연출을 하지만 배우는 가장 마음을 흔들어놓는 것 같아요. 배우를 하면 더 순수해지는 것 같아요 앞으로는 전통 햄릿을 하고 싶어요. 제가 처음 연극을 시작하면서 햄릿을 통해서 받았던 그 감동을 고스란히 무대를 통해서 돌려주고 싶습니다.

조 대본을 많이 받고 싶죠. 무인도에 떨어져 무박 10일 동안 대본만 보면서 어느 작품에 출연할까 고민만 하고 산다면 배우로서 행복할 것 같아요.

얘기가 끝말 무렵, 이 연극을 기획한 강수정 대표가 자리를 함께하면서 연극 만들기가 힘들다고 털어놓는다.

"연극을 기획한다는 것은 도전이라고 생각해요. 실직에 대한 문제도 무거울 수 있는 소재지만 재밌게 풀어보려고 노력했어요. 웃을수록 마음이 무거워지는 게 연극과도

같은 우리의 마음인 것 같아요. 앞으로 좋은 연극 더 만들게요"

날이 어두워졌다. 이 세 배우와의 유쾌한 이야기는 돌아오는 길에도 마음에서 떨어지질 않는다. 이 세 사람이 연극에 마음을 담고 행복하다고 말하기에 연극은 늘 변하지 않는 마음으로 이들 곁을 지켜내서 반갑다.

김건표가 만난 사람들 / **27**

골프 코스 디자이너 **토니 캐시모어**

골프 코스 디자인으로 세계를 움직이는 사람, 골프 코스 디자이너 토니 캐시모어

골프 산업, 이제는 대중화돼야 합니다

토니 캐시모어(Tony Cashmore) 이름만 듣고는 그의 직업을 판단하기 어렵다. 세계적인 골프 코스 디자이너로 세계를 누비고 있는 이 사람. 호주 멜버른에서 골프 코스 디자인하는 것에만 40년의 세월을 보냈고, 세계 70개가 넘는 골프 코스들이 그의 디자인과 아이디어에서 비롯돼 세계 골퍼들의 격찬을 받고 있다.

한국 사람보다 김치를 더 좋아하고 막창을 즐겨먹으며 서문시장을 즐겨 찾는다. 말이 안 통하면 표정으로 얘기하고 웃음으로 답한다. 그는 친환경 골프장으로 코스를 디자인하고 손에 땀을 쥐게 만드는 전략적 코스를 배치해 놓기로 유명하다. 세계 명문 골프장 서너 곳이 그의 손끝에서 태어난 작품이다. 머리를 쓰지 않으면 골프의 승부수를 낼 수 없도록 코스를 창의적으로 표현해 놓는다. 고령의 나이에도 그의 열정은 쉼이 없고 끝이 없다.

그는 설계 도면만 옆에 있으면 세계 어디든 달려갈 태세다. 그가 평생 골프장 코스 개발에 매달려온 고집스러움은 장인의 집념이다. 전 세계를 돌아다니며 골프장 설계 도면과 반평생 넘게 살아왔다. 그러나 아직 골프와 관련된 일만큼은 해야 할 일이 더 많다고 말한다.

세계적인 골프 코스 설계자 토니 캐시모어와 인터뷰 약속을 해놨지만 6개월 만에 만났다. 그만큼 그는 바쁘게 움직인다. 국내 골프장 문화가 그에게 어떻게 비쳐질지 궁금했다. 지구촌을 누비고 있는 그를 공사가 한창인 세븐벨리 CC 컨트리클럽 현장에서 만났다. 통역이 필요해 동행한 사람이 더 늘었다.

백발의 노신사가 초입부터 나와 손을 꾹 움켜잡고 반긴다. 한 손에는 설계 도면을 움켜쥐고 있다. 공사 현장에서 상주하면서 그가 세상에 던져놓으려는 골프 코스들을 꼼꼼하게 체크한다.

칠곡 봉계계곡 초입부터 공사 현장까지 거리는 대략 1km쯤 된다. 걸어서 올라가자고 했다. 반기는 감나무들을 올려봤다. 붉은 홍시가 장관을 이룬다. 셋 중에 키가 제일 큰 그가 장난스럽게 손으로 감을 잡는 시늉을 한다.

"아이고… 와 이리 안 잡히죠."

그의 소리에 세 명이 동시에 웃음으로 박자를 맞춘다. 단문에 가깝게 뱉어내는 대구 사투리지만 정겹게 내뱉는다. 짧은 대화에는 대구 사투리로 인사를 건네고 답변을 한다. 이제는 제법 대구 사람이 다 됐다.

세계 100대 안에 들 수 있도록 대구 경북에 문화가 살아 숨 쉬는 명품 골프장을 만들겠다며 거주 지역도 대구로 옮겼다. 대구로 날아온 지도 2년이 넘는다. 그만큼 대구는 그에게 각별할 수밖에 없는 도시다.

"대구를 무척 좋아합니다. 사람들이 너무 친절해요. 대구에서의 생활은 언제나 흥미롭고 만족스럽죠. 아주 좋은 감정을 갖게 만듭니다."

이 한마디에 무장된 긴장감이 해제되고 만다. 그가 걸으면서도 눈길을 설계 도면에서 떼지 않는다. 그는 한국의 풍수지리에도 관심이 많다.

"동양에서의 풍수지리는 매우 흥미로워요. 한국에 와서 처음 관심을 갖게 된 것도 골프장을 풍수지리학적으로 접근해서 창의적으로 설계 도면을 만드는 일이었습니다."

그는 세븐벨리 CC가 들어설 터가 봉황의 품안에 터를 잡고 있어 최고의 명당으로 손꼽히는 자리라고 얘기했다. 또 이 명당의 터가 명산 팔공산과 이어지는 삼학산의 곧고 깊은 정기가 그대로 흐르고 있다고 했다. 동양사상에 관심이 많고 사계절의 아름다움을 사랑한다는 그는 골프 코스 설계를 얘기할 때도 창의적인 표현과 예술적 작품이라는 말을 반복하듯이 꺼내 놓는다.

30분쯤 걸었다. 여러 대의 포크레인이 굉음을 내면서 18홀 전체를 움직이고 주변 천혜 자연의 아름다움이 그대로 골프장 지형을 감싼다. 천연 잔디는 셋의 움직임을 그림자로 보답한다.

국내 골프 산업이 해마다 증가되고 있다. 골프 산업이 대중화되기 위해서는 넘어야 할 산들이 많고 고비도 많다. 걸음마 단계라는 얘기도 나온다. 그는 단호하게 대중적인 골프장이 더 많이 만들어져야 한다고 얘기한다.

"대중적인 골프장이 많이 들어서야 이용하는 비용이 더 낮아질 수 있어요. 골프는 특별한 사람들만이 즐기는 게 아닙니다. 모든 세대들이 찾아올 수 있도록 골프장의 문턱을 낮춰야 됩니다. 저렴한 비용으로 효율적인 골프 게임을 즐길 수 있는 문화가 정착돼야 한다고 생각해요."

그는 나아가 어린아이들이 골프에 참여할 수 있도록 국내 골프 산업이 더 대중적인 문화 환경으로 이어져야 한다고 말한다. 축구공이 늘 옆에 있듯 골프공도 그러길 바라는 눈치다.

"4~5세가 골프를 시작할 수 있는 적합한 나이입니다. 학생들이 골프 게임에 참여할 수 있도록 여건을 만들어줘야 한다고 생각해요. 골프는 건전한 문화고 스포츠입니다. 축구와 야구처럼 동네에서 마음껏 즐길 수 있었으면 좋겠어요."

골프 플레이어들은 PGA를 유치할 정도로 세계적인 수준의 골프장이 국내에서도 더 많이 건립되어야 한다고 얘기한다. 자연환경을 그대로 보존하자는 목소리로 높게 들리고 있다.

우리나라는 지형의 특성상 국토의 70%가 산으로 둘러싸여 있다. 골프 선진 국가들은 하루가 다르게 새로운 골프장을 짓고 있다. 세계의 골프장 분포는 5만여 곳이 넘는다. 국내 골프장은 250여 곳으로 추산되고 있고 아시아권에서 국내 골프장 숫자가 가장 적은 편이다. 일본만 하더라도 세계 100대 순위에 드는 명품 골프장이 있다. 하지만 국내에는 아직 없다. 그는 국내 골프 산업을 어떻게 읽어내려 가고 있을까.

"동남아시아에서와 같이 한국의 골프 산업은 눈부시게 발전하고 있어요. 많은 분들이 골프에 열정을 가지고 있고요. 또 새로운 코스 개발과 골프 연습장, 골프 장비와 골프웨어 산업을 더욱 확장시켜야 됩니다. 정부 차원에서도 규제를 더욱 완화시켜야 한다고 생각하고요."

그는 국내 골프 산업을 선진국형 산업으로 끌어올리고, 골프가 국내 관광 산업으로 정착될 수 있도록 규제 완화에 대한 배려가 필요하다고 강조했다.

"한국은 골프장 건립에 규제가 많은 게 사실입니다. 아름다운 골프 코스를 만들기에는 아직도 어려운 점이 많아요. 국제적인 마인드로 골프 산업을 생각하면 많은 것들이 보편화되고 완화되리라 생각합니다."

그러면서 그는 중국 골프 산업이 눈부시게 발전하고 있다는 얘기를 꺼냈다.

"그렇다고 골프장이 많이 들어선다고 다 좋은 것은 아닙니다. 그러나 중국은 거대하게 발전하고 있습니다. 전 세계의 골프 인구가 앞으로 중국으로 몰릴 겁니다. 골프장이 많아질수록 플레이어들은 코스에 대한 강한 인상을 가지고 원하게 될 겁니다."

"발전되면 잃는 것도 있는 법 아닐까요?"

"중국의 골프 개발은 농업과 자연환경에 조금 거스른다고 해도 현재 중국은 골프 하나로 엄청난 관광 자원을 흡수하고 있습니다. 세계무대로 향하는 중국 골퍼들이 많아지고 있는 만큼 새로운 골프 코스 개발에 더 관심을 가져야 합니다."

그가 세계를 돌아다니면서 만들어 놓는 골프 코스는 같은 게 없다. 그에게는 골프 코스 디자인이 작품인 셈이다. 전 세계를 돌아 그의 손에서 빚어낸 코스들은 섬세할 정도로 코스의 차이를 둔다. 그는 국토지형의 특징을 제대로 살려내고 있다는 평가를 받는다.

그가 옷을 잡아당기며 설계 도면을 보여준다. 1홀을 따라 13홀 쪽으로 올라서자 그의 설명이 이어진다. 골프 전문 용어라서 그런지 통역이 수첩에 꼼꼼하게 적어넣는다. 홀 벙커 앞에 도착하자 그가 수북하게 쌓인 흙을 손으로 털어내면서 코스 얘기를 한다. 그는 코스 한 홀을 디자인하기 위해서 수천 번 생각하고 수백 번 도면에 그려넣는다.

"한국에는 충분하게 즐길 수 있는 골프 코스들이 없습니다. 대중적인 골프 코스는 더욱 없고요. 선진국에서는 모든 골프 코스가 기본적인 것만 이뤄져 있어요. 골프 코스의 퀄리티나 디자인과 건물들은 좋지 않은 편입니다. 이런 골프 코스들은 결국에는 실패하게 됩니다. 반면 한국의 골프 코스는 부유층만을 겨냥해서 특별하게 디자인되고 건설되는 경향이 있습니다. 골프장은 대중적으로 바뀌어야 되고 골프 코스는 대중적이면서도 다양한 플레이를 즐길 수 있도록 창의적으로 고안돼야 한다고 생각해요."

그는 골프 선진국들과 비교할 때 골프 코스만큼은 확연한 차이를 둬야 한다고 말한다. 특정 계층만을 겨냥한 골프 코스는 결코 대중적일 수 없다는 얘기다. 그는 한국의 골프 산업이 발전되고 있기 때문에 골프 부지를 마련해 세계적인 골프 디자이너를 고용하고 지역 환경에 맞게 일반적인 골프를 즐길 수 있는 다양한 골프 코스를 개발한다면 엄청난 부를 마련할 수 있다고 전했다. 또 그래야만 골프로 인해 해외로 빠져나가는 외화를 줄일 수 있다고 강조했다.

잠시 대화를 멈추고 흙더미로 쌓여진 벙커 앞에 앉았다. 세 사람의 시선은 빠르게 주변 경관을 담아낸다. 주변의 조형들은 자연 그대로를 유지하고 있다. 그때 작은 병에 담긴 생수 세 통이 배달됐다. 숨을 쉬지 않고 목에 털어 넣으니 그가 웃으며 반쯤 담겨진 자신의 생수 한 통을 내민다.

그는 세븐밸리 CC에서 설계를 맡을 당시 두 가지를 주문했다고 한다. 그의 목소리가 차분해졌다. 현장에 직접 상주하면서 설계와 코스 공사 감리를 직접 맡을 수 있도록 한 것과 그가 표현해놓은 설계 디자인을 수정 없이 그대로 개발시켜 달라는 당부였다.

"골프 라운딩의 묘미를 세계적 수준으로 살려낼 수 있도록 전략적으로 배치된 코스들은 재미, 정교, 상상, 장엄함, 스릴 등 다양한 테마를 담아내고 있습니다. 이 자리에서 보시면 아시겠지만 코스의 전경이 모든 홀에서 한눈에 다 들어옵니다."

그의 손의 움직임을 따라 시선이 움직였다. 주변 천혜의 자연경관이 한눈 깊게 들어찬다. 그가 세상에 내놓은 독특한 방식의 코스 디자인 콘셉트는 무엇인지 물었다.

"저는 지형의 특징을 살리고 살려낸 지형의 특징이 주변의 땅과 자연스럽게 섞일 수 있는 코스를 개발하는 것을 좋아해요. 유동성이 있는 코스를 만들기 위해서 늘 노력합니다."

그가 멀리 떨어져 있는 지형을 손으로 가리키며 말을 이어간다.

"모든 골프 플레이어들이 기술이나 레벨에 상관없이 골프에 만족하면서 재미를 느껴야 합니다. 이를 위해 적합한 코스를 개발하고 플레이어들이 코스 앞에서 도전적인 플레이를 할 수 있도록 코스를 창의적으로 표현하려고 합니다."

그는 또 "골프에서의 만족은 단순히 코스의 경험뿐만 아니라 격렬한 운동과 함께 맞물릴 수 있는 자연에서의 편안한 휴식과 문화가 곁들여져야 한다."고 덧붙였다.

그가 한국 프로 골퍼들의 얘기를 꺼냈다.

"한국 프로 골퍼들의 수준이 세계적 수준으로 가고 있지만 몇 사람에 한정된 얘깁니다. 더 많은 프로들이 세계무대로 향해야 해요. 그러기 위해서는 대중들이 골프에 대한 관심을 더 가져야 합니다. 경기를 관람하기 위해서 야구장을 찾는 것처럼 골프도 더 우리에게 친숙해져야 한다고 생각돼요."

야구장처럼 골프가 우리에게 친숙하지 않지만 한국 프로 골퍼들이 세계무대에서 좋은 성적을 거두고 있는 것은 사실이다. 친환경 골프장을 만들기 위해서는 지형을 훼손하지 않는 범위에서 국토 특징에 맞도록 코스 디자인 설계가 우선시돼야 한다고 했다. 그는 한국 골퍼들이 우수한 성적을 받는 비결로 한국인의 강인한 의지와 성격을 꼽았다.

"한국인들의 강인한 성품은 어려움이 닥쳐도 잘 참아내고 승리를 이끌어냅니다. 이러한 점들이 세계 최고의 골퍼로 인정받을 수 있도록 하는 거죠. 그렇지만 그 골프 인재들이 더 다양해질 필요는 분명히 있습니다."

그는 대구에 도착해서 세계에서 딱 하나뿐인 골프장 환경과 코스를 꼭 만들겠다고 다짐했다고 한다. 그의 숨이 살아 움직이는 코스에서 라운딩을 한 번이라도 한 사람이면 그 깊은 매력에 빠질 수밖에 없다.

"코스를 디자인하면서 제일 중요하게 생각하는 부분은 자연친화적인 골프 코스를 개발하는 겁니다. 가급적이면 훼손하지 않고 친환경을 그대로 유지할 수 있노록 특징을 살립니다. 세븐벨리 CC가 다른 골프장에 비해 확연하게 차이나는 점이 바로 이 부분입니다."

통역이 몇 가지 대목을 빠트렸는지 다시 얘기를 정리해준다. 그가 표현해놓은 코스를 너무 자신있게 표현해내서 그의 얼굴을 올려다봤다. 그의 환한 미소가 그림자로 더 커진다. 그가 웃으면서 설계 도면을 양손으로 펼쳐 보이고 앉으라고 한다.

"제 코스의 콘셉트는 이렇습니다. 페어웨이(골프에서, 티(tee)와 그린(green) 사이에 있는 잘 깎인 잔디 지역)를 가능하면 넓게 하고 싶지만 기술적인 문제에 부딪칠 때도 있죠."

그는 이러한 문제에 있어서는 그와 반평생을 함께해 온 조형기술자 베르 허드슨 (Barry Hudson)으로부터 해답을 찾는다고 했다. 그가 도면을 그려 넣으면 그의 오랜 동료는 탁월하게 땅을 파고 묻으면서 보답한다. 토니 캐시모어가 포크레인을 가리키자 그가 한 손으로 샌드위치를 들어 보이면서 손을 흔든다. 내려오라는 손짓을 보내자 그가 쏜살같이 달려와 담배를 꺼내 문다. 그는 시간이 아까워 점심을 아예 포크레인 안에서 해결한다.

"베르 허드슨은 상상력이 풍부한 조형가입니다. 그는 코스를 가장 좋게 만들 수 있는 특별한 눈을 가졌습니다. 제가 원하는 결과가 어떤 것인지 그 누구보다도 저를 꿰뚫고 있는 거죠. 최고의 코스가 나올 때까지 절대 만족하지 않습니다. 그의 재능을 통해 세븐밸리 CC 코스는 세상에서 단 하나뿐인 코스가 될 거예요."

그의 눈빛은 자신감을 넘어 확신에 차 반짝거렸다.

"그린은 독립돼 있으면 안 되고 주변의 자연과 가장 자연스럽게 맞물려 있어야 한다고 생각합니다. 벙커는 한국에 흔히 있는 얕은 모래 구덩이가 아니라 깊게 만들고 싶습니다. 세븐밸리 CC는 넓은 드라이브 존으로 유명해질 것 입니다. 자신 있습니다."

그는 세계적인 수준으로 만들어진 세븐밸리 CC를 문화가 살아 숨 쉬는 골프장으로 짓겠다고 말했다. 마지막 공사가 한창인 공사현장에서 포크레인 소리를 즐기고 뽀얗게 흩어지는 모래 더미의 향기를 사랑하는 사람. 그는 40여 년을 바쳐온 코스 개발자로서의 혼(魂)을 한국 땅에 마지막까지 바치고 싶다고 했다.

"세븐밸리 CC 코스는 제 인생에서 제가 디자인한 그 어떤 골프 코스보다 더 특별하고 기억에 남는 곳이 될 것입니다."

그의 아들도 아버지의 대를 잇고 있다. 세계 어딜 가든 그는 아들을 곁에 둔다.

"세계가 급성장하고 있다는 것을 피부로 느끼게 해주고 있습니다. 저와 세계를 돌아다니면서 제가 고민하는 골프 코스 디자인에 관한 모든 것들이 아들에게 소중한 자산이 되길 바랄 뿐이죠. 저는 아들에게 고객의 요구에만 초점을 맞추는 아이디어는 생명의 가치가 없으며 자신이 보고 느끼고 판단하면서 또 경험하면서 자연적으로 생겨나는 창의적인 아이디어가 더 중요하다고 얘기합니다."

그를 만난 지 여섯 시간이 흘렀다. 돌아온 길을 되돌아갈 일만 남았다. 포크레인 소리도 멈췄다. 주변 경관을 밝히는 조명이 아름답다. 그도 걷는 속도가 늦어졌다. 그의 속도에 맞춰 아직 완성되지 않은 클럽하우스로 걸어 들어갔다.

클래식 음악을 즐겨듣고 골프 코스 디자인에 열정을 담아내는 사람. 세 살 때부터 피아노를 친 그는 피아노 연주 솜씨도 수준급이다. 그는 타국에서의 외로움을 피아노로 달랜다. 그가 피아노를 연주하는 모습을 보고 싶었다. 그의 피아노 연주소리가 클럽하우스 벽면을 움직이게 만든다. 듣는 사람도 숨을 죽이고 피아노 앞에 앉아 있는 노신사도 숨을 멎고 손마디에 집중한다. 반사돼 돌아오는 피아노의 선율이 숨을 죽이게 만든다.

혹자는 골프를 두고 비즈니스다 정치다 한다.

"골프는 문화입니다."

그가 피아노 곁에서 떨어지면서 두 손으로 턱을 감쌌다.

"세븐밸리 CC는 아주 특별한 문화가 있는 공간이 될 것입니다. 다양한 문화 프로그램을 선정해 와인과 문화 그리고 축제라는 콘셉트를 바탕으로 클래식의 만남, 파티, 이벤트 공연, 다양한 예술 프로그램들이 자연 속에서 살아 숨 쉴 수 있도록 할 겁니다."

세 살 때부터 피아노를 친 그는 피아노 연주 솜씨도 수준급이다. 그가 쏟아놓은 완성품을 하루빨리 보고 싶었다.

"기후에 달려 있지만 내년 5월에는 세계적인 수준의 문화가 있는 세븐밸리 CC의 특별한 코스를 만날 수 있을 겁니다."

골프를 사랑하는 사람들에게 할 얘기도 많을 것 같다.

"골프를 사랑하는 만큼 열정을 가지라고 말씀드리고 싶습니다. 언제나 완벽한 플레이를 기대하지 마세요 골프는 공평한 게임이 아닙니다. 때로는 여러분의 공이 뜯긴 잔디의 한 조각에서 끝날 수 있고 상대의 공이 완벽하게 잔디 위에서 마무리될 수도 있습니다. 불만을 갖지 마십시오. 그것이 골프의 매력입니다."

창의적인 골프 코스 디자인으로 세계를 움직이는 사람. 세븐밸리 CC의 골프 코스를 세계에서 단 하나뿐인 작품으로 완성시키고 싶어 하는 고집스러운 그의 집념은 세계를 무섭게 초월해 가고 있다.

괴짜 성형외과 의사 **양정민**

고집스러운 괴짜 성형외과 의사 양정민
자연 미인으로 지키세요. 마음의 경쟁력을 갖추는 게 성형 미인보다 더 중요합니다

괴짜 성형외과 의사 양정민. 직업이 의사인 그의 이름 앞에 '괴짜'라는 수식어가 붙는다는 것 자체가 이상하게 들릴지 모른다. 의사로서가 아니라 인간 양정민이라는 사람에게 느끼는 독특한 사고방식 때문이 아닐까. 그의 이름이 소문이 나자 KTX를 타고 진료를 받으러 먼 길을 마다하고 달려오지만 50% 이상이 되돌아간다.

자연 그대로가 더 낫다고 판단되는 경우에는 절대로 칼을 안 대는 고집스러운 괴짜. 피부, 외모, 신체 전반에 성형치료가 꼭 필요하지만 비용 마련이 어려운 사람들에게 무료로 성형수술을 해주는 사람. 양정민의 인생 이야기다.

간단한 수술은 무료로 해는 사람, 진료 환자들에게 도움 되는 좋은 약과 약물들을 무료로 권하는 괴짜, 경제적인 이익은 따지지 않는다는 독특한 사고방식을 가진 사나이. 치명적인 약물이 아닌 경우를 제외하고는 새로 구입되는 성형·미용 관련 의약품들은 본인이 먼저 테스트를 거쳐야 직성이 풀린다고 말한다.

"제 몸에 임상실험을 먼저 해보는 거죠. 환자가 받게 될 느낌을 먼저 테스트해 보는 것도 중요하다고 생각해요"

이쯤 되면 그는 성형외과 의사로서는 상당히 괴짜 수준으로 말할 수 있는 단계다. 인터뷰도 한사코 사양하고 또 사양하는 사람이 양정민 '티파니 성형외과' 원장이 살아가는 방식이다.

사실 그가 의사인 줄 몰랐다. 배우와 관련된 교육을 하고는 직업 특성상 '이 시대의 자연 미인과 성형 미인'이라는 주제로 밤새도록 토론이 벌어졌다. 이 괴짜 의사하고는 성형외과 전문의라는 사실도 모른 채 술만 마셨다. 한 달이 지났다. 그의 직업과 인생 이야기를 듣고서는 그를 만나고 싶어졌다. 전에 결론을 내리지 못했던 '자연 미인 성형 미인'의 기준 얘기도 그의 입장에서 듣고 싶어졌다.

그가 운영하는 티파니 성형외과 내부는 실내 성형(?)을 잘 해놨을 정도로 소박하고 안정되어 보인다. 원장실 팻말이 붙은 문을 무작정 열고 들어갔다. 컴퓨터로 진료자들 사진을 꼼꼼히 들여다보고 있는 그가 놀란 표정을 한다. 어느새 웃음으로 바뀌면서 커피도 아닌 찬물 한 잔을 들고 들어온다.

양 원장은 성형 수술을 원하는 환자가 받게 될 느낌을 먼저 테스트해 보는 게 중요하다고 말한다. 지난번에 결론을 못 내린 이야기가 시작됐다. 성형 미인(成形美人)과 자연 미인(自然美人)의 기준에서의 '미(美)'는 어떻게 생각해야 하는지 물었다. 그의 의자가 깊숙하게 뒤로 꺼진다. 말은 빠르지만 안경 너머 웃어 보이는 표정과 소박한 옷차림은 그가 어떻게 살아왔나 잘 말해주고 있는 듯해 보인다.

"글쎄요. 미인의 기준이 크게 바뀌고 있는 것은 사실이에요. 자연 미인이 이제는 없다는 말에 의사인 저도 동감합니다. 근데요, 성형을 했다고 해서 모든 '미'의 기준을 바꿀 수는 없다고 생각해요. '미'의 기준은 젊음인 것 같아요. 이목구비가 반듯하고 상대방이 봤을 때 부담감이 없다면 성형을 할 이유가 없어요. 이목구비는 균형과 조화를 말해주잖아요. 그런데 의사는 괜찮다고 하데 이 두 가지가 없다고 스스로 생각해서 성형을 하는 겁니다. 바뀌지 않는 미는 마음입니다. 눈·코·입·얼굴형과 이미지 중 한 가지만 예쁘면서 조화가 된다면 미인 아닌가요?"

말을 되물어 와서 순간 멈칫거렸다. 그는 진료자가 성형을 해달라고 해도 칼을 잘 안 대는 의사로 유명하다. 그는 성형을 미용의 개념보다는 치료 행위로 보는 나름대로의 기준점이 있단다. 이 말을 들으면 인구 대비 성형 인구가 제일 많은 나라에서 특수를 누려도 될 일인데 쉽게 납득이 되질 않는다. 하지만 그는 한마디로 돈이 되는 성형은 안 한다는 얘기다. 무슨 얘기일까. 의사인 그가 판단했을 때 납득하기 어려운 성형을 요구하면 칼을 안 댄다는 원칙을 세워놨다.

"요즘 남녀분들 모두 성형에 관심이 많은 것은 사실입니다. 한 가지 이유는 젊어지기 위해서이고요. 다른 이유는 보여지기 위한 미(美)로 성형을 생각하는 겁니다. 여기서 상담을 하시는 많은 여성과 남성들의 시선 안에서 미를 생각해요. 본바탕이 예뻐야 예쁘다고 스스로를 인정하는 겁니다. 그래서 그 이목구비 형태까지 칼을 대는 거죠. 남녀가 생각하는 미의 기준은 보여지는 것과 그렇지 않은 경우로서 미의 기준이 바뀌기 때문에 상당히 다릅니다."

그는 성형도 치료라는 관점에서 진료를 한다. 한마디로 자연 미인의 형태를 훼손(?)하면서까지 성형 미인으로 바꾸어놓을 이유가 없다는 판단에서다. 그래서 그는 자연 형태로 있어도 문제가 없다고 판단될 경우에는 진료자를 설득해서 돌려보낸다고 한다.

"조목조목 봤을 때 조화를 이루고 있는 얼굴인 거예요. 제가 보기에도 괜찮은 미인에 속한다고 생각하는 진료자가 상담을 해오면요, 성형을 하지 말라고 해요. 그럼 다들 의아해하죠. 중요한 건요, 필요 이상으로 성형을 하게 된다면 '미'에 대한 끊임없는 욕심이 생겨납니다. 그래서 자꾸 하게 되는 거고요. 결국에는 성형 중독으로 이어질 수 있는 거죠. 성형을 하는 것보다 더 중요한 것은 관리입니다."

그의 설득으로 되돌아가는 진료자의 마음은 어떨까. 뭐 이런 의사가 있나 싶을 정도로 마음이냐 섭섭하겠지만 의사가 인정해준 자연 미인이니 마음 한쪽으로는 흐뭇해지지 않을까 싶다. 그렇지만 얼마 후면 그에게로 꼭 전화가 걸려온다고 한다. "고마워요. 선생님 아니었으면 성형 중독에 걸릴 뻔했는데요. 이대로가 좋은 것 같아요"라고 한다. 한마디로 의사 마음대로인 셈이다. 하지만 의사로서 신뢰감은 깊고 넓다.

"성형수술을 받고 싶어 하는 충동은 누구나 다 있어요. 그런데 중요한 것은 미인의 관점을 자신의 스스로가 아니라 사회적 관점에서 생각해 봐야 해요. 아름다움과 젊음이 경쟁력이라고 생각하는 겁니다. 주름을 없앤다, 눈을 예쁘게 만든다, 보톡스를 맞는다 하는 것들이 전부 본인 스스로 만족할 수 있는 '마음속 경쟁력'을 갖추어놓는 거죠. 경쟁력을 갖추어놓는 데 돈이 들어가도 기뻐지는 이유가 그런 겁니다."

이 말을 듣고서는 성형수술이 미를 갖추는 미용의 개념으로 바뀌어지는 게 의사로서 어떤 생각을 하고 있는지 물었다. 필요 이상으로 성형을 하게 되면 미에 대한 끊임없는 욕심이 생겨난다고 말한다.

"원래 성형수술은 재건(再建)의 목적으로 치료를 한 행위입니다. 이제는 시대가 바뀌어서 미의 재건으로 성형이 바뀌었잖아요. 성형 열풍은 한마디로 과열 현상입니다. 미용으로 아름다움이 바뀔 수 있다는 거죠. 자신의 외모에 대해서 만족을 못하는 겁니다. 세계적인 미인도 스스로는 만족을 못하잖아요. 인간이라면 누구나 그럴 수 있지만 미의 욕심을 버릴 줄 알아야 해요. 다 욕심인 겁니다. 혐오감을 주질 않는다면 성형을 할 필요는 없죠. 적당하게 미를 갖추면 되는데 그 욕구가 강하면 스스로 성형을 하고 싶다는 마음으로 변화는 거죠. 외관으로 봐서 아무런 문제가 없다면 굳이 성형수술 할 필요가 없는 겁니다."

성형수술이 그의 말대로 성형미용의 개념으로 달라진 세상 풍경에 성형을 하고 싶어 해도 양정민 원장한테는 쉽게 통하지 않는다.

"미가 경쟁력의 기반이 될 수 있다는 것은 크게 찬성을 못합니다. 적당한 것을 넘어서고 있다는 것은 반드시 잘못된 현상이라고 생각해요. 1970~80년대 후반까지만 해도 어디 이랬습니까. 우리나라가 경제성장을 이루면서 경제적 여건들이 좋아졌잖아요. 좋아지니까 자신을 돌보는 쪽으로 방향이 바뀌는 겁니다. '자기 만족형'이죠. 문화도 마찬가지예요. 성형도 가장 열광적인 문화현상으로 바뀌어 가고 있는 겁니다."

이 말을 듣고서는 본격적으로 이야기를 꺼내들었다.

"성형이 필요하다는 얘기죠?"

"한 가지 현상만을 가지고는 판단할 수 없는 거죠. 사람이라면 아름답고 멋있어지고 싶은 것은 당연한 겁니다. 거기에 성형 미인이 자연스럽게 받아들여지고 있는 분위기 속에서는 더 그렇죠. 방송에서도 몸매에 관련된 '비만' 치료 프로그램은 핫(Hot) 이슈잖아요. 시청률도 뜨겁다는 얘기는 관심이 많다는 얘기 아니겠어요. 중요한 건 담당 의사들한테 더 책임이 있는 겁니다."

하루 100개 이상 모발이 빠질 경우 탈모를 의심해 봐야 한다고 말한다.

"무조건 적인 성형수술 권유보다는 될 수 있으면 자연 형태로 보존할 수 있도록 유도해주면 한 번쯤 더 생각해볼 수 있는 시간이 있잖아요. 성형은 일시적인 충동에서도 찾아오니까요. 눈이 처졌다, 코의 균형이 안 맞는다, 양 볼과 외모 손상이 있다 하는 등의 문제에서 성형은 치료지만 그 외는 미용 성형인 겁니다."

"찾아오는 사람 절반가량을 되돌려 보내면 병원 운영은 어떻게 합니까. 손실이 크지 않나요?"

이 말을 듣고는 그는 "장사하나요?"라고 말하면서 소리 내 웃는 바람에 원장실 옆 창문이 흔들릴 정도였다. 다시 컴퓨터로 시선을 돌리더니 직접 나가서 커피를 타온다. 미온의 커피가 종이컵이 가벼워질 무렵, 천천히 얘기를 꺼낸다.

"의사로서 소신과 판단이 경제적인 목적보다는 더 중요하다고 생각해요. 그게 의사의 자존심이 아닐까 생각해요. 미용 성형도 개인에 따라 차이가 있겠지만 치료와 수술을 통해서 정상적인 생활이 가능하다면 필요한 겁니다. 전 제가 판단해서 수술을 하게 되면요. 치료자의 만족보다는 의사인 제가 만족할 때까지 다시 수술을 해요. 이건 문제가 있어서가 아닙니다. 환자만 만족하는 수술은 일시적으로 좋은 결과를 가지고 올 수는 있지만 의사로서는 임무와 의무가 감소되는 거예요. 돈을 좀 적게 벌더라도 성형외과 의사로서 그 두 가지의 마음은 지키고 싶네요."

왜 예뻐지고 잘생겨지려고 하는지 물었다.

"웰빙 현상하고도 관계가 많다고 생각해요. 첫 인상이 좋으면 나쁠 것은 없잖아요. 다른 사람보다 외모가 조금 더 낫다는 것은 자기만족이지만 상당한 자신감을 갖게 만들잖아요. 모든 일에 있어서 에너지가 넘치고 역동적인 삶으로 정서가 바뀔 수도 있습니다. 젊고 건강하게 살아간다는 것에 대해서는 부정하지는 않지만 외모를 너무 학대하는 것은 바람직한 일은 아니라고 생각합니다. 저까지 그러면 큰일 나죠"

라고 말하고 웃음을 보였다.

"대체적으로 어떤 수술을 받으러 옵니까. 성형수술이 상품으로 이어지고 있고요 다양한 성형 상품 프로그램이 많죠?"

아름다운 성형보다 아름다운 치료가 더 중요하다고 말한다.

"50% 이상이 눈 성형을 원하십니다. 기타 수술은 코, 지방 이식, 비만 치료, 지방 흡입 수술을 원하세요. 한마디로 모듬 성형의 시대인 거죠. 수술을 할수록 자신의 존재감을 더 느껴지게 되는 겁니다. 그런데 저는 꼭 성형이 요구되는 환자에게만 제가 판단했을 때 제안적인 수술을 하고 있어요."

"수술을 하지 않고 예뻐지고 잘생겨질 수는 없나요. 자연적인 관리 방법이 보편화돼야 과열 현상이 조금은 줄어들 수 있잖아요?"

"제일 중요한 것은 만족입니다. 만족 이상을 원하면 문제가 있고 그 이상의 것을 원할 수밖에 없는 겁니다. 자연 미인들은 대체적으로 관리를 중요하게 생각해요. 즉, 바꾼다는 생각보다는 있는 그대로의 자연스러움을 바탕으로 끊임없는 관리를 하는 겁니다. 예를 들어서 비만 환자가 운동으로 체중 감량을 하는 것과 같은 이치입니다. 자연요법으로 끊임없이 관리하다 보면요 달라지는 건 사실입니다. 그게 자연 미인인 겁니다. 미인이 되려면 노력을 해야 해요. 그것을 지탱하고 유지하기가 힘들지만, 미인이 되기란 쉽지 않은 거죠. 그런 분들이 젊음도 오래 유지됩니다. 미인은 어떤 관점에서 생각하느냐에 따라서 달라집니다. 그게 제일 중요하다고 생각합니다."

"성형수술의 원래 뜻은 치료를 위한 피부 재건 아닌가요. 의사들이 외과 전문의 선택을 기피하고 있는 일부 현상에 대해서는 의사로서 부담감도 있죠?"

"맞습니다. 선천적으로 외모나 피부의 이식이 필요하다거나 구조적으로 문제가 있는 윤곽을 정상으로 돌리자는 의미에서 재건의 목적으로 성형을 해 왔어요. 그런데 이게 외모 미용 성형으로 바뀌고 있는 거죠. 의사는 생명과도 연결될 수 있는 일을 하잖아요. 외과 전문의들이 진문의로서의 의술 행위에 진정성을 갖고 있다고 생각합니다. 하지만 기피 현상도 늘고 있는 것은 사실입니다. 우리나라 의료보험 체계에 문제가 많다고 생각해요. 의료 수가가 너무나 형편성이 없다 보니까 의사로서 고생한 만큼 사회로부터 정상적인 보상을 받지 못하고 있잖아요. 경제적인 측면만을 생각한다면 외과 전문의가 된다는 것은 여러 가지를 고려해 봤을 때 선택하기에 힘들 수 있는 겁니다. 그렇지만 많은 의사분들이 외과를 선택하고 있기 때문에 그나마 다행이라고 생각합니다. 더 감소되기 전에 시급한 대책이 필요합니다."

그는 레지던트 시절에 교통사고로 두 다리가 마비되고 괴사된 어린 환자의 피부 재건이 필요한 수술을 할 당시를 성형외과 의사로서 최고의 수술 기억으로 생각한다. 양정민 원장이 성형수술 도구를 설명하고 있다.

"피부 이식이 불가능한 상태였어요. 그런데 수술을 감행했어요. 24시간이 넘는 대수술을 끝내고 그 어린 환자가 6개월이 넘었을 때 걷기 시작한 거예요. 다들 불가능하다고 했는데 재활 치료도 끊임없이 한 거죠. 당시에 성형외과 전문의로서 확고한 생각을 갖게 되었어요. 그게 의사라고 생각합니다. 이기적인 의사보다는 환자의 마음을 이해하는 태도가 제일 중요해요. 이 말을 듣고 다른 의사분들이 어떻게 생각하실지 모르지만요. 제 생각은 변함이 없습니다."

"양 원장도 외과 전문의로 선택을 왜 안 하셨나요. 앞서 말씀하신 문제점들 때문에 그런 건가요?"

이 말을 듣고 그는 크게 한번 웃는다. 방심해서 웃는 게 아니라 전혀 자신과는 상관없다는 뜻으로 받아들여진다. 사실 그의 집 분위기가 의사들이 많다. 우리나라 성형외과 전문의로 유명한 양두병 씨가 그의 사촌형이고 그의 부인은 현재 소아과 의사다.

"사촌형을 어려서부터 만나고 보면서 성형외과 전문의 꿈을 키웠어요. 그러다 보니까 어려서 꿈도 성형외과 의사가 되는 게 꿈이 이었어요. 이유는 아름답게 만드는 성형외과 의사로서 멋있어 보인 게 아니고요. 성형 자체가 사람을 살릴 수 있다는 게 마음에 들었던 겁니다. 그 마음을 지키려고 부족하지만 끊임없이 노력하고 있어요. 수술을 하지 말라고 하는 의사가 신뢰감이 더 있지 않나요. '아름다운 성형'보다는 '아름다운 치료'가 더 중요하잖아요. 긍정적으로 생각하고 사고한다면 있던 주름도 펴집니다. 군이 보톡스를 맞을 일이 없는 거죠. 이제는 두피 모발 이식에 상당한 관심을 갖고 있습니다."

그는 머리를 유심히 들여다보고서는 모발 상태를 한번 살려보자고 권유한다. 탈모 상태를 확인한다는 것 자체가 불안했지만 이미 그의 손에 가 있다.

"두피 모발은 스트레스가 주원인이 되기도 한다면서요. 선척적인 원인이 큽니까. 아니면 후천적인 탈모 현상이 많나요?"

"현대 사회가 서구화되어 가기 때문에 탈모도 생기는 겁니다. 50년 전에는 안경 쓰는 분들이 잘 없었는데 이제는 일반화됐어요. 같은 맥락입니다. 육류 섭취, 식습관, 모발 관리 등 주로 식생활과 자기 습관에서 비롯됩니다. 스트레스도 주원인이 되고 있고요. 정상적인 분들은 하루에 60~70개의 모발이 빠집니다. 만약 100개 이상 모발이 빠진다면 탈모로 생각해볼 수 있어요. 환경적인 요인도 매우 큽니다. 탈모 증세가 있는 분들은 성형을 원하는 분들 이상으로 상당한 스트레스에 시달립니다. 자신감이 없어지니까 자기 경쟁력도 떨어진다고 생각하니까 매사가 적극적이지 못할 수도 있게 되는 거죠."

세계를 다니면서 봉사의 마음을 실천하고 싶다는 포부를 말한다.

"10~20대 때 오는 증상은 100% 유전 현상이라고 생각하시면 됩니다. 그 이후에는 사회적 환경 요인이 큰 후천적 형태입니다."

그는 유전적 원인을 치료할 수 있는 특별한 치료법은 없지만 약물 개발이 잘 되어 있다고 말하면서 지성과 건성의 모발을 가진 분들은 거기에 맞는 샴푸나 비누를 평상 시에도 적절하게 선택해서 사용하는 것도 예방에 큰 도움이 된다고 얘기한다.

시간만 나면 그는 의료봉사를 하러 전국을 돌아다닌다. 성형외과 의사가 무슨 의료봉사일까 싶지만 구석구석 찾아다니면서 미의 기준과 관점으로가 아니라 피부 재건이 필요한 어려운 이웃 사람들에게 무료로 수술을 해주기 위해서 찾아다닌다. 그가 병원을 개업할 당시 화환 대신에 쌀로 축하를 받았다. 그날 쌓인 쌀이 값으로는 1,000만 원 상당이었다. 그의 처음 마음대로 전부 팔아서 어려운 이웃에게 보냈다. 그는 희생봉사를 실천하면서 살아가는 게 마지막 꿈이라고 말한다.

"아직은 여유가 없는 것은 사실입니다. 하지만 봉사의 마음은 제 마음속 깊이 담아두고 있어요. 가족들과 세계를 다니면서 제가 할 수 있는 봉사를 찾는 것도 큰 교육이고 보람이라고 생각합니다. 앞으로도 작지만 마음은 커질 수 있는 봉사의 마음을 이웃과 함께 실천하면서 살게요. 의사로서 변하지 않는 원칙과 소신을 꼭 지켜가겠습니다."

성형 열풍 괴짜 의사 양정민 씨 얘기다.

대경대 경호행정학부 교수 **이실관**

검도 인생 30년, 대경대학 경호행정학부 이실관 교수
검도는 내 인생, 노년이 되어서도 현역으로 남는 검객(劍客)이 되고 싶다

"노년이 되어서도 현역으로 남는 검객(劍客)이 되고 싶습니다. 지역 검도 보급과 검도 후진 양성을 위해 고향 남해에서 남은 삶을 바치고 싶은 게 저의 작은 소망이죠"

대경대학 경호행정학부 이실관 교수가 2001년 이 대학에 교수로 임용되고서도 검을 놓지 않고 외길로 달려온 검도 인생 경력이 올해 30년째, 특별한 날을 맞았다.

이 교수는 대한검도회에서 실시한 지난 9월 7단 승단 심사에서 합격했다. 이 자체만으로는 새삼스러울 것이 없지만 10년째 고향 남해로 달려가 검도 봉사를 펼치고 있다. 그가 학생들에게 선물로 나누어준 죽도(竹刀)만도 수백 점에 이른다.

대한검도회에서 공식적으로 집계한 7단 이상의 승단자는 전국적으로 대략 225명. 경북 지역에서만 활동하는 7, 8단의 고수 검객들은 다섯 명가량 된다고 한다. 전국적으로 따져 봐도 200만 이상이 넘는 검도인들이 검객이 되기 위해 죽도를 놓지 않는다고 말한다. 검도 인구가 국민적 운동으로 보편화되어 가고 있는 추세. 7단 승단이 특별한 일은 아니지만 다소 늦은 나이에 승단을 한 그에게는 감회가 남다르다.

검을 놓고 싶었던 적이 한두 번이 아니었지만 놓지 못하는 것은 그를 검도인으로 만들어준 고향 남해 때문이다.

"저를 검도인으로 만들어준 고향 남해를 위해서 검도 봉사를 실천하고 싶었어요. 당시에는 남해중학교에 검도부가 있었는데 이제는 없어졌거든요. 누군가 그 자리를 지켜야 된다고 생각했습니다. 이제는 지역 검도 발전을 위해서 봉사를 할 때라고 생각합니다."

남해중학교 1학년 때 처음 검도를 접한 이 교수는 틈틈이 바다 향기가 코끝으로 깊게 울리는 고향인 남해로 내려가 사라져가는 검도 열기를 불어넣기 위해서 검도 봉사를 실천하고 있다. 그를 원하는 중·고등학교라면 시간을 내서라도 한걸음에 검을 들고 달려간단다.

승단과 함께 단수 앞에는 '교사(敎師)'라는 칭호가 붙었지만 그는 매일 새벽에 일어나 검부터 들고 두 시간가량 그가 직접 운영하고 있는 체육관으로 달려가 운동에 매달린다.

"검도인에게 승단은 중요한 게 아니라고 생각해요. 승단을 위해서 검도를 하는 것도 아니고요. 평생을 검을 잡고 산다 해도 늘 부족하다고 생각합니다. 늘 수련하는 마음으로 검을 잡고 죽도와 싸우죠. 이겨낼 수 있는 것은 오로지 정신력밖에는 없어요."

승단 축하를 전하자 특별한 일이 아니라면서 쑥스러운 듯 얼굴을 붉히지만 검을 놓지 않는 30년의 세월에 얼굴은 환한 웃음으로 바뀐다. 검도를 시작한 지 10개월 정도 되었을 무렵 검도인으로 그는 천부적인 재능을 발휘했고 검객으로 이 길을 갈 수밖에 없었다. 중학교 2학년 때 검도부 주장으로 전국체전에 처음 출전한 그는 단체부 우승을 이끄는 팀워크를 발휘하기도 했다.

이후 소년체전 7, 8회에 나가서도 연이은 수상을 기쁨을 맛봤다. 대학 시절에도 상비군으로 활동하면서 여러 차례 수상을 했고 36세 되던 해에는 대통령배 일반 검도 선수권 대회에 출전한 선수 가운데 가장 노장(老長)으로 우승을 했다.

2000년엔 구미시청 검도 선수단을 창단했고 선수 겸 코치로 활동했다고 말한다. 이제는 검도를 교육하는 교수로 제2의 인생을 살아가고 있는 이 교수는 검도는 자기 극복의 과정이자 마음의 수양이라고 말한다.

"운동경기가 다 그렇지만 검도도 마찬가지예요. 경기를 하게 되면 승부를 요구하는 운동이잖아요. 매 경기마다 선수로서는 부담스러운 게 사실이죠. 검도에서는 평상심을 잃으면 모든 것을 잃게 돼요. 정신이 흐트러지면 안 됩니다. 그 마음을 유지하는 게 중요합니다. 그것을 잃지 않으려고 30년 동안 검도를 사랑하면서 달려왔어요. 그 마음을 지켜가는 게 진정한 검도인이 아닐까 생각해요."

운동을 하게 되면 힘들다고 생각할 수 있지만 그는 힘들수록 죽도를 더욱 힘차게 움켜쥐었다고 회상한다.

"힘들 때 죽도를 잡고 혼 심을 다해 마룻바닥을 뛰었을 때 마음은 더 가벼워집니다. 마음이 가벼워지면 죽도를 드는 마음도 새로워지거든요. 그러면 다시 검을 들고 자신과 싸웁니다. 검도는 저한테 인생의 스승이나 마찬가지인 셈이죠."

대경대학 경호행정학부에서도 그는 학생들에게 주 10시간 이상씩 검도를 가르친다. 경호원이 되고자 하는 학생들에게 검도로 경호정신을 전하고 마음의 수련을 시키고 있다. 그에게 검도를 배우고 있는 학생들은 이구동성으로 무섭고 날카로운 교수님 이라고 말한다.

경호행정학부 2학년 김철민 학생은 "교수님은 검을 들고 놓을 때 눈빛이 너무 달라진다."고 말하면서 "경호인으로서 살아가면서 놓을 수 없는 강한 정신력을 검도만으로도 충분하게 느껴지게끔 마음을 단련시켜줘서 너무 감사하다."고 말했다.

이실관 교수의 마지막 말에서도 변하지 않는 검도사랑이 깊게 베어져 나온다.

"검도만큼 좋은 운동은 없다고 생각해요. 많은 분들이 검도를 배우셔서 검도를 통한 소중함을 얻으시길 바랄 뿐입니다. 그래야 누군가 30년의 검도 인생을 이어가게 된다면 그게 보람이죠…"

김건표가 만난 사람들
행복의 기술 記述

발행일	2025년 11월 10일(초판 1쇄)
ISBN	979-11-995179-1-2 03680

지은이	김건표
펴낸이	진우성
펴낸곳	다산서림
주 소	01054 서울특별시 강북구 도봉로 369, 4F
등 록	2019년 10월 2일 / 제2025-000043호
전 화	010-9910-7545
이메일	dasan-book@daum.net